대승불교 시리즈 5

붓다와 정토

대승불전 II

시모다 마사히로 외 저
원영상 역

씨아이알

SERIES DAIJŌ BUKKYŌ 5- HOTOKE TO JŌDO_ DAIJŌ BUTTEN II
Supervised by TAKASAKI Jikidō
Compiled by KATSURA Shōryū, SAITŌ Akira, SHIMODA Masahiro, SUEKI Fumihiko

Originally published in Japan by Shunjusha Publishing Company
Korean translation rights arranged with Shunjusha Publishing Company
through BESTUN KOREA AGENCY

머리말

이 제5권은 이미 상재 上梓가 끝난 제4권과 함께 중요한 대승경전을 골라 뽑아 대승불교사상을 소개하는 권이다. 제4권의 테마가 '지혜·세계·언어'이었던 것에 대해 본 권은 '붓다와 정토'를 주제로 한다. 전자가 경전을 보다 객관화된 시야 속에서 새롭게 이해하려는 시도라고 한다면, 본 권은 불교 전통의 술어에 입각하여 대승경전을 새롭게 수용하고자 하는 기획이다. 그렇다고는 하지만 제4권, 제5권 각각에서 취급되는 경전은, 이 두 테마에 따라 확연히 나뉜다고는 할 수 없다. 어느 쪽에 속해도 부적합하지 않은 경전이 서로 포함되어 있다. 즉, 이들 각각의 테마는 현존하는 대승경전을 분류하기 위한 특징이 아니고, 대승경전의 내실을 입체적으로 비춰내기 위한 두 가지의 다른 시각이다.

붓다와 정토! 불교 본연의 모습을 실감할 수 있는 이와 같은 일상적인 말은 불교의 교의 내에서는 이것 외에 어디에도 존재하지 않을 것이다. 참 실재 그 자체인 붓다, 그 붓다가 현존하는 가장 청정한 세계인 정토. 불교도들은 그들의 실재를 믿어 의심하지 않았다. 그리고 현세에서든 생을 멀리하든 그 정토에서의 왕생을 확신함으로써 고난과 고뇌로 가득한 이 현실을 씩씩하게 걸어갈 수 있었다. 붓다와 정토의 실재에 의해 이 세계가 거꾸로 비춰지고 있음이 불교도에게는 확실히 실감되었던 것이다.

열반, 해탈, 무상, 무아, 공, 유식이라는 불교사상의 중심 개념들이 고도로 추상적인 것에 비해 붓다와 정토라고 하는 말은 매우 구상적 具象的이다. 확실히 연구자들의 이론적 관심은 추상도가 높은 말에 의해 끌리는 경향이 있다. 전자에 비해 후자에서는 이렇다 할 연구 성과가 그다지 나오지 않는지도 모른다. 그러나 다른 한편으로는 '붓다와 정토'는 불교의 교의 및 이론적 관심을 넘어 널리 세상에 호소하는 큰 힘이 되어왔다. 불교가 고대 인도를 넘어서 아시아 일대에 전파되고, 현재까지 줄기차게 그 생명을 이어온 것은, 교의적 술어로부터 멀리 떨어진 민중의식의 밑바닥에 도달하여 그 의식을 근저根底로부터 변혁시키는 힘이 있는 말을 불교가 지니고 있었기 때문이다.

이러한 시점에 서서 다시 불교사상사를 돌이켜보면, 최초기의 불전佛典이 등장한 이래 추상적인 술어와 구상적인 술어 쌍방이 상호보완적으로 사용되어온 것을 알 수 있다. 예를 들면, 열반이나 해탈이라는 개념은 현실에서 그것을 달성한 '붓다'를 벗어나서는 이해할 수 없고, 그 붓다가 '존재하는 장場'을 놔두고는 파악할 수 없다. 붓다와 정토는 열반과 해탈을 수렴하고 있는 존재의 형식이다. 그렇다면 불교 연구의 과제는 불전 전체 속에서 추상적 개념이 어느 정도로 구상적 개념과 서로 연결되고 있으며, 구상적 개념이 어느 정도로 추상적 개념을 활용하고 있을까라는 질문을 놓고 그 양자의 관계를 규명하는 것에 있다.

제1장은 본 권 전체의 서론에 해당한다. 근대불교학이라는 새로운 인식공간이 서양근대에 의해 구축된 이래, 전통적인 불교개념을 어떻게 적절히 계승하면서 이 인식공간에 연결할 것인가라는 점이 큰 과제가 되었다. 본 장에서는 이 과제에 부딪쳐온 대표적인 연구를 내세워 그 의의를 검토하고, 정토사상의 기점이 되는 인도불교의 정토사상 연구에 대한 전망을 제시하여 금후의 정토사상 연구를 향한 출발점을 확인한다. 그러한 가운데 정토사상의 해명에 대해서도, 제4권에서 논하는 것처

럼 서사경전書寫經典으로서의 대승경전이라는 시점의 확보가 불가결하다는 점을 다시 확인하고 있다.

제2장도 서론적 역할의 장에 해당한다. 붓다와 정토라는 테마를 규명할 때, 근대불교학에서 이해되어온 역사적 붓다의 개념을 재검토할 필요가 있다. 이러한 연구에서는 지금까지 거의 무의식적으로 채용해온 붓다의 '신격화'라는 이해가 갖는 문제점이 최근 동서의 학자에 의해 다시 문제시되고, 존재하는 자료를 선입견 없이 연구해야 할 필요성이 강조되기 시작했다.

대승불교 연구가 일본뿐 아니라 해외의 연구자들에 의해 정력적으로 진행되어 온 사실은, 본 시리즈 제 논고의 내용과 각권의 여러 저자의 기고에 의해 명확히 드러난다. 제3장을 집필한 폴 해리슨Paul Harrison은 정토사상 연구 분야의 대표적 연구자로서 현재의 연구를 선도하고 있다. 이 장에서는 정토의 여인왕생이라는 과제를 『무량수경』의 제 원전에 입각하여 엄밀하게 해독해가는 동시에, 문헌학으로서의 불교학이 현대적인 물음에 어떻게 대답할 수 있을까 하는 것에 대해 그 적절한 범위를 모색한다. 이 연구 태도는 같은 문제를 안고 있는 일본의 연구자에게 귀중한 시사를 줄 것이다.

제4장은 근년에 산스끄리뜨어 사본이 발견된 『유마경』을 제시해 그 최신의 연구 성과에 의거하면서 거기에서 설해진 정토관을, 특히 이 영역의 선구자인 에티엔 라모트Étienne Lamotte의 성과와 대비하면서 개관한다. 정토사상은 경전에 따라 다른 양상을 보이며 설해지고 있으며, 그 가장 큰 차이점은 정토를 밖에 실재하는 세계로서 표현하는가, 자신의 마음속에서 표현하는가에 있다. 『반야경』의 공사상의 계보에 서 있는 『유마경』은, 이 중에서 후자에 속하는 정토관을 표명한다.

제5장은 지금까지 해명이 늦어진『아축불국경 阿閦佛國經』에 초점을 맞추어 아미타불의 정토와의 차이점을 대비해가면서 그 흥미 깊은 특징을 밝혀간다. 정토의 개념은 인도에서 어느 시기부터 아미타불의 정토가 매우 우세하게 되고, 동아시아나 티베트 등의 다른 지역에 전파되면서 그러한 상황은 거의 결정적이 되었다. 그런데 고대 인도로 돌아가 보면, 아미타불의 정토가 설해진 것과 같은 이른 시기에 아축불의 정토가 출현하고 있다. 정토사상의 원류를 찾는 일에서 중요한 과제이다.

제6장은 아미타불의 정토사상을 설한 최초기의 경전으로 주목받는『대아미타경』의 내용 분석을 선행 연구의 '있는 정토', '이룰 정토', '가는 정토'라는 이론적 틀에 입각하여 진행하며, 그 사상적 특징을 알기 쉽게 그려내고 있다.『대아미타경』이 자신의 교단 존재를 입증하기 위해 편찬되었다고 하는 해석에 대해서는, 인도에서의 정토사상 교단의 부재 가능성을 제시한 제1장과 비교하면서 읽어가는 것도 좋을 것이다.

제7장은『비화경 悲華經』을 주제로 한다. 이 경전은『무량수경』이나『아축불국경』의 정토관을 총괄하면서 새로운 정토사상의 역사를 열고자 편찬된 매우 흥미 깊은 경전이다. 이 장에서 논해지고 있는 것처럼 본경의 편찬 의도는 타방불국토의 정토를 칭찬하는 세계관에서 석가불의 의의와 사바세계의 의의를 재평가하는 세계관으로 전환하는 데 있다. 대승경전의 계승과 정토사상의 전개라는 인도에서 경전 편찬의 사정을 파악하는 데에 귀중한 고찰의 실마리를 제공하고 있다.

제8장은 이상의 인도불교의 정토사상 전개를 이어받아 동아시아, 특히 중국에서의 수용과 전개의 실태를 상세히 추적한다. 중국 정토교의 전개를 거치지 않고는 일본의 정토사상을 생각할 수 없다. 천 년을 아득히 넘어선 장대한 중국불교의 역사

를 개관하는 본 장은, 인도에서 일어난 정토사상이 거대한 무대에서 얼마나 다양한 형태로 전개하는 사상으로 변모했는가를 여실히 보여주고 있다.

정토사상 관계의 대승경전을 소개하는 것이 주목적인 본 권은, 일본의 정토사상은 취급하지 않고 있다. 에이잔叡山[1] 정토교의 성립, 헤이안平安[2] 후기의 말법사상과 겹쳐지는 정토신앙의 출현, 가마쿠라鎌倉[3] 신불교에 의한 정토사상의 혁신, 무로마치室町[4] 말기로부터 전국시대戰國時代[5]에 걸쳐 일어난 각 종파의 전개, 근세기 교의 연구의 심화, 이에 더해 서양근대사상과 결합된 정토사상 이해의 출현 등, 일본에서 정토사상의 전개와 그 연구는 여러 권을 준비하지 않으면 도저히 수습될 수 없는 중후함이 있다. 본 권은 이러한 후세의 전개 기점을 제시한 것이다.

2013년 8월

시모다 마사히로

---

1) 에이잔 叡山은 히에이잔 比叡山이라고도 하며, 일본 천태종의 본산이 있는 엔랴쿠지 延暦寺가 있는 산이다. 교토부 京都府와 시가현 滋賀県에 걸쳐 있다.

2) 794년부터 1192년까지 교토를 수도로 했던 시기. 일본 내 천태종과 진언밀교가 흥기했던 시기이기도 하다.

3) 헤이안 시대가 끝나고 장군 미나모토노 요리토모 源頼朝(1147-1199)가 가마쿠라에 막부를 세운 이후, 1333년까지 무사들이 정권을 이끌었던 시기.

4) 1336년에서 1573년까지 아시카가장군가 足利將軍家가 막부를 통치했던 시기.

5) 전란이 일어나기 시작한 무로마치 후기인 15세기 말부터 도요토미 히데요시 豊臣秀吉(1537-1598)가 통일한 1590년까지를 말한다.

목

차

제1장

정토사상의 이해를 향해서

시모다 마사히로

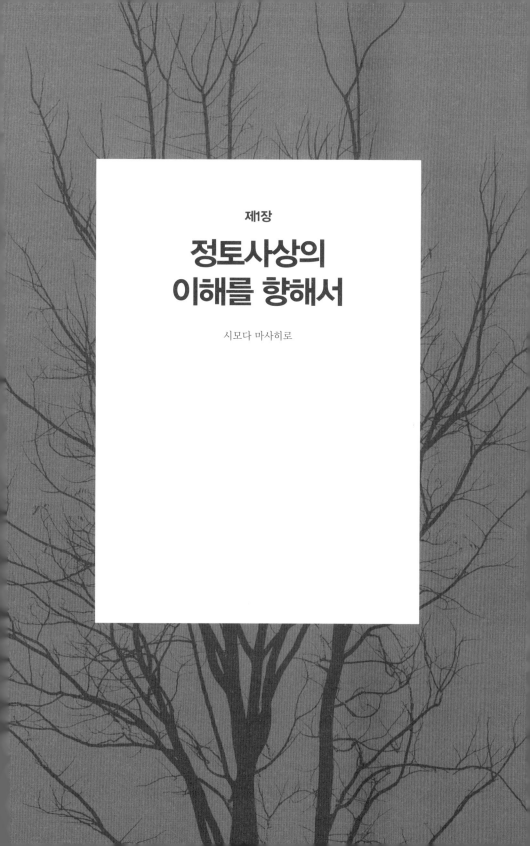

1.
인도 정토사상 연구의 의의

1) 후지타 코오타츠 藤田宏達의 업적

본 장은 인도에서 동아시아까지의 정토사상을 다루는 본 서의 서론으로서 정토사상 연구에 내재하는 여러 과제를 정토사상의 기원인 고대 인도 정토경전의 연구에 초점을 맞추어가면서 개관하고자 한다. 현재까지 생산된 방대한 연구 성과에 본고가 추가할 수 있는 것은 극히 일부에 불과하다. 하지만 대승불교의 흥기에 대한 이해와 그 연구 방법에 대해 서사경전 書寫經典으로서의 대승경전이라는, 지금까지와는 다른 시점에서 고찰함으로써 문제의 관점을 다소 바꾸는 것으로 이어질 것이다.

1883년, 난조 분유 南條文雄(1849-1927)와 막스 뮐러 F. Max Müller(1823-1900)에 의한 『무량수경 無量壽經』과 『아미타경 阿彌陀經』의 산스끄리뜨어(Sanskrit 梵語) 텍스트 교정출판 이래 정토사상 연구는 실로 많은 성과가 축적되어왔다. 그중에서도 특히 1990년부터 인도학, 불교학, 중국학, 일본 연구 등의 분야에서 대표적인 연구자가 집필한 총서 『정토불교의 사상』 전15권(講談社)의 간행에 의해 인도, 중국, 티베트, 한국, 일본을 망라한 정토사상의 전모가 알려지게 되었다. 정토종이나 정토진종의 소위 종학적 입장에서의 개별 연구는 추적할 수 없을 정도의 수에 이르고 있으며, 일본의 불교사상 가운데 정토사상이 얼마나 걸출하고 존중되고 있는가 하는 것은 이들의 성과를 대면하는 것만으로 확연히 드러난다.

장관을 이루는 여러 연구 성과 가운데 후지타 코오타츠 藤田宏達(1970, 2007)의 두 대저 大著는 인도 정토사상 연구의 금자탑으로서 한층 빛나고 있다. 후지타는

'원시 정토사상'을 상정하여 복원함에 의해, 그때까지 역사적 관용慣用으로서 사용되어온 정토교, 정토사상 등의 술어에 근대불교학의 풍부한 내실을 부여했다. 이로써 사실事實로서 공유되면서도 학문적 인식으로서는 소재지 불명이었던 정토사상이라는 술어에 고대 인도불교의 역사 속의 입각지가 주어졌다. 따라서 정토사상이라는 술어는 근대불교학의 인식 공간에 소재지를 가진 개념으로 바뀌었다. 전통적 술어를 사용하면서 명확한 문제의식을 가지고 그 학문적 입각지를 바꾼 사상 연구는, 다카사키 지키도高崎直道(1926-2013)의 여래장사상을 제외하면, 좁은 소견이지만 이 외에는 발견되지 않는다.

근대불교학은 여러 분야를 개척하고, 연구 영역에 새로운 테마를 도입했다. 본 시리즈의 최신 성과가 보여주는 것처럼, 일본이 그 전통에 직접 관여하지 않은 인식론이나 논리학 등의 영역이나 전통적으로 일본에 그다지 뿌리를 내리지 않았던 유식이나 중관 등의 영역에서는, 사상의 과제 그 자체가 인도학이나 티베트학을 경유한 구미의 술어에 의해 구성되어 있다. 이러한 분야에서는 과제 자체가 근대불교학이기 때문에 전통적 불교학과의 알력으로부터는 비교적 자유롭다.

반면에 일본불교의 지반에 깊게 뿌리를 내린 정토사상과 같은 테마를 취급하는 경우에는 장대한 전통적 학문의 역사를 단절시키지 않으면서도 새롭게 일어난 근대불교학에 접목시켜야만 하는 곤란한 문제에 직면하게 된다. 후지타의 두 저서는 이 과제를 수행할 수 있었던 대작이다. 본 장은 이 성과에 크게 의존하고 있다. 따라서 먼저 이 두 저서에서 말하는 '정토사상'의 내용을 확인하고, 동시에 그곳에서 사용된 방법에 대해서 문제를 제기하는 것으로부터 논의를 시작하기로 한다. 정토사상이라는 말의 이해에 대해 후지타(2007)의 취지를 매우 간략하게 정리하자면 대략 다음과 같다.

기원후 1세기 무렵, 쿠샨 왕조하의 서북인도에서는 아미타불, 본원 本願, 믿음, 염불, 정토, 왕생 등의 개념을 포섭한 『무량수경』 또는 『아미타경』의 원형이 되는 경전이 출현하고, 여기에서 '원시 정토사상'이 확립된다. 그렇지만 이 사상을 구성하는 여러 개념은 이들 두 경전에 의해 처음으로 생겨났다고 할 수는 없고, 원시불교에 원초 형태로서 존재하고 있었던 것이 발전하여 여기에 집약된 것이다. 이러한 개념을 담은 경전은 몇 번인가 한어 漢語로 번역되고, 담란 曇鸞, 도작 道綽, 선도 善導 등에 의해 실천행을 동반한 해석 활동을 불러일으켰다. 중국의 역경 상황을 일변시킨 5세기의 구마라집 鳩摩羅什에 의한 번역어인 '정토'라는 말의 창안과 넓은 문맥에서의 적응은, 풍부한 내용을 포함하는 정토의 개념을 동아시아 불교세계에 정착시키는 데 큰 역할을 수행했다. 이러한 일련의 해석 운동은, 이윽고 12-13세기 일본의 호넨 法然에 의해 계승되고, 정토삼부경[1]이라는 텍스트에 포섭됨으로써 명료한 사상의 윤곽을 완성시키기에 이른다.

후지타가 제창하는 '원시 정토사상'은, 오늘날 정토사상, 정토불교, 정토교, Pure Land Buddhism이라는 술어로 파악되고 있는 불교의 여러 특성을 적절히 포괄하고 있다. 앞에서 언급한 것처럼, 이 가설의 중요한 의의는 막연한 전통적 정토사

1) 『무량수경』, 『관무량수경』, 『아미타경』을 말한다. 이는 일본의 정토종 조사인 호넨 法然이 그의 주 사상이 담긴 『선택본원염불집 選擇本願念佛集』에서 주장한 것이다. 이 세 경전은 아미타불과 그의 정토에 관련된 내용으로 구성되어 있다. 『무량수경』은 『대무량수경 大無量壽經』, 『대경 大經』, 『쌍권경 雙卷經』, 『관무량수경』은 『관무량수불경 觀無量壽佛經』, 『무량수관경 無量壽觀經』 또는 약칭 『관경 觀經』, 『아미타경』은 『소무량수경 小無量壽經』, 『소경 小經』, 『사지경 四紙經』으로도 칭한다.

상 이해를, 명확한 근대불교학의 인식 공간에서 새롭게 파악한 것에 있다.

그렇지만 이 연구에 대해서는 아마도 이하의 세 가지 반론이 제기될 것으로 예상된다. 첫 번째는 이 가설은 후세의 동아시아에서 이루어진 텍스트 체계화의 사실을 전제로 해서 그것보다 먼 이전의 고대 인도라고 하는 다른 세계의 불교의 존재 양태를 재구성하고자 하는 의도로서 시대착오anachronism에 다름이 아니다라고 하는 반론이다. 언어나 지역의 차이를 횡단하여, 무엇보다 시대를 역행하여 특정 종파의 교의에 입각해서 불교사상을 구성하는 것은 호교護敎의 학문에서는 인정되겠지만, 객관적·비판적인 학문을 지향하는 불교학이 취해야만 하는 방법으로서는 타당성을 결여하고 있는 것은 아닌가.

두 번째는 정토사상에 포섭된 여러 요소나 관념들은 『무량수경』이나 『아미타경』 등 정토삼부경 이외의 경전에도 다수 출현하고 있으며, 연구 주제를 정의하는 자료적 근거를 호넨法然(1133-1212)이 선별한 삼부경에 한정하는 것은 부당하다고 하는 반론이다. 실제로 본 서의 각 장이 보여주고 있듯이 『아촉불국경阿閦佛國經』, 『비화경悲華經』, 『유마경維摩經』 등을 정토사상의 고찰 대상에서 빼버린다면, 정토사상의 의의는 현저히 한정되고 만다.

이 두 번째의 반론과 관련된 세 번째 반론으로 정토사상은 지역으로서도 동아시아에 한정된 사상이 아니다. 최신의 성과인 게오르기오스 할키아스Georgios Halkias(2012)가 보여주고 있는 것처럼, 그것은 티베트에서 밀교의 진전에 따라 새로운 문맥을 형성하면서 독자적 전개를 이루고 있었다. 이 사실이 고찰에서 결여되었다는 의구심이 있다.

2) 가설로서의 정토사상

첫 번째 반론은 불교학의 방법론을 검토하기 위한 중요한 문제 제시이다. 이것에 대한 회답은 정토사상 연구의 기본적 의의의 이해와 관련되어 있다. 이를 위해 본 절과 다음 절에 지면을 할애해 살펴보자.

이 물음에 대한 고찰의 전제로서 주의해야만 하는 것은, 애초에 정토사상이라고 하는 특별한 사상이 고대 인도불교 가운데 역사적 사실로서 자립해 존재하고 있었던 것이 아니라는 점이다. 정토사상의 전제가 되는 '원시 정토사상'은 후지타(1970)에 의해 구성된 가설적 개념이다. 이 가설의 근거는 아미타불의 극락정토에 관한 주요한 술어를 지닌 대승경전, 구체적으로는 『무량수경』과 『아미타경』의 두 경전이다. 그렇다고 해도 이들의 경전에서 '사상'이라고 부를 수 있는 체계적 이론이 전개되어 있다고 할 수는 없다. 사상의 이름에 준하는 구조나 체계를 가진 논의는 – 뒤에서 기술하는 『정토론淨土論』을 제외한다면 – 후대로 내려와 동아시아에서 전개된 것이다.

이 점에서 정토사상은, 같은 '사상'이라는 명칭을 사용하지만 중관사상이나 유식사상과 동렬에 놓을 수 있는 것은 아니다. 중관이나 유식은 인도불교의 역사에서 무언가의 형태로서 학파의식과 함께 존재하고, 여러 논서에서 체계적 언설을 갖추고 있으며, 사상이라고 부르는 것에 어울리는 요건을 갖고 있다. 따라서 중관이나 유식 사상은 이미 인도에서 체계화된 내용을 충실히 재현하는 것으로써 상당한 정도까지 재구성할 수 있다.

이에 비해 정토사상은 특정한 관점에서 여러 개념을 체계화하는 시도를 연구자 자신이 하지 않으면 안 된다. 사상이라는 말을 사용하더라도 가설假說로서의 사상과 사실 事實로서의 사상을 구별해놓지 않으면 안 된다. 가설로서의 사상을 취급할 때에 물어야만 하는 것은, 첫째로 후대의 연구자에 의한 사상의 구성이 과연 의미를 가지는가, 더하자면 어떠한 의미를 가지는가라는 물음이며, 둘째는 그 구성을 할 때에 어떠한 작업 구조 framework를 사용하는 것이 적절한가라는 물음이다.

첫째의 물음에 대해서는 다음과 같이 대답할 수 있을 것이다. 아미타불의 극락정토를 둘러싼 사상은 불교의 중요한 요소로서 동아시아 불교에 크나큰 영향을 주었다. 그럼에도 불구하고 인도에서 체계화되지 않고, 사상의 이름도 부여되지 않았기 때문에 인도학이나 불교학의 해명 대상에서 빠진 것이다. 그것들을 면밀히 분석하고, 그것에 하나의 이름을 부여하는 것에 의해, 즉 사상으로 가정하는 것에 의해 처음으로 본격적 고찰의 대상이 된다. 사상 연구는 이미 기록되어 있는 사실의 재현에 한정되어 있는 것은 아니다. 잠재하는 요소를 구해내서 현재화顯在化시키는 것도 중요한 역할이다. 이러한 회답이다.

이렇게 해서 설정된 가설의 의의는 그것에 의해 불교사의 어떤 부분이 보다 명확히 해독되었는가라는 점에 있으며, 더욱이 그 과제가 어떠한 논의의 문맥에서 파악 가능하게 되었는가라는 점에 있다. 그레고리 쇼펜Gregory Schopen이 분명히 한 것처럼, 인도불교에서는 어느 시기인가부터 수카바띠 Sukhāvatī, 즉 아미타불의 극락정토가 이상적인 불국토로서 넓게 공유되기 시작했다(Schopen, 2005: 154-189). 이 경향은 동아시아의 불교에서 더욱 강해지며, 이윽고 일본에서 중요한 사상과 교단을 구성하기에 이르렀다. 관계 경전군에 출현하는 여러 관념의 집합에 대해 정토사상이라는 이름을 부여하고, 그 내실을 해명함으로써 이러한 일련의 사태에 대한 이해의 전망을 얻을 수 있다.

이에 더해 중요한 것은 서두에서 언급한 것처럼, 정토사상 연구가 일본의 전통적 교학의 지식체계로부터 해방되고, 서양의 장대한 지식체계와 결합하는 근대불교학의 문맥에 그대로 놓였다는 것이다. 그럼으로써 정토교나 염불과의 관계를 가진 여러 관념의 고찰 방법에 큰 변화가 생겼다. 하나의 연구 테마는 다른 어떤 지식과 관련됨으로써 그 해명의 의의가 달라진다.

두 번째 물음에 대한 회답은 단순하다. 과제의 고찰에 유익하다면, 어떠한 작업 구조라고 하더라도 작업가설로서 채용해도 좋다. 후지타의 작업은 어디까지나 인도불교사상의 재구축에 향해져 있다. 하나의 텍스트에 보이지 않는 구조나 안에 숨겨져 있는 의미를 드러내는 것은 보다 깊은 독해력이자 해석력이다. 그 해석의 제공자가 우연히 특정한 종파의 교의를 내세웠다고 하더라도 그 해석을 가설로 하여 연구의 전제로 삼는 것은 방법적으로 문제가 아니다. 힘 있는 텍스트 해석이 학파나 종파를 독립시키기에 이르는 것은 자연적 추세이다.

3) 사상 연구와 해석 개념의 사용

불교사상 연구에서 시대착오라는 비판의 문제를 고려하기 위해서는 필자(下田, 2013: 6-14)가 논한 역사적 연구와 사상적 또는 언어·문학적 연구의 차이를 상기해 두는 것이 의미 있을 것이다. 대승경전의 내용 분석에 입각하여 행한 연구는 그 많은 부분이 사상적 또는 언어·문학적 연구 방법이며, 역사적 연구 방법에 의한 연구는 아니다. 대부분의 대승경전이 그것이 제작된 지역과 시대에 속한 외부의 사건이나 사실을 쓴 기록이 아니고, 특정한 의도를 가지고 제작된 창작 작품이기 때문이다. 정토삼부경도 마찬가지이다. 비록 역사적 상황을 제시하고 있는 것처럼 보여도, 『무량수경』의 '5악단五惡段'이나 『관무량수경觀無量壽經』의 '아사세왕阿闍世王 사건'의 기술을 근거로 각각의 경전이 제작된 때나 장소를 특정 하는 것은 거의 불가능하다. 현재의 역사 자료의 상황에서는 역사 연구의 대상으로 할 수 있는 텍스트는 없다.

사상적 연구에서는 종종 지역, 언어, 시대의 차이를 넘어서 텍스트를 공시적共時的으로 이해할 필요가 나온다. 후지타(1970, 2007)는 아미타불, 본원, 믿음, 염불, 정토, 왕생이라는 개념에 대해, 그것들이 출현하는 텍스트를 '원시경전' 편찬의 시대로부터 『관무량수경』의 성립시기에 이르기까지 대략 천 년 가까운 시기의 간격을 넘어서 비교하고 있으며, 그 의미의 확정을 시도한다. 그것은 실로 문헌학에서 적절히 사용되는 사상적 또는 언어·문학적 방법에 의한 연구이다.

이와 관련해서 유의해야 하는 점이 있다. 그것은 후지타의 두 저서에서 고찰의 주제로 삼고 있는 정토사상의 여러 개념이, 중국에서의 번역을 경유하여 일본어로 익숙하게 된 한어漢語에 의해 표기되고 있다는 것이다. 그런데 그것은 인도의 개념과 중국화된 개념과의 혼동은 아니다.

경전에 사용된 하나의 개념은 불변의 동일성을 가진 배타적 기호 등은 아니다. 그것은 다른 개념과 중첩되고, 다른 개념을 대신하며, 문맥에 의해 그 자신의 윤곽을 변용한다. 이러한 개념의 특성과 내실을 이해하기 위해서는 다른 언어와의 사이에 일어난 사건, 즉 '번역'을 파악하는 것이 가장 유효한 방법이다. 그 고찰은 번역어, 피번역어 어느 쪽으로부터 진행해도 좋다.

여기에서는 다른 언어와의 사이에 생기는 여러 문제에 대한 배려가 필요하다. 먼저 정토사상을 설하는 경전에서 사용된 한문 개념과 고대 인도어는 단순히 일대일의 대응 관계를 나타내지 않는다. 그 때문에 비록 '믿음'이라는 개념을 고찰할 때, śrad-Dhā, pra-Sad, adhi-Muc, ava-Kḷp라는 복수의 원어와 그 파생어를 동시에 과제로 삼는 동시에, 이들의 인도어에 대응하는 한어인 징정澄淨, 정신淨信, 신해信解, 승해勝解, 신순信順 등의 술어를 함께 고려하지 않으면 안 된다. 그것에 더해 중요한 것은, '정토'라는 말의 경우와 같이 원 텍스트에서 복수의 단어로 이루어지는 구句가 하나의 단어로 통합되어버린 경우이다. 대응 관계의 고찰은 말로부터 구, 게다가 문文으로 확장하지 않으면 안 된다.

이 문제는 고유한 구조와 의미 체계를 가진 하나의 언어에서 기술된 텍스트가 다른 구조와 의미 체계를 가진 언어의 텍스트로 이동하는 때, 즉 번역할 때에 불가피하게 발생한다. 이 사태를 정확히 파악하여 개념을 고찰하기 위해서는 두 가지 텍스트 사이에 존재하는 어휘의 폭의 차이에 더하여 통사법統辭法의 차이를 고려하지 않으면 안 된다. 따라서 '정토'에 대응하는 원어가 명사로서 고대 인도어의 문헌에 존재하지 않는다는 이유로 인해 그 개념에 대응하는 사태가 고대 인도에 존재하지 않았다고 보는 이해는 후지타(2007: 3)가 논하고 있듯이 부주의함이다. 하나의 의미는 기능적으로 분기한 언어 요소를 재통사再統辭함에 의해 성립한다. 이 언어의 기본 구조에 입각하면, 뛰어난 번역자일수록 다른 언어 간에 생기는 이러한 사태에 자각적 인식이 생기며, 통사법의 구조를 바꾸어서 번역을 하는 일이 자주 일어나게 된다.

하나의 언어로 표현된 체계가 번역에 의해 다른 언어로 넘겨졌을 때, 그 사태를 충분히 고찰하기 위해서는 원어로부터 번역어로라는 한 방향의 흐름만이 아니라 번역어로부터 원어로라는 역의 흐름도 고찰하지 않으면 안 된다. 두 가지의 언어를 공시적으로 문제 삼지 않으면 안 되며, 여기에 시대착오라는 비판은 해당되지 않는다.

4) 언어학적 방법에 의한 해명과 그 문제점

이 문제와 관련된 중요한 연구인 가라시마 세이시 辛嶋静志(2010)의 논문에 대해 소개해두고자 한다. 가라시마는 「아미타불 정토의 원풍경」이라는 제목의 논문에서, 지겸 支謙에 의한 한어의 언어적 특징을 정밀하게 조사 분석한 결과에 입각하여 다음과 같은 결론을 제시한다. 인도어에 꼭 정통하지 않았던 지겸(3세기)의 『대아미타경 大阿彌陀經』에서는, 산스끄리뜨어의 vyūha에 상당하는 중기 인도어가 śubha로 이해되어 '정 淨'으로 번역되고, 그것이 축법호 竺法護에게도 계승되었다. 이것은 5세기의 구마라집에 의한 『반야경 般若經』의 '정불국토 淨佛國土' 해석에 입각한 번역의 중국에 침투하기 앞서 정토의 개념을 중국에 심는 요인이 되었다. 여기에 더해서 아미타의 원어는 amitābha의 중기 인도어의 형태인 amitāha/amidāha라는 점, amitāyus는 그것이 산스끄리뜨어화를 입은 과정에서 출현한 이차적 형태인 점, 그 변화는 카로슈티 Kharoṣṭhī 문자로부터 브라흐미 Brāhmī 문자로 고쳐 쓰는 과정을 거쳐 3세기 전후로부터 시작되었을 것이라는 점, amitāyus의 어형을 가지고 있는 문헌이나 사본은 시대를 내려간다는 사실이 그것을 방증한다는 점, 경전의 원제는 Amitābhavyūha/Amitābhasya vyūha이며, Sukhāvatīvyūha는 그 부제 副題라는 점 등, 후지타의 연구에서 밝혀지지 않은 중요한 원어의 역사적 배경에 대해 귀중한 이해를 보여주었다.

가라시마가 진행하는 일련의 한역어 연구는 지금까지 학계에서 원리적으로 성취 가능하다고 주목되었으며, 더욱이 그 중요도가 충분히 인식되면서도 연구를 위해서는 고한어 古漢語 및 중기 인도어 쌍방의 박학한 지식과 이해가 필요하다는 점, 더해서 선행 연구가 거의 없는 미지의 영역인 점, 이러한 이유들로 존 브라우 John Brough(1917-1984)[2] 이래 그 실현이 사실상 단념되어 있던 영역이다. 이를 독자적인 힘으로 개척하고, 잇달아 귀중한 성과를 세상에 내놓고 있는 것은 놀랄 만한 일이다. 이 성과의 공개에 의해 인도불교의 연구에서 산스끄리뜨어 자료와 한어 자료와의 자료 가치가 역전되고 있는 경우가 출현하고 있는 것은 특히 주의할 필요가 있다. 실제로 현존하는 문헌에 의한다면, 시대가 내려갈수록 amitāyus가 표면에 드러나는 경향도 지지받고 있다고 생각한다.

이러한 중요성과 의의를 충분히 인정한 위에서 상기 논문의 입론에 문제가 포함되어 있는 점에도 주의가 필요하다. 이 논문은 amitābha로부터 amitāyus로의 변화를 음성과 표기법의 문제에서부터 논하고자 하면서도 붓다관의 문제를 논점 속에 암묵적으로 잠입시켜버리고 있는 것이다. 연구의 전제로 가정하고 있는 것은 산스끄리뜨어화된 경우에 amitābha도 amitāyus도 동등하게 복원할 수 있는 음가의 표기이다. 표기에 의존하는 언어 현상만을 가지고 설명한다면, 일단 이 표기 체계로 옮겨 쓰인 말로부터는 amitābha와 amitāyus 양자의 말이 무작위로 나타나도 좋다. 그럼에도 불구하고, 만일 가라시마의 견해처럼 시대를 내려갈수록 전자로부터 후자로 이행한다는 경향이 성립한다고 하면, 그 규칙적 변화는 언어 현상과는 다른 요소에 의해 발생하고 있다고 할 수 있다. amitābha로부터 amitāyus로의 '우연한' 음의 변용이 어떠한 이유로 인해 '규칙적인' 말의 출현 경향을 발생시켰는가라는 설명은 결국

---

2) 범어학자로 캠브리지 대학의 교수를 역임하였으며, 『간다라어 법구경 *The Gāndhārī Dharmapada*』을 교정 출판하였다.

양자의 말이 의미하는 것의 문제, 즉 붓다의 '이름'에 담겨진 붓다관의 문제로 귀결된다. "붓다관의 사상 전개를 무시한 언어적 측면만의 추측"(藤田, 2007: 247)으로는 논의가 성립하지 않는 것이다.

실은 이 논문에는 언어학 자체가 안고 있는 뿌리 깊은 문제가 있다. 그것은 언어학자가 음성과 표기와의 상호 의존관계를 연구의 전제로 하면서 논의의 과정에서 표기의 문제를 잊어버리고, 암묵리에 음성 현상을 우선해버리는 문제이다. 그 결과, 역사적 현상의 설명으로서 논의의 선취나 순환논법에 떨어져 버리고 만다. 소리를 문제로 삼고 있는 언어학자는, 실제로는 음가의 적정한 표기법을 문제로 하고 있으며, 그것은 말하자면 문자를 문제로 삼고 있는 것이다. 이 점을 알아차린다면, 음성 phone을 우선하는 역사언어학은 기본적으로 재검토되지 않을 수 없다. 이 논문에서 amitābha에서 amitāyus로 '전개'되었다는 방증으로서 제시하고 있는 amitābha/amitābhu/amitāyu의 『법화경 法華經』 사본에서의 혼용은 어디까지나 공시적 사태의 예시이며, 그것들에 대한 이독 異讀의 시간계열적 추이를 나타내는 것은 아니다. 따라서 두 단어의 역사적 교차의 방증은 되지 않고 않다.

5) 생성 중인 사상으로서의 정토사상

다시 후지타의 두 저서에 대해 앞에서 제기한 비판으로 돌아가서 1절에서 언급한 제2, 제3의 반론, 즉 정토사상에 포섭되는 여러 개념은 정토삼부경 이외의 경전에도 다수 출현하고, 또한 동아시아 지역 외에서도 존재하고 있는데, 고찰의 대상을 삼부경에 한정하는 것은 부당하다고 하는 주장에 대해서 고찰하고자 한다.

이 반론은 어느 것이든 정당한 것이며, 그 자체로는 인정될 만하다. 정토나 정토의 붓다를 주제로 하는 경전을 넓게 보면, 『비화경』이나 『아촉불국경』에서 볼 수 있는 것처럼 정토삼부경의 내용에 다 포섭되지 않을 뿐만 아니라, 서로 알력을 일으키는 요소마저 존재하는 경우가 있다. 더욱이 중국의 염불 실천을 과제로 했을 때, 여산廬山의 혜원慧遠(334-416)에게서 보듯이 본 권에서 취급한 경전 외에도 『반주삼매경般舟三昧經』을 시야에 넣는 것이나, 미륵신앙이나 백련사白蓮社로의 전개를 고려하는 것도 중요한 과제가 된다.

그 위에 제3의 과제, 즉 티베트 불교에서의 정토신앙의 실태 해명에 관한 문제제기는, 정토삼부경으로 집약되는 정토사상으로부터는 엿볼 수 없는 밀교화한 문맥에서의 정토사상과의 관련이라는 사상 전개의 가능성을 제공한다(梶濱, 2002; 藤田, 2007: 509-511 참조). 향후 연구가 진전됨에 따라 정토사상의 정의를 재고再考할 필요가 생길 것이다.

단지 한 가지 언급해둘 것은, 만약 이상의 내용을 인정해도 애초에 정토삼부경을 둘러싼 중국에서의 해석의 노력이 존재하지 않았다면, 또한 시대를 내려와 그들 사상의 체계화를 꾀하는 움직임이 일본의 가마쿠라鎌倉期 시기에 존재하지 않았다면, 더욱이 그들의 이해를 중핵으로 한 불교 교단이 일본에서 성립하여 존속해 있지 않았다면, 근대불교학에서 대승불교사상 가운데 정토사상이 독립되어 논의되는 일과 같은 사태는 일어날 수 없었을 것이다. 불교사상은 역사로부터 독립해서 존재하는 정적靜的 사물이 아니다. 그것은 역사와 함께 형성, 변용되어가는 과정인 것이다. 삼부경으로 한정되어 진행된 정토사상의 이해는 불교사상 형성의 이러한 사태를 파악한 위에서라야 중요한 의미를 가진다. 사상은 해석의 계승 행위로서만 출현할 수 있는 것이다.

실제로 막스 뮐러가 『무량수경』, 『아미타경』을 『동방성전총서 東方聖典叢書』에 포함시켜 근대불교학의 출발선상에 놓은 것은, 그가 유학생으로 받아들인 난조 분유와 가사하라 켄쥬 笠原研寿(1852-1883)가 정토삼부경을 근거로 하는 일본의 정토진종의 전통에 서 있었던 까닭 외에 다른 이유는 없다. 불교의 역사는 그 중요한 부분이 과거로부터의 해석 계승의 역사인 것이다. 연구자 자신도 그 해석 행위의 계승에 연루되어 있으며, 그 과정의 중요한 일부이다.

이 해석 계승의 활동은 인도에서 일본이라는 한 방향으로만 동점 東漸하는 것이 아니다. 『아미타경』의 실담본 悉曇本 텍스트가 인도에서 중국으로 전해지고, 게다가 일본에서 영국을 경유하여 인도의 다르방가 Darbhanga[3]에서 출판된 것처럼, 동으로, 서로, 또 동으로 옮겨가며, 동서에서 복잡하게 회오리치고 있는 것이다. 불교학이 자각적인 학문이기 위해서는 이러한 해석 존립의 역사적 현실을 인식하는 것이 중요하다.

향후 연구가 진행되면, 정토삼부경에 정토사상을 수렴하지 않고, 정토삼부경이 거기에 수렴되는 것과 같은, 보다 커다란 정토사상의 골격이 구축될 가능성이 있다. 그렇게 된다면 현실의 정토사상 이해 자체가 변용되는 일이 생길 것이다. 그렇지만 그 변용은 정토삼부경을 배제하는 것이 아니고, 그것을 포함하는 변용이다. 사상 연구에서 연구가 진전될 때, 앞서 존재하고 있던 사상은 새롭게 태어난 사상의 기층 일부가 된다. 그러한 시대가 돌아올 때, 후지타의 두 저서는 그 기층을 구성하는 중요한 일부가 되고 있을 것이다.

---

3) 네팔과 국경을 접하고 있는 인도 동부 비하르 Bihār 주의 북부에 위치한 도시.

6) 논서를 근거로 하는 정토사상 연구

정토사상 연구사 전체에서 보았을 때, 이상에서 언급한 여러 논점과는 달리 후지타의 두 저서에서 충분히 고찰되지 않은 테마가 있다. 그것은『정토론』이나『십주비바사론十住毘婆沙論』 등의 논서에 입각하여 정토사상을 이해하는 과제이다. 이들 논서는 산스끄리뜨어 텍스트, 티베트어 역 양쪽 모두 존재하지 않기 때문에 인도 찬술이라는 점을 상황 증거에 의해 추론할 수밖에 없다. 이에 더해『무량수경』이나『아미타경』이라는 경전으로부터 복원되어야만 하는 '원시 정토사상'의 입장에서는 논서의 해석은 이차적인 의미밖에 가질 수 없다. 이러한 사정을 반영한 것인지 후지타(2007: 513-523)의 연구에서 논해지고 있는 부분은, 이들 두 논서가 어떻게 해서 인도에 유포되고 있었던가 하는 서지학적 해명에 한정하고 있으며, 그들의 사상 내용을 분석해 들어가지는 않는다. 확실히 문헌학으로서 그러한 억제에는 일정한 의미가 있다. 단지 동시에 정토삼부경을 궁극적인 연구 대상으로 삼은 동아시아 정토사상의 체계화의 역사에서 이러한 논서의 해석사가 매우 큰 역할을 수행해 온 것을 고려한다면, 해석 행위의 계승을 의미하는 정토사상 연구로서는 논서의 내용을 깊이 파고들어 고찰할 필요가 있다.

인도 대승불교를 공과 유식을 설하는 논서를 통해 본격적으로 규명하고, 그 성과에 입각해서 정토사상을 밝힌 연구자로는 야마구치 스스무山口益가 있다. 야마구치(1967)는 초기불교에서부터 공사상을 거쳐 유식사상에 이르는 인도불교사상을 소위 인식론, 존재론, 언어론이라는 시점으로부터 개관하여 정토, 염불이라는 과제를 그 사상사 속에 수렴하여 그려냈다. 그것은『십주비바사론』이나『정토론』의 입장에서 정토사상을 보는 것이 아니라, 반대로 그들 두 문헌을 불교사상사 가운데 위치시키고, 그 위에서 정토사상을 재구성한 것이다. 거기에는 경전의 해독만으로는 도달할 수 없는 이론화된 정토사상이 나타나고 있다. 그것은 과거 사상의 구현이라는 것보다는 새로운 해석의 전개라고 하는 쪽이 어울린다.

『정토론』, 즉 『무량수경우바제사원생게 無量壽經優婆提舍願生偈』에 대한 최근의 연구 성과 가운데 오오타케 스스무 大竹晋(2011)와 오다니 노부치요 小谷信千代(2012)의 연구를 언급할 필요가 있다. 오오타케(2011)는 본 논서와 『무량수경』 범본의 게문 偈文의 일치를 추적하여 그 게문에서 확인할 수 없는 원문 願文을 『아미타경』의 기술에서 찾아냈다. 이것에 의해 『정토론』과 정토경전과의 대응 관계를 둘러싼 지금까지의 오랜 논의에 일단 종지부를 찍었다.

한편, 오다니(2012)는 세친 世親이 채용한, 소위 '염불의 별시의설 別時意說'이라는 염불 방편설과 『정토론』의 적극적인 제작 의도 사이에 있는 모순을 해명했다. 오다니는 오오타케(2011), 하타니 아키라 幡谷明(1980), 무카이 아키라 向井亮(1976)의 연구에 의거하면서, 『섭대승론 攝大乘論』과 『대승장엄경론 大乘莊嚴經論』 각각의 주석에 나타난 세친의 유가행유식 瑜伽行唯識 이해와 『아미타경』, 『무량수경』에서 설해지는 염불과 정토왕생의 관계를 상세히 검토했다. 그 결과 『정토론』에서 세친이 비판하는 내용인, 정토왕생을 위해 염불을 필요로 하지 않는다고 하는 설은 『무량수경』의 '삼배왕생단 三輩往生段'[4]이 아니고, 『아미타경』의 '제17장 후반'을 가리키는 것으로 해명했다. 여기에 더해 『무량수경』→『아미타경』 전반→『아미타경』 후반이라는 선행 연구를 통해 밝혀진 정토사상 전개의 역사적 단계를 전제로 하여, 세친의 비판은 이 최후의 단계만을 대상으로 한 것이라고 결론 지음으로써 후지타

4) 『무량수경』에서 왕생의 인 因이 되는 행위를 평가하여 왕생하는 자를 상배 上輩, 중배 中輩, 하배 下輩의 3종류로 나눈 것을 말한다.

(2007: 517-523)의 문제 제기에 대답하고 있다.

한편, 대승경전의 편찬이라는 테마에 초점을 맞추고 있는 본 장의 입장에서, 여기에 유의해두고 싶은 과제 두 가지가 있다. 하나는 세친이 『무량수경』과 『아미타경』 각각의 경전의 모종의-현행 범본에 대단히 가까운-버전version을 면밀히 읽고, 그 위에 '경전 해석의 기준upadeśa'을 제시하고 있는 것이며, 또 하나는 그곳에서의 논의가 유가행 실천의 입장에서 알력이 발생할 가능성이 있는 문제를 주의 깊고 신중하게 정리하고 있다는 점이다. 이것은 유식사상을 구축한 세친이라는 논사에게 정토사상을 설하는 경전 내용의 상세한 측면이 매우 중요한 의미를 가지며, 세부적인 사항이라고 해도 간과할 수 없었음을 말하고 있다. 세친의 이 태도를 파악할 때, 대승경전의 편찬, 그 위에 경전 일반의 편찬에 대한 흥미 깊은 문제가 보인다. 이 점에 대해 보다 깊이 파고들어 고찰해보기로 한다.

7) 논사들이 존중하는 경전의 정통성

필자(下田, 2004, 2011, 2011a, 2013)는, 대승불교는 기원 전후부터 경전제작 운동으로, 보다 정확히 한정하자면 서사경전書寫經典 제작 운동을 통해 흥기했다는 견해를 제시했다. 이러한 대승불교가 독립한 교단으로서 인정받게 된 것은 시대를 훨씬 내려와 5세기 이후가 되어서의 일이다. 주목할 만한 것은 바로 그때부터 '대승경전 불설론佛說論'이 역사 속에서 현재화顯在化하고, 대승이 독립한 학파로서 의식되기 시작했다는 점이다. 확실히 논사로서는 2-3세기라는 빠른 시기에 활약한 나가르주나(Nāgârjuna 龍樹)가 있다. 그런데 그의 저서인 『중론中論』이 대승경전을 전혀 인용하지 않을 뿐만 아니라, 대승이라는 말마저도 사용하고 있지 않는 것은 잘 알려져 있는 사실이며, 이는 대승에 대한 변명辨明 의식이라는 점에서 그를 후대의 논사들과 동렬로 취급할 수 없다. 아마도 기원 전후에 대승경전이 출현한 이후, 논사들에게는 특별히 대승경전의 존재가 의식되지 않은 채 수 세기가 지나고, 그 사이에 방대한 양의 경전이 창출되고 있었을 것이다. 그리고 일단 대승경전의 존재가 논사들의 시야에 들어오자, 그들은 그 전체를 아함阿含이나 니까야Nikāya와 동일한 불설로서 채택하고, 성전해석법에 대한 논의를 심화하기 시작했다.

이런 사실은 대승경전에만 머물지 않고, 경전 일반의 정통성 인식이라는 중요한 문제를 고려하는 데에 몇 개의 중요한 시사점을 던지고 있다. 전제로서 생각해야만 하는 것은 첫째, 대승경전의 제작이 장기간에 걸쳐 논사들의 관심을 끌지 않았던 점, 둘째, 그들이 대승경전의 존재를 깨달았을 때부터는 배려가 철저해지고 있는 점, 셋째, 그것이 대승비불설론大乘非佛說論에 대한 반론이라는 형태를 취하고 있는 점이다.

이러한 여러 문제점을 포함하여 초기 대승경전 편찬의 상황에 대해 가정해본다면, 논사들의 활동 영역과는 다른 곳에 경전 편찬의 현장이 있었다는 점, 경전의 정통성을 둘러싸고 이론異論이 발생하고 있었기 때문에 경전 편찬의 과정 혹은 전승의 과정이 그들 논사에게는 직접적으로 파악될 수 없는 상황이었다는 점, 그럼에도 불구하고 대승경전은 논사들에게는 중요한 존재로 인식되었다는 점이다. 특히 매우 고도의 지적 활동을 하는 논사들이 대승경전이 지니고 있는 정통성에 대해 높은 관심을 가지고 있었던 점에 주목하지 않으면 안 된다. 시대를 내려와 『해심밀경解深密經』처럼 논서와 불가분의 관계를 가진 경전이 생겨났다는 점을 고려한다면, 대승경전에 대한 논사들의 주목은 시간이 흘러갈수록 높아지고 있다.

이러한 상황을 적절히 고찰하는 데 필자(下田, 2013)가 언급한 것처럼, 학계에 존재하는 견고한 관념으로부터 자유로워질 필요가 있다. 그것은 전통불교의 경전 편찬자나 전승자들은 출가한 비구인 한편, 대승경전만은 그 기준으로부터 벗어나 있다는 가정이다. 그렇지만 현존하는 자료에 의하는 한 전통경전, 대승경전 모두 편찬자는 엄밀히는 불명확하다. 그럼에도 그 전통에는 모두 유력한 재가자가 관련되어 있으며, 특히 전통불교의 경전은 출가, 재가 쌍방이 협동하여 편찬, 계승하였을 가능성이 높다.

필자(下田, 2011a, 2013)는 이러한 경전 계승의 계보 속에서 대승경전은, 전승의 서사화書寫化에 즈음하여 새로운 경전 제작운동으로서 출현했다는 가설을 세웠다. 한편으로는 닫혀가는 경전 전승의 계보에 속해 있는 자들로부터 여러 가지 불교의 제 요소, 즉 보살, 삼승三乘, 다불多佛, 불탑신앙, 정토신앙 등 서사경전 속에 포섭하는 형태로 편찬을 시작하는 사람들이 출현한다. 물론 필자(下田, 2002)의 연구가 보여주듯이, 전통불교경전에서도 편찬이 완전히 정리되어 있었다고 할 수는 없다. 자주 거론되는 『닛데사*Niddesa*』,[5] 『붓다밤사*Buddhavaṁśa*』[6]의 예를 필두로, 주석서에는 존재하지 않는 시 구절이 주석서 성립 이후에 근본 텍스트에 첨가되는 일도 있다. 그렇지만 이들 사례는 내용의 다양성과 규모의 방대함이라는 점에서 대승경전의 창출에는 필적할 수 없다.

이러한 경전의 지식 전승 과정을 논사들도 인정하고 존중하고 있었던 점이 중요하다. 논사들 이전에 존재한 불설佛說을 그 전승 형태에 의해 구별한다면, 구두 전승으로서 현실에서 유포되고 있었던 교설과 서사된 형태로 남겨진 교설의 두 종류밖

5) 의미의 해석, 즉 의석 義釋이라는 의미로서 오래된 주석서를 말한다.
6) 불종 佛種이라는 의미로서 고대 빨리 Pāli어로 붓다의 가계를 기록한 책이다.

에 없다. 이 상황 가운데 서사 연대로는 아함과 니까야 경전과 마찬가지로 오랜 유서가 있는 대승경전에 대해 그 전승의 정통성을 부정하는 근거는 누구에게도 어디에서도 찾을 수 없다. 그 상황에서 논사들이 해야만 할 일은 각각의 경전 내용을 면밀히 검토하고, 가능한 논리에 호소하여 전체의 체계화를 꾀하는 것이다. 이렇게 해서 '4의설 四依說'이나 '요의 了義 미료의설 未了義說'이 주목을 받고, 마지막에 '대승불설론'이 등장하게 된다.

이러한 경위를 고려할 때, 역사적인 붓다를 재구성한다는 최상의 명령에 의해 불교연구를 개시한 근대불교학의 연구자들은 '정통성'이라는 매우 중요한 개념에 대해 거의 대부분 내실 있는 고찰을 하지 않고, 편의적 이해에 그치고 있음을 필자는 느끼게 된다. 정통성이라는 것은 천부적인 부동의 권리와 같은 것이 아니다. 그것은 전변하는 역사 속에서 끊임없이 다시 형성되고, 다시 갱신되지 않으면 안 되는 동적 개념이다. 불교사의 규명을 위해서는 이 문제야말로 고찰의 주제가 될 필요가 있다. 이 점은 뒤에서 다시 살펴보기로 한다.

2.
서사경전 書寫經典의 출현과 정토사상의 현실화

1) 정토신앙 교단의 존재를 가정하는 문제

필자는 앞에서 언급한 두 개의 논고에서 대승불교 연구의 성과와 그 연구 방법을 재검토하였다(下田, 2011a, 2013). 거기에서 논한 몇 가지 문제 가운데 여기에서 다시 취급할 과제로서 대승경전을 탄생시킨 교단의 존재를 둘러싼 문제가 있다. 일본에서 재가불탑 기원설이 지지되고 있던 시기, 대승경전은 경전 각각 고유의 교단을 가지고 있고, 그 교단에 의해 탄생된 것으로 보는 연구가 진행되어왔다. 이렇게 해서 『법화경』 교단, 『반야경』 교단, 『열반경 涅槃經』 교단과 같은 실태가 가정되고, 많은 연구 성과가 쏟아졌다. 그렇지만 여기에 사용된 교단이라는 말을, 신자를 가지며, 의례를 갖추고, 그 지도자를 따르는 어떤 교단이 존재한다는 통상적인 말의 의미로 이해하는 한 이 가정은 커다란 문제를 내포하고 있다. 그레고리 쇼펜에 의해 철저하게 비판받은 것처럼, 초기 대승경전 출현 시에 그러한 교단이 존재하는 것을 보여주는 역사적 사실은 전혀 존재하지 않는 것이다.

그러나 이 쇼펜의 비판과 그 지지자의 견해의 성립을 위험하게 할 가능성이 있는 유일한 주제가 존재한다. 그것은 다름이 아니라 바로 정토사상이다. 1977년 8월, 인도 마투라Mathura시 서부 교외의 고빈드나가르Govindnagar에서 아미타바Amitābha 명문이 새겨진 존상의 대좌가 발견되었다. 그 해석을 둘러싼 논의를 새롭게 바라볼 필요가 있다. 선행 연구를 면밀히 비판하면서 그레고리 쇼펜은 그 명문銘文의 내용을 다음과 같이 해독했다.

> 후베슈까Huveṣka 대왕의 제26년, 제2월 제26일, 이때에 대상주隊商主 Sax-caka의 아버지이고, 상주商主 발라깟따Balakatta의 손자이며, 붓다필라Buddhapila의 아들인 나가락시타Nāgarakṣita에 의해, 세존, 아미타바Amitābha 불佛의 상像이 건립되었다. 일체 제불의 공양을 위해서, 이 선근에 의해, 일체 중생이 무상의 불지佛智를 획득케 하기 위해(Schopen, 2005: 258).

여기에 새겨진 후베슈까 대왕의 26년이라는 해는 서력 104년 혹은 153년(Falk, 2001)으로 추정-스기모토 타쿠슈 杉本卓洲(1999)의 연구에 따른다면, 171년 설도 가능-된다. 어느 것이든 이에 앞서 쇼펜(2004: 23-55)에 의해 소개된 대승불교에 관한 비문 자료로서는 벵갈 Bengal에서 출토된 506년의 비문과 오릿사 Orissa에서 출토된 5세기 말부터 6세기 초기의 비문이 최고最古의 것이었으므로, 이 명문은 비문 자료에 의거해 대승교단의 존재를 3, 4세기 정도 올라가게 하는 새로운 발견이 되지 않을까 생각되었다.

한편, 이것은 다른 곳에 유례가 없는 돌출한 사례(杉本, 1999)이며, 또한 명문에 '일체 제불을 위해서'라는 아미타불 신앙에서 볼 때, 이해하기 어려운 내용을 기록하고 있기 때문에 그 해석에 관해 연구자들을 당황하게 했다. 이 한 구는 쿠샨조 Kushan朝 하에서 대중부나 설일체유부 등의 부파교단에 보살상이나 불탑을 기진할 때 보이는 상투구이며, 아미타바라는 이 특별한 이름이 부여된 붓다에 대해 어떤 특색 있는 내용을 제공하지 않고 있다.

결론으로서 쇼펜은 이 아미타 불상의 비명을 대승교단의 존재나 그것에 속하는 아미타 신앙의 존재를 증명하는 것으로 간주할 수 없다고 판단했다. 그 이유는 첫째, 비문 등의 고고학적 자료의 분포 상황 가운데의 특이성이고, 둘째, '대승'이라는 말은 물론 대승교단의 비문에 특징적인 śākyabhikṣu[7]라는 말이 나타나지 않는 것이며, 셋째, '무상의 불지佛智를 획득케 하기 위해'라는 문언이 굽타조 Gupta朝에 속하는 마투라 비문과 비교하여 매우 특이한 문맥을 구성하고 있는 것이고, 넷째, 가장 중요한 것으로 이 시주에게 공덕으로서의 극락왕생의 원이 존재하고 있지 않다는

---

7) 불교의 걸식승 乞食僧.

점이다.

이 비문을 대승의 비문으로 보는 것마저도 회의적인 쇼펜은, 고고학 자료에 정통한 연구자에게는 특유하다고 할 수 있는 역사 감각을 갖추고 있다. 먼저 그는 아미타불 신앙이 유포되었다고 일반적으로 여거지는 간다라 Gandhara를 필두로 쉬라바스티 Sravasti, 카우샴비 Kaushambi, 사르나트 Sarnath, 7세기의 산치 Sanchi에 이르기까지 북인도의 비문이나 고고학적 자료에서 아미타불이 전혀 발견되지 않고 있다는 점을 중시한다. 지금 문제로 삼고 있는 마투라에서 발견된 쿠샨조 시대에 속하는 159좌座의 존상 가운데, 종교의 소속을 결정 가능하게 하는 보존 상황에 놓여 있는 것이 133좌, 그 가운데 85좌가 자이나교 Jainism의 상인 것에 반해 불교에 속하는 것은 43좌로 3분의 1 정도에 지나지 않는다. 불교에 속하는 존상 가운데 불상의 종류로 내용 결정이 가능한 것이 24좌이며, 그 가운데 11좌가 붓다, 샤캬아무니 Śākyamuni, 샤캬싱하 Śākyasiṃha[8] 등의 다른 이름으로 지시된 석가불이고, 11좌가 보살상이다. 보살상에 대해서는 지금까지 많은 논의가 되어왔지만, 현재 미술사가들 사이에서 인정되고 있듯이 도상적으로는 불상과 동일하다. 게다가 최근의 발견에 의해 동일한 상이 브라흐미 문자를 이용하는 측에서는 '보살'이라고 부르고, 카로슈티 문자를 이용하는 측에서는 '붓다'로 기록하고 있는 것이 밝혀졌다. 말하자면 이 11좌의 보살은 석가불과 동일하게 간주해도 좋고, 이 땅의 신앙은 석가불 신앙이라고 판단할 수밖에 없다.

더욱이 시대가 굽타조로 내려오면서 확인되는 것으로서 대승을 가리키는 사례

---

8) 샤끼야무니 Śākyamuni는 석가모니 釋迦牟尼로 음사 音寫되었으며, 석가족의 고행자라는 뜻으로 붓다를 말한다. Śākyasiṃha는 석가족의 사자라는 말이며, 석사자 釋師子, 석가사 釋迦師子. 석종사자 釋宗師子로 번역하고 있다.

인 '무상의 지혜 획득을 위해서'라는 정형구는 '일체 중생의 무상의 지혜 획득을 위해서'라는 형식으로서만 출현한다. 이 정형구는 전 인도의 광범위한 지역으로부터 출토된 65기의 비문에서 예외가 없기 때문에 지역의 차이를 넘어선 대승만의 특유한 공통의 형식인 것이다. 그런데 이 고빈드나가르의 명문만이 '일체 제불의 공양을 위해서'라는 제 부파에 공통되는 전통적인 정형구를 사용하고 있다.

아미타바 신앙의 교단적 존재를 증명할 가능성을 가진 고고학적 자료는 이 예를 제외하고 인도에서는 존재하지 않는다. 이에 대한 고고학적 의의에 관한 평가를 하고자 한다면, 가장 빠른 시대의 다른 지역, 즉 중국에서 발견된 방대한 비문을 분석하고 비교·참조하는 것 외에는 없다. 이 고고학 자료는 완전히 대조적인 양상을 보인다. 에두아르드 샤반느 Edouard Chavannes(1865-1918)가 보고한, 용문 龍門에서 발굴된 30기의 비문에서 아미타불의 극락정토에 왕생하기를 원하는 내용이 명료하게 확인되고 있는 것이다. 이 사례야말로 고고학 자료가 보여주는 아미타불 신앙의 존재라고 판단해도 좋다. 그런데 이 결정적 요소가 고빈드나가르의 명문에는 전혀 존재하지 않는 것이다.

마투라에서는 석가불 이외의 불상의 두 예가 있다. 이 가운데 하나의 예는 과거불인 가섭불의 상이며, 남은 하나의 예가 다른 것이 아니라 이 아미타 불상이다. 이러한 여러 상황을 파악한다면, 이 고빈드나가르의 예를 쿠샨조 하에서 나타난 아미타불 신앙의 교단적 존재의 증거로서 판단하는 일을 역사학자라면 행할 수 없을 것이다. 완전히 정반대로 일반적인 부파교단과 조금도 어긋남이 없는 문맥으로서 기능하는, 즉 부파교단 내부의 특이한 의미를 가지는 사건으로 판단할 것이다.

그렇지만 여기에서의 물음은 실로 쇼펜의 물음이 끝나는 지점에서 시작된다.

부파교단 내부의 특이한 의미를 이루는 사건, 그것이 도대체 무엇이었던가, 그것을 규명하지 않으면 안 된다. 이렇게 말하는 이유는 대승불교가 확실히 거기에 존재하고 있기 때문이다. 비록 단지 하나의 예이지만, 마치 과거불인 가섭불 迦葉佛과 한 쌍을 이루고 있는 것처럼, 아미타불이 출현하고 있는 것은 중요한 사실이다. 이 비문의 내용 해석은 인도에서 나타난 정토사상의 실제 모습을 보여주고 있을 가능성이 있다. 이 점은 뒤에서 다시 고찰하기로 한다.

2) 정토사상의 현실화

이러한 인도의 상황과는 완전히 대조적으로 중국에서는 정토사상 관계의 경전이 전파되고 얼마 안 있어, 아미타불의 극락정토에 왕생하다는 것을 목적으로 하는 명확한 의례가 출현하고 있다. 초기에 교단적으로 큰 활동을 한 사람으로는 여산 廬山의 혜원 慧遠(334-416)이 있다. 그는 402년에 출가자와 재가자 백 명이 넘는 염불결사에서 아미타 불상을 앞에 모시고, 극락왕생정토를 서원했다. 혜원이 의거한 경전은 『반주삼매경』이며, 지금까지의 연구에서 지적되고 있는 것처럼 그 의례는 염불이라는 명상 실천이다. 어쨌든 경전에 기록되어 있는 것과 같은 내용이 현실적으로 구성되어 있다. 이어지는 정토사상의 이론적 지도자인 담란 曇鸞(476-542), 도작 道綽(562-645), 선도 善導(613-681)와 같은 불교인들이 경전이나 논서의 해석만이 아니라 그와 관련된 실천도 행하고 있었다는 것은 많은 연구자가 하나같이 밝히고 있는 점이다.

후지타(2007: 579-619)가 상세하게 논하고 있는 것처럼, 이러한 사정은 일본에서도 마찬가지이다. 일본에 정토사상의 텍스트가 전해진 나라 奈良 시대에는 사경을 제하고는 구체적인 실천행의 실태를 엿볼 수 없지만, 헤이안平安 시대가 되면 엔닌円仁(794-864)이 상행삼매당常行三昧堂을 열어 법조류法照類의 5회염불五會念佛의 실천을 도입하고, 아미타불의 극락정토를 신앙하는 히에이산比叡山 정토교의 흐름을 확립한다. 그 후 료겐良源(912-985), 겐신源信(942-1017)을 거쳐 출가자에 의한 수행으로서의 염불은 점차 서민 사회로 유포되어가고, 이윽고 호넨法然의 출현을 거쳐 현재의 일본 정토교의 기반이 확립된다. 호넨이 전수염불專修念佛을 모든 사람들의 실천행으로 선택할 수 있었던 것도 그것이 일본에서 이미 앞서서 행해지고 있었기 때문이다. 말하자면 당시 일본의 정토사상은, 그것을 수행과 신앙의 실천적 행위로서 실행하는 교단적인 실제 형태를 배경으로 하여 성립하고 있었던 것이다.

티베트로 눈을 돌리면, 불교 전파의 매우 이른 시기에 돈황敦煌 문헌에서 보이는 정토사상과 후전後傳시대에 들어와 교리체계가 정비되어가는 중에 존재하는 정토사상이라는 두 가지의 다른 경향을 보이는 정토사상이 존재하고 있다. 후지타(2007: 533-542)가 아카마츠 코오쇼赤松孝章의 연구를 인용하여 논하고 있는 것처럼, 9-10세기 돈황에서는 한편으로는 밀교화하고 있고, 다른 한편으로는 중국의 영향을 받은 아미타불을 찬탄하는 원문願文이 여러 개 발견되고 있다. 이들은 체재體裁의 측면에서 보면, 의례에 사용되는 텍스트였음이 틀림없다.

티베트에 불교가 정착한 시대에 대해서는 췰팀 껠상Tsultrim Kelsang · 오다니(1993), 가지하마 료슌梶濱亮俊(2002), 후지타(2007: 524-542), 할키아스Halkias(2012)의 연구에서 드러나듯, 티베트 불교학의 태두 쫑카파Tson-kha-pa(1357-1419)가 『최상국最上國의 개문開門이라고 일컬어지는 극락국에 왕생하기 위한 서원문』(小野田俊藏, 1981)을 저술한 이래 겔룩파Dge-lugs-pa의 판첸라마Panchen Lama 1세(1567-1662), 닝마

파 Rnying-ma-pa의 빼툴 린포체 dPal sprul Rinpoche(1808-1887), 미팜 Mi pham(1846- 1912) 등이 그 가르침에 입각하여 티베트의 독자적인 정토론을 전개했다.

어느 누구든 아미타불의 명칭, 사념 思念을 유가행의 일부로 삼은 실천행으로 인식하고 있었다. 여기에 더해서 사다나 sādhana[9]의 문맥에서 아미타바 amitābha는 5불 佛 가운데 서방을 차지하는 붓다로서 위치가 정해지는 한편, 아미타유스 amitāyus는 독립적인 붓다가 되어 각각 개별적인 불격 佛格으로 수용되는 등 독자적인 발전을 이루고 있었다.

이렇게 불교가 전파된 인도 이외의 지역을 개관할 때, 정토사상은 실천적 차원을 요소로 해서 갖춰지고, 교단적인 실제 형태와 더불어 지역에 정착하고 있음을 알 수 있다. 인도에서 다른 지역을 향한 이 전파의 변화를 그대로 이해한다면, 경전으로서 존재한 정토사상이 시대를 내려옴에 따라 그 내용을 현실에 구현하기 시작했다고 할 수 있다. 『무량수경』이나 『아미타경』 등의 정토나 아미타불이나 염불을 설하는 경전의 힘, 구체적으로는 서사경전이라는 형태를 통해서 나타난 언어의 힘이, 그것에 조응 照應하는 의례를 밖으로 창출하고 교단을 형성해갔다.

필자(下田, 2011a)가 논하고 있는 것처럼, 대승교단이 대승경전을 만들어낸 것이 아니고 대승경전이 대승교단을 만들어낸 것이다. 그렇지만 연구자는 경전의 배후에 안이하게 교단적 실태를 가정하고, 이제는 그 가정을 전제로 하여 경전 내용을 논한다는 순환론에 떨어져버린다(예를 들어, 본 서 제6장 「아미타불 정토의 탄생」, 제5절).

정토사상의 교단화라는 이 커다란 변화는, 구체적으로는 '쓰인' 정토경전을 '읽

9) 목표로 이끈다는 뜻을 가지고 있으며, 성취, 수행 遂行, 입수 入手, 증명, 달성, 방편 등으로 한역된다. 밀교에서는 수행법 가운데 특정한 존상에 대해 특정한 수행을 행하여 소원을 성취하는 것을 의미한다.

는' 행위를 통해 실현한 것에 다름이 아니다. 이것은 정토사상을 설하는 경전을 이해함에 있어 매우 중요한 의미를 지니고 있다. 폴 해리슨Paul Harrison과 루퍼트 게틴Rupert Gethin은 이 점에 대해 중요한 문제 제기를 하고 있다.

3) 해리슨과 게틴의 문제 제기와 그 문제점

예전에 폴 해리슨은 『무량수경』의 다른 번역인 『대아미타경』과 『무량청정평등각경 無量淸淨平等覺經』을 면밀히 비교·검토하는 가운데 정토사상을 설하는 경전에 대해 흥미 깊은 과제에 이르렀다. 그것은 이들 초기 －혹은 원시－ 대승경전이 원래 명상으로 인도하기 위한 목적으로 편찬되어져 있다는 것이다. 해리슨(2003)은 정토경전에 보이는 정토에 대한 경관의 묘사에 언뜻 봐도 쓸데없이 장황한 표현이 도입되어 있다는 것에 주목하고, 그것이 실은 경전의 입장에서는 적극적인 의미를 가지고 있는 것으로 보았다. 예를 들어 다음의 일절을 보자.

> 아난다(Ānanda 阿難陀)여. 그곳에서 황금으로 된 수목樹木은 황금으로 된 뿌리, 줄기, 싹, 가지, 잎을 가지고 있으며, 과실은 백은으로 이루어져 있다. 백은으로 된 수목은 뿌리, 줄기, 싹, 가지, 잎을 가지고 있으며, 과실은 유리로 만들어져 있다(山口·桜部·森, 1976: 50).

이러한 기술이 단지 한 곳의 단어 변경을 반영하면서 끝없이 이어진다. 어쩌면 초기의 대승경전처럼 보일 정도로 장황함을 싫어하지 않았다는 점이 주목된다. 그 위에 해리슨은 이 경전을 '읽혀지는 것이 아니고, 실천되는 것이다'라고 이해할 때,

이 장황함의 감각이 소실된다고 한다. 이 경전을 듣는 사람에게는 정경情景의 시각적 이미지화를 위해 상세하고 정확한 지시가 제시되어 있다고 그는 본다.

> 이것은 경전을 읽는 새로운 방법, 즉 시각화를 위한 형판(型板 template)으로서 읽는 방법을 제시해주고 있다. 거기에는 순수하게 기술된 세밀한 부분이 의미를 가지기 시작한다. 인쇄된 쪽 위로 우리들의 손에 잡혀진 것은 텔레비전 수상기의 배선 설계도와 같은 것으로 전기기술자밖에는 관심이 없는, 다른 누구라도 곤혹스럽게 만들 원인을 제공하고 있을 정도로 지긋지긋하게 얽혀 있는 것이다. 그렇지만 그것을 읽는 것이 아니고 실천할 때, 그 기능을 스스로 실연實演할 때, 그것은 다소 흥미 깊은 것으로 갑자기 변한다(Harrison, 2003: 124).

경전과 명상의 관계를 밝힌 이 논문은, 서사된 경전 내용을 다시금 신체화身體化한다는 중요한 과제를 논한 것으로 주목할 만한 가치가 있다(下田, 2002). 이 한 구절도 그 큰 문맥에서 논해지고 있음을 염두에 둘 필요가 있다. 그렇지만 또한 해리슨의 이러한 문제 제기는 대승경전을 다룰 때, 새로운 의의의 제기와 동시에 문제점이 예기치 않게 끼어들고 있다.

『무량수경』의 이 한 구절을 시각 이미지화해서 받아들이게 될 때 기술記述이 복잡하고 장황하다는 감각은 없어지고, 경전의 말에 따라 의식을 선명하게 기능하게 하는 힘으로서 작동한다고 보는 점은 대승경전의 독해에서 중요한 지적이다. 하지만 동시에 해리슨은 이것을 '읽는 것이 아니고', '실연하다'는 것이라고 일부러 말을 바꾸었다. 이 말 바꾸기의 필요가 도대체 어디에 있는 것일까. 이렇게 한다고 해도 실제로 해리슨이 행하고 있는 것은 경전을 '읽는다'는 것 외에는 없다. 읽어가는 중에 자신의 의식 속에 생긴 일, 즉 경전의 기술이 선명하게 영상映像화되어 재현된 것을 말하고 있는 것에 지나지 않는다. 이것이야말로 서사경전으로서의 대승경전의 힘인 것이다. 그럼에도 불구하고, 그는 이것을 '읽는다'는 행위로부터 절연시키고 있다. 말하자면, 어디까지나 경전을 읽는 것은 텔레비전 수상기의 배선을 보는 것과 같은 상태일 뿐이므로, 그에 비해 기술을 충실하게 이미지화하기 위해서는 직접 실연하지 않으면 안 된다고 한다. 해리슨의 경전 독해는 경전을 구성하는 소재를 알고 구조를 분석하는 작업이라고는 해도, 거기에서 출발하는 메시지의 내용을 순순히 음미하는 행위는 아니다.

이 완고한 경전의 독해에 대한 이해는, 해리슨의 고유한 태도라기보다는 근대불교학에서 공유되고 있는 읽기의 태도에서 발원하고 있다. 근대불교학에서 경전은 기록된 내용을 꾸밈없이 독해하기 위해 존재하는 것이 아니고, 내용과는 다른 별도의 어떤 것으로 보고 있으며, 근래에는 교단적 사실을 재구성하기 위한 소재로서 존재해왔던 것이다. 말하자면 경전은 무엇인가 외적 힘에 의해 산출된 산물이며, 독해의 목적은 이 외적 힘을 밝히는 것에 있다. 이러한 읽기는 인문학의 방법론이라는 점에서 '역사학적 연구방법'에 의한 읽기이다.

그에 대해 여기에서 해리슨이 '실연한다'고 언급하고 있는 것은 "한결같이 텍스트 내부의 언설에 주목하고, 그것들의 특성, 그것들이 환기하고 있는 표상, 게다가 그것들에 의해 짜인 세계의 양태나 구조에 빛을 비추고자 하는"(下田, 2013: 6-7) 읽기이며, 사상적 혹은 언어·문학적 방법에 의한 읽기이다. 해리슨만큼이나 풍부하게 문학적 방법을 경전 연구에 도입하는 연구자마저도 '읽기'라는 행위를 무의식적으로 역사학적 방법에 한정시켜 사용하고 있다. 그 정도로 불교 연구에서는 텍스트

읽기에 대한 방법적 의식이 고양되고 있지 않다. 이것은 서사書寫 행위의 결과인 텍스트의 출현과 수용이라는 문제를 고찰하는 데 커다란 장애가 된다.

해리슨의 연구에 입각하면서 동시에 니까야와 근본설일체유부율根本說一切有部律의 『약사藥事』에서 볼 수 있는 『대선현왕경大善現王經』을 대상으로 하여 같은 형태의 문제를 제기한 연구자는 루퍼트 게틴Gethin(2006)이다. 게틴은 「신화적 전설과 명상－대선현왕경에서 무량수경으로」라고 제목을 붙인 논문에서 『대선현왕경』 속에 출현하는 꾸사와띠(Kusāvatī 拘舍婆提) 도성의 기술에 착목하고, 이 일련의 기술이 『무량수경』에서와 같이 명상의 실천을 전제한 것으로 해석할 수 있다는 견해를 밝혔다.

이 경전이 현세로부터 불교 본래의 세계로 벗어나는 것을 기본 주제로 하고 있는 것, 그 주제를 위해 붓다의 입멸 열반이라는 장소가 설정되었다는 것, 칠보七寶로 만들어진 도성의 경관도 번뇌로부터 벗어난 내면의 세계를 상징하고 있는 것 등 이 경전에 기록된 이야기 묘사의 기본구조를 거의 철저하게 파헤친 게틴의 해독은 선명하다. 그리고 해리슨이 주장하는 것처럼, 『무량수경』의 극락의 기술이 경전의 말을 시각 이미지화하는 명상 실천을 전제로 하고 있는 것이라면, 『대선현왕경』의 이 도성의 기술도 같은 형태로 명상의 실천을 위해 짜인 것으로 해석할 수 있을 것이다.

그렇지만 이 최후의 관점, 즉 본경을 명상 텍스트로 이해하는 점에 대해서는 동의하기 어렵다. 이 경전이 의식의 변용을 외적 풍경에 의탁해서 묘사한 것이라는 멋진 이야기를 구성하고 있는 것은 의문의 여지가 없다. 하지만 그것이 명상의 실천과 연결되어 있다고 하는 근거는, 현존하는 자료에서는 확인할 수 없다. 게다가 이것과 같은 형태의 기술은 후지타(1970)의 연구에서 상세하게 검토되고 있는 것과 같이 『반야경』, 『법화경』, 『화엄경』, 『마하와스뚜(*Mahāvastu* 大事)』 등에 공통으로 출현한다(pp. 474-491). 그들 모두를 명상 실천의 근거로 해석하기는 역시 어렵다.

여기에서 게틴이 알아차리지 않으면 안 되는 것은, 같은 빨리 Pāli어로 된 니까야에 존재하고 있는 명상을 위한 매뉴얼로서의 경전의 존재이며, 그것과 본경과의 차이이다. 말하자면, 우리들은 『염처경(念處經 *Satipaṭṭhānasuttanta*)』의 존재와 그것이 상좌불교 上座佛敎의 여러 나라에서 명상에 지속적으로 사용되어 지금까지 이르고 있다는 사실을 알고 있다. 니까야의 문헌이 실천에도 사용되고 있는 귀중한 사례이다. 그리고 이 『염처경』이 얼마나 『대선현왕경』과 다른가는 읽어보면 그 차이가 역력하게 나타나고 있다. 『염처경』은 관(觀 vipassanā)을 설하는 경전이면서 매우 단조로운 기술 구성을 하고 있으며, 거기에는 — 몇 곳의 부정관 不淨觀을 제외하면 — 대체로 시각화를 유도하는 기술은 존재하지 않는다. 선정, 명상은 상좌부에서 중요한 과제로서 체계화되어 존재하고 있다. 그러한 체계 가운데 전혀 나타나지 않는 부분을, 한 경전의 '읽기'를 근거로 실체화하는 것은 피해야만 할 것이다.

4) 서사경전의 읽기와 관상경전 觀想經典으로의 발전

해리슨도 게틴도 단순하게 중요한 사실을 간과하고 있다. 두 사람은 각각 경전의 기술을 '읽기'라는 행위에만 입각하면서, 명상의 세계에 들어갔다고밖에 표현할 방법이 없는 의식의 변용이 자기 안에 일어나고 있는 그 사태에는 고찰이 미치지 못하고 있는 것이다. 이 기술은 명상행의 실천을 보여주고 있는 것으로서 명시적으로 설명하는 어떠한 주석서도, 어떠한 선행 연구도 존재하지 않는 가운데, 이것은 명상으로 유도하는 것이 틀림없다고 두 석학에게 확신시킨 것, 그것은 이 경에 문자로서 기술된 말의 이미지 환기력喚起力이며, 그 힘을 발동시키는 '읽기'의 행위에 다름이 아니다. 참으로 고찰의 대상으로 삼아야 하는 것은 이 과제이다.

불교학은 말할 것도 없이 인문학에서 서사언어書寫言語가 가지는 의의는 사실 오랜 기간 등한시되어왔다. 그것과 대조적으로 소리로서의 말이 가지는 힘은 여러 문맥에서 지속적으로 강조되어왔다. 그 결과, 파롤parole, 즉 소리로서의 말이 가지는 현전성 혹은 진정성과, 문자가 되어 쓰인 말인 에크리튀르écriture의 제2의성 第二義性 혹은 허위성 虛僞性이라는 대비는 그리스의 플라톤 이래 현재에 이르기까지 서양사상사의 일관된 평가축이 되어왔다. 그렇기는 하지만 서사언어 에크리츄르는 신체적·구체적인 소리로 구체화되기 이전에는 잠재적으로 보편적인 소리이다. 이 중요한 사태는 자크 데리다Jacques Derrida의 출현에 의해 처음 정면으로 과제가 되었다. 인문학에서 아직도 충분하게 논의가 일어나지 않고 있는 이 테마는, 대승경전의 연구에서 필요불가결한 고찰 과제이며, 이후 시간을 두고 몰두할 필요가 있다. 해리슨과 게틴은 고찰의 대상으로 하고 있는 한 구절을, 소리로서의 언어로서 분석하고 있으며, 문자로서의 말에 대해서는 어떠한 의의도 찾아내지 않고 있다. 이것이 '읽기'를 고찰의 대상으로부터 탈락시켜버리는 주요 요인이다.

쓰인 경을 읽는 것에 대한 고찰의 결여는, 예를 들어 『반주삼매경』을 붓다의 현전화現前化를 실천하는 삼매경전으로 연구자들이 이해하는 경우에도 나타나고 있다. 이 경전의 문자화된 말은 읽는 사람에게 그 내용을 시각 이미지화하게 하는 힘을 가지고 있는 것은 확실하다. 그렇지만 그 사실을 가지고 이 경전을 삼매수행을 배경으로 한 매뉴얼로 속단하게 할 수는 없다.

아란야(araṇya 阿蘭若) 처[10]에서 붓다를 섬기며 수행 실천을 하던 그룹이 있던 것처럼 경전에 기술되어 있어도 텍스트 외부에 대조할 어떤 증거도 구할 수 없는 한, 그것은 역사적 실태라고는 단정할 수 없다. 그리고 인도에서 그러한 명상의 실태가 존재하고 있었다는 증거는 발견되지 않는다. 오히려 신뢰할 만한 연구는 반대의 가능성을 보여주고 있다. 『삼매왕경 三昧王經』에서 설하는 '삼매'가 신체적 실천으로서의 삼매를 가리키는 것이 아닌 점, 오직 언설의 차원에서 불설을 통합하는 술어로 사용되고 있는 점을 앤드류 스킬톤 Andrew Skilton(2002)이 설득력 있게 입증했다. 대승불교의 선정 실천을 주제로 하는 최신 논문을 제시한 야마베 노부요시 山部能宜(2011)의 연구도 그 서두에서 같은 양상의 이해를 보여주고 있다. 『반주삼매경』의 편찬을 고려할 경우에도 참조할 만하다.

그리고 이상의 논의는 해리슨과 게틴이 과제로 하는 정토나 도성의 묘사가 본래 기술된 경전의 말이었다고 전제하여 진행된 것은 아니다. 그렇지 않고, 이 두 현대 학자의 읽기를 그 행위에 따라 분석하고 있는 것뿐이다. 현 자료 상황 이전의 자료의 존재 형태를 가정하는 것은 곤란하다. 『무량수경』, 『법화경』, 『화엄경』, 『반야경』 등의 대승경전이 기술된 것이라는 점에 더해, 대중부 설출세간부 大衆部 說出世間部의 율에서 발췌되었다고 말하는 『마하와스뚜』가 서사된 문헌으로서 존재하고 있었던 것은 의심의 여지가 없다. 그렇지만 거기에 이용된 기술 記述의 연원이 어떠한 형태였던가, 나아가 『대선현왕경』의 기술과의 전후 관계나 인용 관계가 어떠하였던가에 대해서는 무어라 판단할 수 있는 상황이 아니다.

---

10) 광야, 숲, 외국 등의 의미로서 원리 遠離, 공적 空寂, 무인지처 無人之處, 공한지 空閑地 등으로 한역되어왔으며, 阿蘭若, 蘭若, 阿蘭處 등으로 음사되었다. 여기서는 수행자가 취락으로부터 멀리 떨어져 독경, 선정, 참회 등을 행하기 적절한 장소를 말한다.

5) 『관무량수경』의 출현

인도에서 유포형태가 불분명한 『반주삼매경』도 중국에서는 여산의 혜원에 의해 명상 실천을 위한 경전으로 여겨지고, 염불결사 활동의 기반이 되었다. 앞에서 언급한 것처럼 혜원은 출가 및 재가자 백여 명과 염불결사를 결성하여 아미타 불상을 앞에 두고 극락정토왕생을 서원했다. 해리슨과 게틴이 지적하는 것과 같은 실제적 형태가 출현했다. 인도에서 서사경전으로 존재한 대승불교가 시대를 내려오면서 다른 세계에 전파됨에 따라 그 내용을 현실화시켜 교단적인 실제 형태를 출현시켰다. 특히 주목되는 것은 야마베(2011)가 보여주고 있는 것처럼 중국 서역에서 소위 선관경전禪觀經典의 내용에 부합하는 다수의 유적이 발견되고 있는 점이다.

이 문맥에서 『관무량수경』을 언급해두고자 한다. 이 경전의 편찬 지역이나 그 과정을 둘러싼 논의는 불교학자만이 아니라 미술고고학자도 섞여 중앙아시아 혹은 중국의 어느 곳을 편찬 지역으로 할지를 둘러싸고 두 진영으로 갈라져 장기간에 걸쳐 진행되어왔다. 이들 논의를 진지하게 총괄한 후지타(2007)의 논문을 빌려 언급하자면, 중앙아시아와 중국의 절충적 형태를 통해 본경이 편찬되었다는, 얼핏 보기에는 애매한 것처럼 보이기는 하지만 풍부한 시사점을 주는 결론이 나오고 있다(pp.200-204). 이 논의에 입각할 때, 5-6세기의 중국 서역, 중앙아시아 지역은 불교의 텍스트를 전승하는 데 있어서 한어, 북서인도어, 서역의 여러 언어가 공존되는 다언어 환경에 있으며, 동서 양방향의 흐름을 공존시키는 텍스트의 수용 공간을 형성하고 있었다는 것을 알 수 있다. 요컨대 불교의 텍스트는 서에서부터 동으로라는 식의 일방적 유입이 아니라, 한어 경전의 위구르Uyghur어를 비롯한 서역어 번역의 존재가 밝혀지고 있는 것처럼, 동에서 서로도 흘러가고 있었다.

『관무량수경』에 대해 말하자면, 전반부의 13관觀이 중앙아시아 기원인 것에 비해 후반부의 3관은 중국 기원이다. 이 절충 형태는 당시의 지식 환경 속에서 경전 전승에 대해 적어도 다음의 두 가지 원칙이 존재하고 있었을 가능성을 시사하고 있다. 첫 번째, 경전의 '각 부분'이 전승의 정통성을 가지고 있는 점이 경전 전체의 정통성을 보증하고 있으며, 두 번째, 피번역어 텍스트와 번역 텍스트 사이에 진위나 우열의 차이가 인정되지 않았다는 점이다.

첫 번째 점에 대해, 하나의 경전 정통성은 완성된 전체로서 문제가 되는 것이 아니고, 그것을 구성하는 각 부분 모두가 불설이라는 것이 인정된다면, 그것들의 배열에 대해서는 유연하게 판단하고 있었다고 예상된다. 그것은 중앙아시아나 중국 서역에 한정되지 않고, 경전 그 자체의 특징이다. 특히 대승경전을 상호 비교하면, 각 경전은 붓다의 말을 저장한 보물 상자로서 인식되고 있으며, 전승자는 '법성法性'에 따르는 한 그곳으로부터 유연하게 말을 끄집어내 다시 엮는 것이 인정되고 있다(下田, 2004).

두 번째 점에 대해, 비록 한어로 번역된 불전이라고 해도 이들 두 원칙에 따른다고 간주되는 한 인도어의 텍스트와 동등한 정통 경전이며, 인도어 텍스트가 존재하지 않을 경우, 한어 텍스트에 의해 내용이 보완되어도 문제가 없었을 것이다. 경우에 따라서는 번역한 곳에서 가장 가까운 곳에서 행한 주석의 부류였다고 해도 정통적인 것으로 허용되었을 가능성도 있다.

이렇게 말하는 이유는 인도불교에서는 경전과 주석서의 경계가 애매하며, 오히려 양자는 일체로서 받아들여지고 있었기 때문이다. 티베트 대장경에서 한역으로부터의 중역重譯의 존재가 보여주는 것처럼, 적어도 그것이 중국에서 대장경으로서 인식되고 있었다면 이 지역의 사람들은 그 정통성에 대해 의구심을 품지 않았을 것이다. 이렇게 해서 선관禪觀 관계의 경전을 둘러싸고 서에서 동으로, 동에서 서로라는 쌍방의 네트워크 속에서 양 세계의 요소를 겸비한 경전이 새로 만들어지고 있었을 것이다. 이러한 불전의 이념과 편찬 형태의 이해에 대해서는 후나야마 토오루 船山徹(2007)의 지적과도 서로 중첩된다.

선관 경전으로서의『관무량수경』에 주목해야만 하는 것은, 이 경전이 해리슨과 게틴이 채택한 경을 훨씬 능가하는 명상의 실천행위를 유도하는 정치한 문장 구성으로 되어 있다는 점이다.『대선현왕경』이나『무량수경』에서는 그 세계에 태어날 자격을 충족하고 있는 사람들의 의식 세계를 나타내는 은유라고 해독될 수 있는 기술이,『관무량수경』에서는 구체적인 관상의 실천 방법으로서 정식화되어 있다. 단지 야마베(2011)의 연구를 참고로 해서 이들 선관 경전의 내용을 개관할 때, 여기에서 말하는 정토사상의 영향하에 있는 것은 아마도『관무량수경』뿐이며, 다른 경론은 전통부파의 논서에 출현하는 체계적 수행의 기술이 중심으로 되어 있어 정토사상의 경전과는 거리가 있다. 이 시대와 지역에서 대승 고유의 선관 텍스트에 대한 편찬열이 고양되고 있었던 것은 틀림없지만, 그 움직임은 정토사상과는 떼어서 생각하는 것이 현 단계에서는 무난할 것이다.

6)『무량수경』에 보이는 서사경전으로서의 대승

본 장의 마지막 항목들을 통해『무량수경』과『아미타경』이 가진 서사경전으로서의 대승경전의 특성에 대해 언급하고자 한다. 먼저 주목하고자 하는 것은『법화경』이나『반야경』과는 달리, 이들 정토경전이 불탑신앙에 대해 관심을 보이지 않고, 동시에 비판적 기술도 없다는 점이다. 필자(2013)의 연구에서 대승경전의 특성은, 외적 의례인 불탑 신앙을 부정하여 내면화하고 경권經卷 신앙으로 변하는 것에 있다는 점을 논했다. 그런데 이들의 정토경전에는 경권 신앙과 대비되는 형태로서 불탑 신앙을 향한 표면적인 비판은 없다.

그렇지만 양쪽 경전 모두 경전의 의의 선양에는 흔쾌한 태도를 지니고 있으며, 그것을 설교의 중심에 놓고 있다. 비록 현재의 범본 『무량수경』은 그 말미에 꽤 넓은 분량을 할애해서 '경전에 대한 의심'을 가진 자는 정토에 탄생하기는 하지만, 연화의 꽃받침에 갇혀 붓다를 뵙지 못하고, 오백 년의 세월을 지내지 않으면 안 된다고 설한다. 그것과는 대조적으로 비록 삼천대천세계가 큰 불에 휩싸여 있다고 해도 그것을 넘어서 이 경을 듣지 않으면 안 된다고 권신勸信한다. 보살은 깊은 마음의 결의를 가지고 이 법문을 듣고, 이해하고, 기억하고, 요해了解하고, 상설詳說하고, 게다가 실수實修하기 위해 절대적 용기를 가지고 맹렬히 정진하지 않으면 안 된다. 경권이야말로 스승이다.

> 비록 하루 낮밤이라도, 한 번의 젖 짜는 순간만이라도, 경권에 기록된 것으로서 잘 서사된 것을 보지保持하지 않으면 안 된다. 신속히 무한한 중생들을 무상의 깨달음에 대해 후퇴하지 않는 자가 되도록 하기 위해서, 저 세존 아미타바Amitābha 여래의 정토를 보기 위해서, 그 정토가 뛰어난 특성으로 장식되어 있고, 완비되어 있는 완전함을 스스로 두루 깨달아 받아들이고자 희망하는 자들은, 이 [경권]에 생각을 일으켜서 우리 스승이라는 생각을 해야만 한다(山口·桜部·森, 2002: 89).

더욱이 과거를 총괄하여 미래를 예언하는 형태로 경권으로서의 정토의 의의를 선양한다.

> 또한 아지따(Ajita 阿逸多)여, 전생에 승자에게 봉사하고, 붓다의 위력에 의해 가호된 중생들은 장래 매우 뛰어난 공덕을 얻는 자가 될 것이다. 미래의 세상에서 정법이 멸망하기까지의 사이에 이와 같이 광대한 모든 붓다에게 칭찬받고, 모든 붓다에게 인정된 위대한 일체 지자 智者의 지 知가 전해져, 이들 법문이 그들의 귀에 도달할 것이다. 그리고 듣고서 그들은 광대한 기쁨과 환희를 얻을 것이다. 파악할 것이다. 소지할 것이다. 독송할 것이다. 회득 會得할 것이다. 그리고 다른 자들을 위해 상세히 설할 것이다. 실지 수행하는 것을 즐거움으로 삼을 것이다. 마침내 서사해서 공양할 것이다(山口·桜部·森, 2002: 90).

서사행위로 출현하고, 서사경전으로 결과 맺는 대승불교의 의의를 의식하는 일이 없었던 학계는, 대승경전에 관한 소위 '유통분 流通分'이 가지는 깊은 까닭과 의미의 고찰을 해오지 않았다. 연면히 해명되어온 본문, 즉 '본종분 本宗分'에 비해 이 부분은 메타레벨 meta-level의 언설이며, 본문의 내용을 그 외부로부터 의의를 새롭게 부여하는 역할을 완수하고 있다. 여기에 유의하다면, 『무량수경』이 스스로의 서사성 書寫性을 자각하고, 그것을 교설의 중심으로 놓고 있는 것은 분명하다. 그리고 이 서사경전다움에 대한 자각이야말로 『무량수경』, 『반야경』, 『법화경』, 『화엄경』 등 개개 경전의 설교 내용의 차이를 넘어 대승경전에 공통된 특성이며, 그것은 유통분에서 각각의 경전에 교설 외부로부터 부여되는 형태로 명시적으로 나타나고 있다.

7) 『아미타경』의 치밀한 내러티브 narrative 구성

교설 내용과는 계층이 다른 메타레벨의 언설로서의 '유통분'이라는 이해에 다다랐을 때, 또 한편의 정토경전인 『아미타경』의 구성에 관한 흥미 깊은 과제가 보인다. 지금까지의 연구에서 밝혀진 것처럼 『아미타경』은 아미타유스 여래의 정토와 그 공덕에 대한 관계를 설한 전반 부분과, 소위 '6방단 六方段'이라고 일컫는 부분 이후의 후반으로 구성이 나누어져 있다. 그 가운데 교설의 본체, 즉 '본종분'에 해당하는 것은 전반 부분이다.

후반의 6방단은 동, 남, 서, 북, 하, 상의 6세계에 있는 제불들이 지금 바로 설하고 있는 이 경전의 공덕을 각각의 세계로부터 동시에 찬탄하고 있는 내용이다. 이 6방단은 『불명경 佛名經』의 일부와 거의 완전히 일치하고, 후지타(2001)가 밝힌 것처럼, 『아미타경』이 『불명경』으로부터 이 부분을 전용해서 경전을 구성했다고 보아 틀림이 없다. 그 기술에서는 상찬되고 있는 이 『아미타경』의 이름이 '불가사의한 공덕의 찬탄, 일체 붓다들의 섭수 攝受라고 일컫는 법문'으로 표명되고 있으며, 경전의 이름 그 자체가 거기에서 설해진 내용의 요약이 되고 있다.

> 사리뿌뜨라(Śāriputra 舍利弗)여, 마침 내가 지금, 저 [극락세계]를 칭찬하고 있는 것처럼 그같이 참으로, 사리뿌뜨라여, 동방에서, 아끄쇼브야(Akṣobhya 阿閦婆)라고 일컫는 여래, 메루드바자(Merudhvaja 須弥相)라고 일컫는 여래, 마하메루(Mahameru 大須弥仏)라고 일컫는 여래, 메루쁘라브하사(Meruprabhasa 須弥光)라고 일컫는 여래, 만주드바자(Manjudvaja 妙音)라고 일컫는 여래가 계시는데, 사리뿌뜨라여, 이와 같은 [여래들]을 필두로 동방의 갠지스 Ganges 강의 모래와 같은 불세존 佛世尊들은 혀를 가지고, 각각의 불국토를 고루 덮고, 언명 言明하시고 있다. "그

대들은 이 '불가사의한 공덕의 찬탄, 일체 붓다들의 섭수'라고 일컫는 법문을 신수信受하라"라고(藤田, 2001: 249).

구체적인 교리를 설하는 것이 아니고, 이미 설해진 교설의 찬탄을 하는 이 6방단은, 사실은 넓은 의미의 '유통분'으로 볼 수 있다. 그것은 실질적으로 『무량수경』 말미의 유통분을 이어받은 것으로 편집자는 그것을 도모하여 『불명경』에서 인용했을 것이다. 게다가 흥미 깊은 것으로 이 6방단은 경전 말미의 다음 한 단락과 호응하고 있다.

사리뿌뜨라여, 마침 내가 지금, 그들 불·세존들의 여러 불가사의한 공덕을 이와 같이 칭찬하고 있는 것처럼, 그와 같이 참으로 그들 불·세존들도 또한 나의 여러 불가사의한 공덕을 다음과 같이 칭찬하고 있다. "세존, 석가모니불, 석가족의 대왕은 매우 이루기 어려운 일을 이루었다. 사바세계에서 무상無上한 정등각正等覺을 깨달았을 때부터, 시대의 오탁汚濁, 살아 있는 것의 오탁, 사상思想의 오탁, 수명의 오탁, 번뇌의 오탁 속에서, 일체 세간의 존재들이 믿기 어려운 법을 설하셨다"라고(藤田, 2001: 254-255).

앞의 6방단과 함께 이 한 단락에 입각할 때, 『아미타경』의 후반부에는 『아미타경』을 사바세계로부터 타방불의 무한히 넓은 세계로 해방시키는 방향과 다시 사바세계로 집약시키는 방향의 쌍방향의 움직임을 확인할 수 있다. 현재라는 시간과 사바세계라는 장소가 묶이면서 시공을 초월하여 존재하는 아미타불과 그 정토의 공덕을, 석가불은 이 『아미타경』의 전반 부분에서 전개해왔다. 그 내용은 6방세계의 무수한 붓다들에 의해 인가되고 칭찬되고 있는 것으로부터, 실은 이 사바세계의 시공에 한정되지 않고, 그 무수한 붓다들의 세계에까지 열려져 있다.

특히 주목해야만 하는 것은, 이 찬탄이 『아미타경』의 '내용'과 함께 그것을 설한 '설하는 자', 즉 '석가불'에게 향해지고 있는 점이다. 그 결과, 이 경전의 절정에서는 석가불과 무수한 현재 타방불 사이, 그리고 사바세계와 타방 불국토 사이에 칭찬의 공명共鳴이 일어나고, 그 공명 속에 아미타불과 정토가, 그리고 무엇보다도 이 설교를 소유하고 있는 '경전'이 포섭된다는 멋진 내러티브 구조가 실현되고 있다.

경전의 언설을 완전한 것으로 하기 위해서는 이야기꾼을 어떻게 대우할 것인가가 중요한 과제가 된다. 특히 이들 정토경전의 경우에는 경전의 주제 그 자체가 아미타불과 극락정토이며, 전통 경전에서 중심이 되는 석가불과 그 사바세계를 죄다 흐리게 해버리는 요소를 포함하고 있다. 이 때문에 그것은 다른 경전보다 한층 더 어려운 과제가 된다. 그 속에서 『아미타경』 편찬자는 경전의 언설 안에 존재하는 계층의 차이라는 대승경전의 고유한 언설구조를 능숙하게 이용하여, 메타레벨의 계층인 석가불과 경전의 칭찬이라는 독자적인 구조를 만들어냈다.

이 새로운 편찬은 결코 자의적으로 이루어진 것이 아니고, 『무량수경』과 『불명경』의 깊은 관계를 전제로 하여 실현된 것이다. 스코이엔 컬렉션Schøyen Collection에서 『무량수경』과 『불명경』의 단편이 일체가 되어 회수되고 있는 점, 그리고 구마라집이 입수하여 번역한 경전류에 양자가 포함되어 있는 점에서 보듯이, 이러한 사실들에 의해 양자가 밀접한 관계를 가지고 전승되고 있었다는 것은 분명하다. 『아미타경』이라는 새로운 정토경전은 이러한 전승 가운데에서 탄생한 것이다.

8) 다시 고빈드나가르 Govindnagar의 사례로

『아미타경』과 『불명경』이라는 이 두 경전은 종교 정서를 공유하고 있었을 가능성이 있다. 여기에서 『아미타경』의 경명이 동시에 '일체 붓다들의 섭수라고 일컫는 법문'이기도 한 것은, 본 장의 앞에서 고찰한 마투라시의 고빈드나가르의 아미타불 대좌의 명문을 상기시킨다.

인도에서 아미타불 신앙의 유일한 고고학적 증거로서 대중의 눈을 끈 이 상의 명문에는, 조상造像의 목적인 "일체 제불의 공양을 위해, 이 선근에 의해, 일체 중생이 무상의 불지를 획득케 하기 위해"라는 한 문장이 새겨져 있다. 아미타 불상의 봉납에 의해 일체 제불이 공양받는다. 아미타불과 일체 제불은 상호 배타적인 것이 아니고, 양자는 마치 총칭과 별칭 같은 관계에 있다. 이것은 『무량수경』에서 제불이 아미타불의 정토를 칭찬하는 부분이나 지금 본 『아미타경』 후반의 6방단의 교설에 그대로 합치된다.

이 명문에 있는 "일체 제불의 공양"은 전통부파에서 기진할 때의 이념 그 자체이며, 또 한편의 "무상의 불지를 획득한다"라는 문장은 대승 고유의 것이다. 쇼펜은 이 둘이 혼재되어 있는 것에 곤혹스러워하며 신중한 고찰을 한 결과, 아미타불 신앙을 입증하는 사례는 아니라는 결론을 이끌어냈다.

우리들은 쇼펜과 같은 위치에 서서 약간은 다른 결론에 다다를 수 있을 것이다. 『무량수경』이나 『아미타경』에서 아미타불은 제불과 공존하고, 그들을 대표하는 존재로 간주되고 있다. 그것에 더해 두 경전에는 불탑신앙을 부정하는 의식이 표면화되어 나타나고 있지 않기 때문에, 양자는 전통부파의 의례적 신앙 형태를 아마도 배제하고 있지 않다. 그 반면에 정토에 대한 가르침의 모든 의의는, '경권經卷'의 존재에 포섭되고 있는 의식을 명확히 가지고 있으므로, 그 경전 제작활동이 전통불교에 회수되어버리는 것은 아니다. 말하자면, 아미타불 '신앙'은 경전 제작의 의식 가운데에 명료하게 존재하고 있다. 후지타(2007: 279-281)가 인정하고 있는 그대로이다.

한편, 오스카 폰 힌외버 Oskar von Hinüber(2012)가 논하는 『법화경』의 사례가 보여주듯, 대승경전의 내용이 도상화되어 나타나는 것은 시대가 꽤 내려오고, 지역은 인도의 주변 아니면 밖이다. 그 점에서 고빈드나가르의 아미타 불상은 경전의 내용이 매우 빠른 시기에 마투라라는 인도의 한가운데에서 도상화된 희귀한 사례이다. 그 후 아미타 불상은 인도로부터 전혀 발견되지 않고 있다.

이 사실을 전제로 해서 『무량수경』과 『아미타경』의 내용으로 다시 돌아가보자. 애초에 이들 경전은 다른 대승경전과 같이, 설하는 자로서의 석가불을 경전의 중심에 세우고 있다. 그런데 설해지는 교설에 석가불을 부정하고 아미타불만을 선양하는 의식은 없다. 반대로 일체 제불과 공명하고 조화를 이루는 아마타불관이야말로 이들 경전 편찬자들의 종교적 정서였다는 점을 엿볼 수 있다. 동아시아 세계에서 아미타불만을 자립시킨 정토사상의 모습은 고대인도의 정토사상의 존재형태와는 다른 것이었을 가능성이 있다. 정토경전은 – 정토사상에 국한하지 않고 대승경전 그 자체가 그러한 것처럼 – 주변의 불교 일반의 활동으로부터 독립하여 고유한 의식을 가지고 배타적인 교단을 형성한 것이 아니다. 완전히 반대로 학파나 교단의 차이를 넘어 불교의 사상과 활동이 넓은 기반을 이루도록 그 역할을 다했을 것이다.

그 가정에 부합하는 것이 쇼펜(2005: 154-189)의 연구 결과이다. 극락정토를 담고 있는 인도의 제 경전을 조사한 이 연구는, 인도불교세계 전체에서 아미타불의 극락정토가 '일반화된 종교적 목적지'가 되어 있음을 보여주고 있다. 이 이해를 전제로 할 때, 인도 고유의 아미타 불상이 한 예를 제외하고 출현하지 않는 것은, 아미타불의 정토를 향한 신앙이 존재하지 않았기 때문이 아니고, 반대로 제불에게 중첩되는 형태로 존재하고 있었기 때문이었을 것이라는 점이 드러나기 시작한다.

한편, 이 『아미타경』 6방단에는 대승경전의 언설구조 일반의 문제를 고려할 때 더욱 논해야만 하는 과제가 있다. 그것은 대승경전의 서사성의 고찰을 더욱 깊게 해줄 것이다. 다음 절은 이 과제부터 풀어가기로 한다.

3.
텍스트 연구로서의 정토사상 연구 – 에크리튀르 écriture론의 가능성

1) 『아미타경』의 언설구조가 제기하는 것

본 장의 서두에서 언급한 것처럼 정토사상에 대해 현재 우리들에게는 충분할 정도로 연구 성과가 제시되고 있다. 확실히 연구의 진전과 함께 새로운 과제도 출현하지만, 이 풍족한 상황에서 중요한 것은 이러한 과거의 연구 성과를 충분히 살리기 위해 무의식 가운데에 존재하고 있는 선입견을 주의 깊게 제거하는 것이다. 마지막 부분에서 이 문제를 몇 개의 관점에서 취급하기로 한다.

먼저 여기에서는 앞에서 논의하다가 남긴 『아미타경』 편찬 과정의 문제를 살펴본다. 과제는 6방단의 제3, 서방세계의 일부에 아미타유스 여래가 등장하고, 이 경전의 주제인 아미타유스 여래의 공덕을 찬탄하는 소위 자화자찬으로 보이는 장면이다. 이 부분이 『불명경』류를 전용하여 경전을 편찬한 지점인 것은 이미 언급한 대로이지만, 여기에서는 경전 전체를 단일한 계층에서 이루어진 언설로서 독해하고자 할 경우, 이해하기 어려운 '모순'이 나타난다. 많은 전통적 학승이나 근현대의 연구자가 곤란을 겪은 부분이다. 예를 들어 후지타는 다음과 같이 말하고 있다.

> 『아미타경』의 편찬자는 아미타불 사상을 고양시키기 위해 '불명경류'의 경설을 전용한 것이지만, 그러나 그때 서방 제불 가운데 원래의 경설 그대로 아미타불을 남기는 것뿐만이 아니라, 전용 부분의 주제를 아미타불 사상으로 통일하는 것을 간과했기 때문에, 경전 전체로서는 이어붙인 양상을 보이고, 모순이 드러나는 것에 이르렀다고 생각한다(藤田, 2001: 77).

후지타가 『아미타경』의 소재를 확정할 수 있었던 공적은 크다. 그렇지만 이 부분을 "아미타불 사상으로 통일하는 것을 간과했기 때문에", "이어붙인 양상", "모순이 드러나는 것"이라는 판단은 받아들이기 어렵다. 그 이유는 발화 주체의 차이에 주의해서 경전을 분석했을 때, 『아미타경』의 편찬자는 오히려 충분히 의식적으로 이 한 단을 편성하고 있는 것이 분명하다. 더욱이 그곳에 인도에서의 아미타불 신앙의 중요한 문제를 받아들이고자 의도했던 가능성마저 나타나기 때문이다. 여기에서 고려해야만 할 과제는 두 가지이다. 첫째는 이 부분이 경전 전체의 구성 가운데 어떠한 위치를 차지하고 있는가라는 문제, 다른 하나는 일체 제불과 아미타불과의 관계이다. 전자부터 살펴보기로 한다.

앞 절의 마지막에서 논한 것처럼 6방단은 『아미타경』의 교리 내용을 설한 경전의 공덕을 찬탄하는, 넓은 의미에서의 '유통분'에 해당한다. 유통분은 경전의 '본종분', 즉 교리 내용을 말하는 본문의 언설과는 위상을 달리하며, 소위 경전을 외부로부터 찬탄하는 메타레벨의 언설이다. 아함, 니까야의 경전에는 존재하지 않는 이 특이한 서술은 대승경전 성립의 중요한 요건으로서 주요한 대승경전의 언설에 편입되어왔다.

6방단의 서방세계에 출현하는 아미타불은 경전의 주제를 설하는 본종분의 아미타불과 동일한 차원의 존재가 아니기 때문에 양자는 단순히 모순되는 것이 아니다. 이 문제에 깊게 관련된 것은 경전 언설에 관한 발화 주체의 차이이다. 그것은 6방단과 내용 면에서 관계가 깊은 『무량수경』과 비교하면 분명해진다.

『무량수경』과 『아미타경』 모두 경전을 설하는 자가 석가불인 점은 공통되지만, 한편으로 발화 주체를 둘러싸고 양자에게는 간과하기 어려운 차이가 있다. 『무량수경』의 경우에는 발화 주체가 석가불과 법장보살法藏菩薩의 두 사람으로 문맥에 의해 교차하는 반면, 『아미타경』의 경우에는 석가불로 시종 일관하고 있다.

이 차이는 문제가 되고 있는 부분에서 화법의 차이로 나타난다. 『아미타경』 6방단과 관계가 깊은 『무량수경』의 제17원인 '제불 칭양稱揚의 원'은, 아미타불의 전신인 법장보살의 서원이 법장보살 자신의 말로써 직접화법에 의해 제시되어 있다. 이 발화 내용에서 아미타불을 찬탄하는 제불 가운데 아미타불은 당연히 들어 있지 않다. 아미타불이 자기 자신을 찬탄한다는 명확한 자가당착에 떨어지기 때문이다.

그것에 대해 『아미타경』 6방단의 발화자는 석가불이다. 제불이 지금 바로 이 사바세계에서 설하고 계시는 경전을 찬탄하고 있는 사실을, 제3자인 석가불이 관찰하면서 서술하는 형식이 되어 있기 때문에 이 문제는 생기지 않는다. 그것에 더하여 제불이 찬탄하는 것은 – 서술의 내부로 파헤쳐 들어가면, 아미타불과 극락의 덕성이라는 교설의 내용으로 돌아오게 되지만 – 직접적으로는 석가불이 아미타불과 극락을 찬탄하는 '교설을 설하고 있는 것'이며, 단적으로는 지금 설하고 계시는 『아미타경』이라는 '경전의 존재'이다.

아미타불의 덕성을 아미타불 자신이 칭찬하는 것은 인정하기 어려워도 그 내용을 포섭하고 있는 경전의 존재를 찬탄하는 것에 문제는 없다. 역으로 이 언설의 발화 주체는 석가불이기 때문에, 여기에서 설해지는 서방세계의 제불 가운데에서 아미타불만을 제외하면 돌이킬 수 없는 문제가 발생해버린다. 아미타불이 서방세계에 존재한다는 것을 경의 서두에서 선언한 이래 일관되게 설하면서, 여기에 이르러 석가불 자신이 서방세계에 아미타불을 인정하지 않는 것이 되어버리기 때문이다.

이것은 불설이 서사언어가 되고, 언설 구조가 중층화하기 때문에 발생하는 과제이다. 대승경전에서 언설의 중층화 구조에 유의할 때, 『아미타경』의 편찬자들이 붓다의 동일성에 대해 둔감하거나 구성plot의 일관성에 대해 무심하거나 하는 것이 아니라는 점을 알 수 있다. 반대로 주도면밀한 배려를 하고 있다. 이 경의 편찬자는 언설의 전부를 일인칭 석가불의 독백이라는 정묘精妙한 내러티브에 의탁하는 것으로서 아미타불과 그 극락정토의 찬탄을, 석가불의 깨달음의 의식 안으로 비추고 있는 관찰의 정경으로 삼았다. 그런 다음 전반의 본종분에서 아미타불과 그 정토를 클로즈업close-up하여 비추고 있는 석가불의 의식의 카메라는, 6방단에 이르러 갑자기 먼 후방으로 줌아웃zoom-out하고, 마치 지상으로부터 천체를 보는 천체망원경이 되어 아미타불 세계와 제불 세계가 서로 찬탄하고 공명하는 모양을 비춰낸다. 그리고 마지막으로 그 카메라는 유일하게 지금까지 영상으로부터 누락되어 있던 이 지상의 사바세계를, 그 칭찬세계 전체 가운데로 거두어들임으로써 역할을 끝낸다.

이 의식의 고감도 카메라는 대부분 무한한 거리를 순간적으로 줌인 zoom-in, 줌아웃할 수 있을 뿐만이 아니라, 이중화해서 스스로를 저편으로부터 비춰내는 파격적인 성능을 가지고 있다. 이 비유를 정확히 이해하기 위해서는 다소 주의 깊고 신중한 이론적 설명이 필요하므로 뒤에서 다시 한번 다루기로 한다. 『아미타경』의 편찬자는 법장보살의 '제불 칭양의 원'을 직접화법으로 전한 『무량수경』 이상으로 경전의 언설 구조에 의식적이며, 그것에 의해 아미타불과 제불과 석가불과의 관계를 재정립하고 있는 것이다.

이러한 의식을 기반으로 제기된 테마가 아미타불과 제불과의 관계라는 제2의 과제이다. 법장보살의 시점으로부터 경전의 언설이 구성되어 있는 한 드러나지 않는 이 과제는, 석가불을 경전의 언설 중심에 일관되게 놓고 불교 전체를 조감했을 때 필연적으로 발생한다. 제불 가운데에 아미타불이 들어 있는지 어떤지 얼핏 보면 하잘 것 없이 생각되는 이 질문은, 사실 정면에서 묻고자 한다면, 불교의 역사란 무엇인가, 정통성이란 무엇인가, 전승이란 무엇인가라는 질문과 같이 매우 중요한 테마와 연결되어 있다. 이 질문에 잠재되어 있는 본격적 과제에 대해서는 별도의 글로서 새롭게 독립시켜 논할 필요가 있다. 이 점은 뒷부분에서 그 개요를 다루는 것으로 그치고자 한다.

우선 여기에서는 『아미타경』의 이해로 한정해서 문제의 소재를 확실히 하기 위해, 앞에서 살펴본 마투라 고빈드나가르의 아미타 불상 대좌에 새겨진 명문의 해석으로 돌아간다. 이 아미타 불상의 대좌에는 "일체 제불의 공양을 위해서"라는 문장이 새겨져 있어 아미타 불상의 봉납에 의해 일체 제불에 공양하는 것이 언명되어 있다. 기원후 2세기라는 매우 조기의 고고학적 사실이 보여주는 고대 인도의 아미타불의 신앙은 제불 신앙과 조화적이며, 아미타불은 제불을 수렴하는 것과 같은 위치에 있다.

여기에서 주목할 만한 것은, 이 출토된 존상과 『아미타경』이라는 경권 사이에 보이는 호응관계이다. 고빈드나가르에 봉납된 아미타 불상이라는 물상物像, 그것에 외부로부터 부여된 명문의 언어로서의 아미타 불명佛名과 일체불명. 이들의 관계는 『아미타경』이라는 경권으로서의 물상, 그 물상의 내부에 주어진 말로써의 아미타 불명과 6방단에서 구체적인 여러 불명과의 관계에 완전히 대응하고 있다. 즉, 아미타불과 제불과 석가불이 하나의 경권에 수렴되고 있는 모습이 텍스트 외부의 현실 세계에서도 불상과 명문과의 관계 속에서 실현되고 있다. 이 사실이 보여주는 것은 아미타불 단독의 신앙 교단의 존재가 아니라, 전통적 불교와 하나가 된 아미타불 신앙의 형태이다.

경전의 전승자들은 후대의 학승이나 현대의 학자들보다도 경전 탄생의 현장에 훨씬 가까운 곳에서 – 때로는 현장 바로 그곳에서 – 경전을 계승해왔다. 그들의 경전 지식에 대한 정통성과 무엇보다도 그 불교 이해에는, 현대의 눈으로는 간파하기 어려운 깊이와 복잡함이 있다. 그것이 틈 사이로 살짝 엿보이는 것은 종종 언뜻 보기에는 '모순'으로밖에 보이지 않는 듯한 이러한 사태의 한가운데에 있기 때문이다.

2) 서사경전이 시사하는 불교 연구의 과제 – 에크리튀르론의 필요성

이상에서 제시한 『아미타경』 6방단에 관련한 경전 언설의 중층성이라는 과제는 원래 대승경전 전체에 공통된다. 여기에서 중요한 것은 하나의 경전은 자신의 언설 내부에 복수의 계층을 가지고 있지 않으면, 교설의 정통성을 증명할 방법이 없다는 점이다. 이 서사경전이 그에 적합한 정통성을 지니며 존재하고 있다는 것을 어떠한 외부의 권위에도 의지하지 않고, 그 경전 자신이 증명하지 않으면 안 된다고 한다면, 경전의 언설은 정통성이 증명되는 내부와 증명하는 외부로 자기분열하고 이중화되지 않을 수 없다. 이 분열을 통합할 수 있는 것은 형상화된 말인 문자를 포함하는 경권이라는 물상이며, 그 경권과 동일 차원에 있는 언설이다. 이 언설은 본종분의 언설이 아니고 유통분의 언설 쪽이다.

사실 6방단에 나타나는 부류의 '모순'은, 경전의 내부에서 행위주체로서의 구성을 수행하는 본종분의 붓다와 경전 외부로부터 정통성의 보증인으로서 말을 거는 유통분의 붓다와의 사이에 늘 확인된다. 일례를 든다면, 많은 대승경전에서 상투구로 등장하는 "경전의 공덕을 향유하기 위해서는, 이 경전의 일구를 기억해 간직하든가 서사하는 것만으로 충분하다"는 유통분 말미의 한 문장이다. 이 한 문장의 내용은 교리 내용을 극명하게 설해온 본종분의 노고를 헛수고로 귀결시키고, 교리 이해의 의의를 단숨에 무화시켜버리는 것과 같다. 그것은 아미타불과 일체 제불과의 사이에 있는 어긋남보다도 훨씬 크다.

지금까지 연구자가 그 내실의 해명을 방치해온 이 과제를 정면에서 이론적으로 해명하고자 한다면 불교 연구자에게는 다소 당돌하게 들릴지 모르겠지만, 동일성 인식의 메커니즘을 서사행위와 그 결과인 서사 텍스트와의 관계에서 밝힌 자크 데리다의 에크리튀르론에 뛰어들 필요가 있다.

이데아를 연구한 그리스의 플라톤Plato 이래 현대에 이르기까지 현전성이나 자신을 향한 현전이라고 하는 진리 형식을 전제로 해서 불변의 개념이나 동일성 인식의 해명에 전력을 쏟아온 서양 형이상학의 역사에서, 에크리튀르－문자언어, 서사행위, 기호표기, 차이의 기록, 각인 등의 총칭－라는 사태에서 문제의 소재를 발견하고, 그곳에서 물음의 소재를 바꿈으로써 형이상학 연구 전체를 비판한 사상가는, 좁은 소견으로 볼 때 그 외에는 없다. 그것은 현대철학을 연 에드문트 훗설 Edmund Husserl(1859-1938) 이후의 현상학에 대한 평가와 비판에 입각하면서, 인문학에서부터 자연과학에 이르기까지를 사정거리에 넣은 제 학문의 근거를 묻는 넓음과 깊음을 포함하고 있으며, 경전 연구에도 귀중한 고찰 기반을 주고 있다.

여기에서는 그 이해를 위해 하나의 중심이 되는 '차이(差異 différence)와 차연(差延 différance)'이라는 개념을, 불교 역사 연구의 입장에서 중요한 개념인 '정통성'과의 관계에서 거론하고, 데리다의 정밀하면서도 농후한 논의를 매우 희석시키고 단순화해가면서 그 긴요한 부분에 접해보고자 한다.

지금 정통성의 언명이라는 과제를 둘러싸고, 대승경전의 언설이 중층화하지 않을 수 없다는 사태를 언급했다. 그렇지만 여기서 중요한 것은, 이 '언설의 중층화'는 사실은 서사경전인 대승경전에서 고유하게 발생하는 문제가 아니라, 부파와 대승의 차이에 관계없이, 아니 불교에 한정치 않고 정통성이나 인식의 동일성을 둘러싼 주제에 본래 배태된 문제라는 점이다. 이 보편적인 문제가 대승불교에서는 서사텍스트라는 형태, 즉 기술된 경전으로서의 대승경전이라는 형태로 나타나고 있다. 따라서 대승경전에서 정통성의 과제를 해명할 수 있다면, 그것은 불교 전체의 정통성의 과제 해명으로 이어진다.

정통성을 둘러싼 문제는 전통의 계승 행위에서 발생한다. 전통의 계승이라는 것은 스스로가 타자로부터 받아들인 것을 다른 타자에게 수용되도록 하는 행위이다. 거기에서 수수되고 있는 것이 정통성을 가지고 있다고 한다면, 그 계승에서는 먼저 그때까지 자신의 입장에서 기원이 미지未知이자 존재의의가 불명료했던 지식이, 기원이 분명하고 의의가 참된 전통적 지식으로서 인식 반전을 통해 수용된다. 그리고 이어서 스스로에게 동화시킨 그 지식에 대해 다시 한번 인식을 반전시켜, 예전의 자신과 같은 형태로 미지이면서 불명료한 의식 상태로 있는 타자에게 수용시키는 행위이다.

이 일련의 행위 과정에는 타자에서 자신을 거쳐 타자로, 미지에서 기지旣知를 거쳐 미지로, 불명료不明瞭에서 확신을 거쳐 불명료로라는 변천이 있다. 말하자면 전통, 정통성, 계승이라는 이들의 개념 성립에는 정반대의 방향으로 갈라진 행위의 차이가 포함되어 있다. 그리고 이 차이는 가령 조금이라도 변천을 위한 시간적 어긋남, 격차, 지연을 포함하고 있기 때문에 '차연'이라고 표현되는 쪽이 어울린다. 전통의 계승 행위는 타他를 자自로 하고, 자를 타로 하는 차연에 의해 성립하고 있다. 본고에서는 다루지 않지만, 이것은 자기동일성의 인식문제와 질적으로 동일하다.

한편, 전통의 계승 행위에서 정통성의 개념은 일단 수립되면 그것으로 완성되어버리는 것이 아니다. 정통성이라는 것은 끊임없는 역사적 상황의 변화 속에서 일단 수립된 기원으로 몇 번이라도 돌아와 다시 수립하지 않으면 안 되는 동적인 과정이다. 이 개념의 성립은 차이를 인정하고 나서 그것을 동일한 것으로서 수용하고, 차연을 동시적인 것으로서 통합하는 행위의 수행이다. 그것은 차이→동화→차이→동화…, 혹은 차연→현재화→차연→현재화→…의 연속이기 때문에 항상 차이와 차연을 포함하고 있다. 이 차이, 차연은 특히 타자에 대해 전통의 정통성을 양도하는 장소로서 거역하기 어려울 정도로 명확하다.

대승경전의 탄생은 불설의 정통성의 계승에서 나타나는 차이와 차연이, 서사행위와 그 결과로서의 서사 텍스트라는 형태로 실현된 것이다. 이 새로운 불설의 형태 속에는 더욱 더 중층화한 행위의 차이와 차연이 배태되어 있다. 그것은 전승된 '문자가 된 붓다의 말'이 그것을 '읽는' 행위에서 '붓다의 목소리가 되어 들린 말'이 되고(때로는 한층 '시각으로 비친 광경'이 되고), 이번에는 뒤집어서 '목소리가 되어 들린 붓다의 말'의 인식 내용이, 그것을 '쓴다'는 행위를 통해 '문자가 된 말'로서 다른 사람에게 수용되게 한다는 일련의 과정을 포함하기 때문이다.

이러한 서사행위의 결과로서 실현되는 대승경전은, 정통의 계승에서 차이의 기록 및 차연 작용이라는 과제를 단지 한 사람 붓다의 존재와 그 언설에 의해 해결하고자 한다. 이 때문에 경전 속 붓다의 언설도, 붓다의 존재도 단층으로 단일하게 지속적으로 있을 수 없고, 그 동일성은 차이, 차연을 안에 포함하는 것이 된다. 원리적으로는 전통의 계승 행위마다, 즉 경전의 해독이 이루어질 때마다 붓다와 그 언설은 차이화되고, 차연화되어 수용되고 있다. 이것이 동일한 경전을 대상으로 반복되고 있는 것은, 이 차이와 차연이 시대, 언어의 다름에 의해 방해받지 않는 완전한 형태로 포섭되고 있기 때문이다.

이러한 상황을 전제로 한다면, 『무량수경』에서 석가불의 언설로부터 아미타불이 출현하는 것, 『아미타경』에서 6방 세계에 제불이 출현하는 것, 그 서방세계에 더욱이 아미타불이 출현하는 것, 이들 다른 모든 붓다들이 이구동성으로 전승의 정통성을 증언하는 것, 이들의 언설 모두가 경전에 포함되고, 이 경전의 전승이야말로 전통의 정통성 수립에 다름 아니라고 간주되고 있는 것, 이러한 일련의 사건에 이윽고 하나의 전망이 부여되기 시작한다.

마지막으로 앞 절에서 언급한 『아미타경』 이해의 비유로 돌아가 보기로 한다. 경의 전반부에서 아미타불과 그 정토를 클로즈업해서 비추고 있던 석가불의 의식의 카메라는, 6방단에 이르러 훨씬 후방에서 줌아웃하고, 지상으로부터 천체를 보는 것처럼 아미타불 세계와 제불 세계를 비춰내고, 마지막으로 반전하여 이 지상의 사바세계를 거두어들이고 있다. 이 카메라는 무한한 거리의 간격을 순식간에 무화할 수 있을 뿐만 아니라, 이중화하여 스스로를 타방에서 비추어낼 수 있는 것이었다. 참으로 여기에는 차이, 차연의 현재화顯在化와 그들의 자동화自同化라는 동일성의 인식 문제, 그리고 정통성의 성립 문제가 시좌視座의 전환을 꾀하는 서술 속에 완전하게 수렴되고 있는 것이다.

3) 역사적 붓다론의 한계

이러한 중요한 과제를 안고 있는 텍스트 연구의 입장에서 불교학을 재검토했을 때, 제거해두지 않으면 안 되는 장해가 있다. 그것은 오늘날까지 근대불교학을 석권해온 '역사적 붓다론'이다. 빅토리아조Victorian Age(1837-1901)의 지식인들이 가정한 '고타마의 불교'가 이성적 존재로서의 붓다의 불교라고 하는 근대 특유의 가치관에 입각한 자료 선별과 논리에 입각하여 고안되었고, 그 후의 불교 연구의 가능성을 크게 제약하면서 현재까지 이어져온 문제에 대해서는 지금까지 반복해서 논해왔다(下田, 2005, 2005a, 2006, 2009, 2010, 2013).

물론 자료가 허락하는 범위 내에서 붓다의 역사성 복원을 위한 노력은 이루어져야만 한다. 하지만 '신화적 기술을 모두 배제하고 재구성했다'고 자칭하는 붓다상이나, '정통적 율에 입각하여 청빈하게 무소유를 자랑하는 불교'라는 부류의 상념은,

자료의 자의적 선별을 초래하고, 현실적 불교 연구의 진지한 발전을 저해한다. 실제 이 상념을 전제로 한다면, 이 책의 주제가 되는 아미타불이나 극락정토의 연구는 거의 무의미한 일이 되어버릴 것이다.

여기에서 지적하고 싶은 것은 이러한 편향된 근대불교학의 내용이 아니라, 역사적 붓다를 가정하는 연구에 원리적으로 내재하는 방법적 한계이다. 앞에서 살펴본 것처럼, 불교의 역사적 기원을 밝히는 것에는 매우 한정된 의미밖에 없다. 말하자면, 정통성의 계승이라는 것은 확정된 기원을 정적 사물처럼 다루어 성립하는 것이 아니고, 항상 다른 역사적 상황 속에서 타자를 상대로 해서 출현하는 차이와 차연을 동일화하고, 동시화해서 수용하는 한편, 이어서 그것을 타자에게 수용케 하는 행위에 의해 성립하는 것이다. 연구자는 이 일련의 과정을 미세하게 관찰하고, 치밀하게 서술할 필요가 있다. 그것을 위해서는 정지되고 응결된 역사적 붓다를 가정해서 확정하는 것이 아니고, 끊임없는 차이, 차연의 출현과 자동화自同化의 운동 중심에 서 있는 붓다를 고찰하지 않으면 안 된다.

필자(2013: 79-82)의 연구에서 논한 것처럼, 초기 대승경전에 등장하는 석가불은 연등불燃燈佛을 훨씬 거슬러 올라가는 과거의 붓다로부터 계승된 계보의 후예에 위치한다. 요원한 과거로부터 이어지는 붓다들의 계보 위에, 과거로부터 현생에 이르기까지 수없는 생애를 거쳐 온 보살로서의 붓다에 대한 이해에 입각하여 처음으로 붓다의 존재가 인정되고 있다. 그것이 부파, 대승을 가리지 않고 불교도들이 이구동음으로 인정하는 붓다이다.

대승경전의 경우, 실로 이러한 의미에서 정통성을 가지고 있는 붓다가 경전의 언설에서 출현한다. 따라서 이 붓다의 연구는 경전이라는 텍스트와 그 언설에 대한 분석 연구가 된다. 필자(2013: 6-14)의 연구에서는 불교학의 역사적 자료의 상황에 비추어 판단할 때, 대승경전 연구의 사상적 혹은 언어·문학적 연구방법에 의해 나아가야만 한다고 언급했다. 실제로 이 방법은 역사 자료를 둘러싼 현실이라는 문제 이상으로 연구의 목적으로서 떼어낼 수가 없다.

서사행위와 그 결과로서 경권에 수록되고, 그 가운데의 언설 전체를 이야기하는 자로서 역할을 떠맡고 있는 붓다는, 불교의 전승 행위에 관계하는 중요한 차이와 차연을 내포하고 있으며, 불교 해명을 위한 중심적인 해명 대상이다. 그럼에도 불구하고 경전의 언설을 주제로 한 붓다의 해명은 아마도 알란 콜 Alan Cole(2005)을 제외하고는 지금까지 존재하지 않는다. 이 때문에 대승경전에서 '붓다는 무엇인가'라는 테마도 근대불교학에서는 거의 해명되어 있지 않다. 이것을 밝히기 위해서는 대승경전을 직접 대면하고, 경전을 읽는 행위 자체를 분석하고 해명할 필요가 있다.

여기에서 논서를 경유하는 것은 대승경전상의 붓다의 해명으로는 이어지기 어렵다. 논서에 의해 붓다관을 고찰할 경우, 흔히 연구자는 2신설 二身說이나 3신설 三身說이라는 이론적인 정리를 그대로 채용하고, 개개의 경전에서 설하고 있는 붓다를 그 기성의 구조적 틀 안에 배분하는 것으로 부심하고 끝나버린다. 이렇게 해서 연구자는 대승경전에서 설하고 있는 붓다에게 직접 대면하는 기회를 잃고, 이윽고 물음의 존재 자체를 망각해버린다. 오늘날까지 정토사상은 여러 입장에서 해명되고 풍부한 성과를 얻은 한편, 역사적 붓다라는 기성 개념은 되물음 없이 정리되어왔다. 대중부 기원설이든 재가불탑 기원설이든 지금까지의 대승불교 기원설은, 역사적 붓다를 묻고 물어 다다름으로써 대승불교 역사의 중요한 부분이 해결 완료된 것으로 간주하는 이론이다. 그렇지만 이것으로는 대승불교가 형성되어온 수수께

끼가 해명되지 않고, 더욱이 경전 전승자들이 그 언설에 기울인 불교나 붓다에 대한 의식은 규명되지 않는다.

불교를 이해할 때의 '역사적 붓다'라는 굳건한 전제가, 정토사상 해명의 입장에서 거의 치명적이라고 할 수 있을 정도로 커다란 장해가 되는 것은, 윤회를 전제로 한 내러티브의 구조 속에 출현하는 '보살'이라는 존재, 혹은 '정토왕생'이라는 사태를 온전한 고찰의 대상으로 삼지 못하도록 하는 점이다. 여기에 담겨진 의미가 배제되어버리면, 아무리 강변하고자 해도 정토사상의 의미는 거의 소실되어버린다. 다음에 이 문제를 고찰하기로 한다.

4) 공동의 '공덕=업'의 세계로서의 정토

고대 인도불교의 정토사상이 업에 입각한 윤회라는 인도 고래의 세계관을 전제로 성립하고 있는 것은 자명한 이치이다. 그럼에도 학계에서 이 단순한 사실의 인증을 얻는 것이 쉽지 않다. 그 까닭은 업과 윤회라는 세계관만큼 근대불교학의 연구자들에 의해 기피되고 있는 인식의 틀도 없기 때문이다. 이성적 붓다는 이 전근대적이자 차별적인 세계관을 부정하고 평등을 설하였으며, 그 미개한 세계로 되돌아가는 것 같은 세계관을 불교학은 연구 대상으로 해서는 안 된다는 관점이 논자들에게는 있다.

불교가 윤회로부터의 해탈을 설하는 것은 틀림이 없다. 그러나 그것은 윤회를 부정하고 비켜간다는 것은 아니다. 불교는 사람들이 공유하는 세계관을 인정한 다음 그곳으로부터의 해방을 설한다. 윤회로부터의 해탈에 대한 해명은 윤회를 터부시하고 그것을 언급하지 않은 채 할 수는 없다. 자따까Jātaka나 율장의 아바다나

Avadāna 등의 불전佛傳뿐 아니라, 후대의 논서마저도 업과 윤회의 세계관을 대전제로 하고 있으며, 그것을 인정하지 않으면 불교의 많은 언설이 성립하지 않는다. 예를 들어 모리야마 신야護山真也(2012)의 연구가 보여주고 있듯이, 다르마끼르띠(Dharmakīrti 法稱, 600-660)는 『인식론 평석認識論評釋』 제2장 34-119게偈에서 붓다가 과거세에 반복하여 자비의 실천을 행한 인물임을 입증하기 위해 자비행의 장場으로서의 윤회가 성립하는 것을 논하고 있다. 이것은 붓다가 존재하기 위한 전제인 윤회의 실재가 당시 최고의 지성에 의해 인증되고 있었던 것을 이야기하고 있다.

연구자가 해야만 하는 것은 해당 텍스트가 윤회로부터의 해방을 어떠한 형태로 표출하고 있는가, 또 그것이 시대나 문맥에 의해 어떻게 다르게 나타나고 있는가에 대해 그것을 정확히 분석하고 서술하는 것이다. 때때로 인용되고 있는 『숫따니빠따 *Suttanipāta*』의 "이 세상도 저 세상도 버리고 간다"라는 일절이 '역설적'인 의미를 발휘하는 것은, 제식祭式이라는 업의 공덕에 의한 내세의 획득을 전제로 하는 브라흐마니즘(Brahmanism 바라문교)의 문맥에서이다. 이미 '업=윤회'를 초월한 해탈이나 열반이라는 개념이 표출된 불교 내부의 문맥에서 그 표현은 기본적으로 의미를 갖지 못한다.

정토사상을 설하는 경전의 경우에는 이 '업=윤회'로부터의 해방이 붓다의 청정한 국토를 향한 '탄생'이라는 역설적인 형태로 표현되고 있다. 이것은 업에 의한 내세의 획득이라는 윤회사상의 내러티브narrative의 틀에 따르면서, 더욱이 그곳으로부터 해탈을 하여 자유롭게 된 붓다와 동일세계에 이를 수 있음을 표현하고 있으며, 브라흐마니즘과 불교 쌍방의 언설을 공존시키는 교묘한 내러티브이다. 물론 이 표현의 틀은 대승경전 출현 이전의 자따까나 불전佛傳 문학에서 형성되어가던 것이다. 정토경전이 전사前史를 지니고 있는 것을 의식해두는 것은 정토경전의 특성을 이해하는 측면에서 중요하다.

주지하는 것과 같이 자따까나 불전 문학에서의 보살은, 보통 사람은 도저히 흉내낼 수 없는 갖가지의 자기희생 행위를 과거로부터 쌓아 그 결과로서 붓다가 되었다고 한다. 그렇지만 성도를 향한 이 준엄하기 그지없는 길을 어떻게 이해해야만 하는가에 대한 회답은 반드시 쉽지는 않다. 실제로 재산을 버리고, 왕국을 버리고, 처를 희생시키고, 자식을 희생시키고, 자신의 신체를 가혹하게 하면서 보시하는 『웨싼따라 자따까(*Vessantara-Jātaka* 보시태자 본생경)』의 보살 이야기 속에서 불교도들은 스스로의 일상을 도대체 어떻게 위치 지을 수 있을까.

현대의 연구자들은 자신을 주인공의 보살에게 빗댈 수 있는 자로 순진하게 생각한다. 그렇지만 그것은 상좌불교도의 이해의 실태와는 맞지 않는다. 그들은 붓다가 될 수 있는 자는 매우 드물며, 그 성취는 거의 불가능한 것으로 알고 있다. 가령 아라한이 되기를 목표로 할 수 있어도 붓다가 될 수 있다고는 생각하고 있지 않다. 그럼에도 불구하고 『웨싼따라 자따까』가 절대적 인기를 떨친 이유는 도대체 어디에 있는 것인가.

조나단 월터스Jonathan Walters의 연구는 현실의 불교세계에서 불교의 이야기가 얼마나 살아 있는가를 파악하는 데에 흥미가 깊다. 그는 「상좌부 불교의 역사에 나타난 공공公共의 업과 업의 사회」라고 제목을 단 논문에서, 근대에 개인적인 것으로서 의심된 적이 없는 업의 논리가 테라바다의 현실에서는 개인에게 폐쇄되지 않고 공동체에서 기능하는 것으로 이해되고 있는 점을 찾아내고, 소위 '사회적 업sociokarma'이라고 부를 수 있는 업의 형태에 주목했다(Walters, 2003). 거기에는 자업

자득이라는 단순한 개인 단위의 업 이해로는 설명할 수 없는 공동체 차원의 '업=윤회'론이 성립하고 있다.

사회적 문맥에서 업의 기능을 7종류로 분류한 이 고찰은, 인도에서 이론적으로 다 정리되지 않은 업의 실태를 이해하기 위해, 현재의 가설적 이론을 버리고, 개개 문맥에서의 서술 양상을 면밀히 분석하여 그 실태를 다시금 새롭게 파악할 필요를 보여주고 있다. 여기에서 힘을 발휘하는 것은, 관찰 가능한 가까운 과거나 현대를 대상으로 하는 연구이다. 필자(2009)가 논한 것처럼 경전이 현대의 실천의 장에서 얼마나 수용되고 있는가를 아는 것, 즉 '생활경험세계에서의 불교'를 아는 것은 경전 읽기의 해명에 중요한 공헌을 한다. 경전 읽기방법을 연구하는 것이 객관성을 가지기 위해서는 제3자의 읽기를 연구 대상으로 할 필요가 있다. 불교 연구에서 그것이 가능한 것은 많은 경우 근현대연구이기 때문이다.

월터스는 이 점을 검증하기 위해 존 홀트 John C. Holt(1996)의 연구를 참조하고, 18세기 캔디 Kandy 왕조의 끼르띠 쉬리 Kīrti Śrī 왕과 그 통치하의 사람들이 마치 『웨싼따라 자따까』를 실현한 것과 같은 한 시대를 창출한 것에 주목한다. 끼르띠 쉬리 왕은 의식적으로 웨싼따라 왕을 모범으로 삼아 상궤를 벗어난 규모의 희사를 계속하여 나라를 기울게 하였다. 이 왕의 행위에 대해 사람들은 곤혹스러워하며 어찌할 바를 몰라 분노하고 끊임없이 왕에게 충고하지만, 이윽고 왕을 보살로서 숭앙하기에 이르고 마침내 불교왕조의 재흥을 이룬다.

이 일련의 과정에서 보이는 것은 하나의 전생담이 실제의 사회 구성원 전체 속에서 어떻게 이해되고, 실연實演되고 있는가 하는 것이다. 사람들은 『웨싼따라 자따까』의 이야기 속에서 스스로를 동화시키고 있지만 웨싼따라 왕과 동일시하고 있는 것은 아니다. 웨싼따라 왕일 수 있는 것은 유일하게 끼르띠 쉬리 왕뿐이다. 다른 이들은, 혹은 왕의 자기희생과 사회로부터의 견책비난을 나눠 갖는 가족의 한 사람이며, 혹은 치우치지 않는 지출과 경영을 권하다가 좌절하는 대신이고, 혹은 극도의 낭비에 분노하며 곤혹스러움에 빠진 가신이다. 이렇게 해서 상좌부 불교도들은 웨싼따라와 동등한 이 보살왕의 곤란과 그곳에서 생기는 공덕을 어떻게 공유하며, 함께 윤회전생하는 선택된 운명을 어떻게 심도 깊게 헤쳐 나갈 것인가에 대해 오직 하나의 이야기로부터 각각 다른 도덕적 의의를 얻고 있다.

여기에서는 '업=윤회'를 개인적 차원에서 다루는 현대의 시점에서는 보이지 않는 전생담이 읽혀지는 방식이 나타나고 있다. 월터스 자신이 분석한 『아빠다나(*Apadāna* 譬喩經)』, 『붓다밤사(*Buddhavaṃśa* 佛種性經)』, 『짜리야삐따까(*Cariyapiṭaka* 所行藏經)』라는 불전이 단지 붓다 한 사람만의 이야기가 아니라, 붓다와 함께 사는 공동체의 사람들 전체의 이야기이며, 붓다와 붓다를 만나는 사람들은 동일한 세계를 사는 불가분의 전체라는 것에 의해 그것은 그대로 호응한다(下田, 2013: 32-34).

'업=윤회'의 사회성이나 공동성에 대해서는 존 스트롱John S. Strong도 "업은 개인적인 것만이 아니라 집합적인 것이며, 따라서 업과 관련된 전기傳記는 개인의 일련의 삶을 넘어서서 동일한 세계에 속한다는 사실을 규정짓는 일이 가능한 업의 계승의 역사만이 아니라, 업이 서로 결합되어 있는 사람들의 역사도 다루고 있다"(Strong, 1997: 114)고 말하고 있다. 또한 마크 우드워드Mark R. Woodward도 "보살은 혼자서 열반을 향한 여행을 떠날 수 없다. 어떤 보살에게도, 양친이, 처가, 자식이, 제자들이, 대제자들이, 봉공인들이, 깨달음을 향한 도정에서 보살을 따라 가는 위대한 우바새나 우바이가 있다. 보살이 수행을 완성함에 따라 이러한 공동체가 형성되어가는 것이다. …(중략) … 미래의 붓다들에게도 같은 형태의 공동체가 있을 것이다. 아마도 그것은 이미 형성되기 시작하고 있을 것이다”(Woodward, 1997: 53-54)라고 말하고 있다.

정토경전에서 설하는 정토사상은 불전에서 설하는 이러한 ‘업=윤회’의 이해를 전제로 하여 태어나고 있다. 법장보살의 수행에는 『웨싼따라 자따까』와 같은 상세한 자기공희 自己供犧의 기술은 나타나고 있지 않지만, 그것은 경전의 편찬자들에게는 전제되어 있는 것이다. 거기에 건립된 정토는 개인의 업에 의해 개인이 태어나는 것만을 예상하고 있는 것은 아니다. 그것은 오직 한 사람의 보살의 서원과 행위를 믿고, 그 깨달음을 향한 도정도 함께 한 일족이나 동붕 同朋들이 현세와 내세의 경계를 넘어서 함께 태어나는 공동세계인 것이다.

여기에 이르면, 『아미타경』에서 말하는 ‘구회일처 俱會一處’, 즉 “저 나라에 가면 그와 같은 으뜸가는 사람들 satpuruṣa과 함께 만난다 samavadhāna”[11]라는 일구가 정토 이해의 중요한 전제가 되어 있는 것을 알 수 있다. 그리고 그 문맥에서 후지타(2001)가 호넨(法然, 1133-1212)과 신란(親鸞, 1173-1263)에 대해 언급하는 의미도 이해할 수 있을 것이다(pp. 130-131). 호넨은 『아미타경석 阿彌陀經釋』에서 겐신(源信, 942-1017)의 『왕생요집 往生要集』을 줄곧 인용하며, 다음과 같이 언급하고 있다.

> 또한 이들 성중 聖衆을 만나는 것만이 아니라, 또한 가히 우리들 무시 無時 이래로 부모, 스승, 동붕, 선지식, 처자, 권속 등 앞서 떠난 자가 있으니, 어찌 서로 만나지 않을 수 있으랴. … (중략) … 서로 만나고자 한다면, 극락세계에 왕생해야

---

11) “彼國. 所以者何. 得與如是諸上善人俱會一處.”(『大正藏』 366, 347b8-9)

만 하는 것이다(『소화신수 호넨상인 전집(昭和新修法然上人全集)』, p.148).

놀랍게도 앞에서 우드워드가 지적한 거의 모든 문언文言마다 호응한다. 또한 신란은 문도와 제자들에게 보내는 서간 속에서, "가쿠넨보覺念房가 낮에 말한 것은 신란親鸞이 말한 것과 조금도 다름이 없습니다. 가쿠넨보와 틀림없이 같은 극락정토에서 만날 수 있을 것입니다"(「다카다의 입도(高田の入道) 님께 보내는 답신」)라 하고, "이 몸은 이제 온통 나이를 먹어서 반드시 당신보다 먼저 왕생할 것이기 때문에, 정토에서 당신이 오기만을 꼭 기다리고 있겠습니다"(「제자 우아미다부츠(有阿弥陀仏)에게 보내는 답신」)라고 언급한다.

현세와 내세가 자自와 타他가 경계를 지니고 있으면서도 하나가 되는 세계로서 인식되고 있으며, 거기에 붓다와 붓다가, 건립된 정토의 존재가 실제로 느껴지고 있다. 신앙을 개별적 인식과 자각의 차원으로 환원하는 근대적 사고에서는 엿볼 수 없는 피가 통하는 정토사상이다.

5) 불전에서 정토사상으로

정토사상의 전사前史가 되는 불전이나 자따까를 분석하면, 『무량수경』이나 『아미타경』이라는 초기 대승불교 경전의 특징이, 그들과의 공통성과 함께 현저한 차이를 지니고 있는 것으로서 대비적 형태로서 분명해진다.

불전이나 자따까에서는 보살이 실행하는 구체적인 행위가 하나하나 기록되고, 그 행위의 연속에 작품의 의미 전체가 있었다. 그런데 정토경전에서는 그러한 개개의 행위 모든 것은 버려지고, 『무량수경』의 경우에는 법장보살의 서원과 그 성취에,

『아미타경』의 경우에는 아미타불에 의한 극락세계의 찬탄에 각각 수렴되어 있다. 즉, 이들 어느 경전에서도 보살의 자기희생의 공희행위는 모두 수행이 완료되었고, 그 행위의 결과가 완성되어 있는 것이 전제가 되어 있다.

자따까, 불전과 정토경전의 양자에서 보이는 이 차이는, 불전=불탑을 둘러싼 세계와 초기 대승불교의 사이에 보이는 차이와 같은 성질의 것이다. 필자(2013)의 연구에서 논하고 있는 것과 같이, 서사경전으로서 출현한 대승경전은, 눈앞에서 전개되는 불전=불탑의 장대한 축제적 활동에 말려들어가는 것을 거절하고, 그 의의를 경전 내 세계에 내성內省적 언설로서 거두어들였다(pp. 63-64). 불전=불탑이 외부 공간을 성역화하는 것에 대해, 초기 대승경전은 경전의 내부를 성역화 했다. 끼르띠 쉬리 왕의 예가 보여주는 것처럼, 자따까가 텍스트의 외부에서 연출되고, 사회 공간을 보살의 세계로 바꾸어가는 근거가 되는 것에 대해, 정토경전은 그 내부 공간에 보살행이 성취된 붓다의 세계를 현출시키고 있다.

정토경전의 편찬자들은 불전에서 보살의 행위가 성취되어 붓다가 탄생한 것을 이미 언설로서 지니고 있다. 그것은 재차 같은 차원에서 언설화할 필요는 없다. 필요한 것은 더 앞으로 나아가 불교전승의 역사 전체의 의의를 수렴하는 언설의 새로운 지평을 창출하는 것이다. 여기에서 정토경전의 편찬자들은 먼저 불전을 마침내 완성된 것으로서 그 형성 활동에 종지부를 찍고, 다음에 닫힌 불전을 대승경전으로서 열어내어 최후에 그 전체를 완성한다는 과정을 제시하고 그 물음에 대답했다.

이 가운데 제1단계와 제2단계는, 『무량수경』에 나오는 다르마까라(Dharmakara 法藏) 보살의 48원 건립과 그 성취의 상태에 대한 서술로 결실을 맺고 있다. 현행 산스끄리뜨어 텍스트에 의하면 법장보살은 로께쉬바라(Lokeśvara 世自在王)불의 밑에서, 또한 모든 중생들이 모인 면전에서 붓다가 되겠다는 서원을 세운다. 로께쉬바라불은 석가불이 해후한 디빰까라(Dīpaṃkara 燃燈)불로부터는 까마득한 81대의 여래를 거슬러 올라가는 과거에 출현한 붓다이다. 다르마까라 보살은 스스로의 서원을 게송에 의해 거듭 확인하는 가운데 무량無量·무수無數·불가사의不可思議·무비無比·불가량不可量·무한無限·불가설不可說의 수 백천 꼬띠 나유따 깔빠(Koṭi Nayuta Kalpa 萬億那由他劫波)의 시간을 거쳐, 그 서원에 조금이라도 어긋나지 않고 흔들림 없이 서원의 수행에 노력해왔다. 그것은 상상을 초월하는 먼 과거의 일로 설정된 진정한 불전이며, 제1단계의 서술에 해당한다.

그것에 바로 이어지는 것은 석가불로부터 이 설명을 받든 아난다의 물음이다.

세존이시여, 저 다르마까라 보살마하살은 이 위에 없는 완전한 정각을 이루어서 이미 사라져 반열반般涅槃하고 계시는 것입니까. 그렇지 않으면 아직 정각을 이루지 않고 계시는 것입니까. 혹은 실제로 정각을 이루어 지금도 여기에 계시고, 생존하시며, 지내고 계시고, 그리고 법을 설시說示하고 계시는 것입니까(山口·桜部·森, 2002: 43-44).

세존, 석가불은 이렇게 대답하고 있다.

아난다여, 실은 저 여래는 이미 사라져버린 것도 아니고, 아직 온 것도 아니다. 그렇지 않고 저 여래는 이 위에 없는 완전한 정각을 이루어 지금도 실제로 있으며, 생존하고, 지내며, 그리고 법을 설시하고 있다. 여기에서부터 서쪽으로 백 천 꼬띠 나유따 번째의 불국에 있는 극락세계에서 아미타바라고 이름 지은 여래,

> 존경할 만한 자, 완전한 정각을 얻은 붓다는, 무량한 보살이나 무한한 제자들에게 둘러싸여 존경받고, 그 불국의 무한한 완전함을 구비하고 있다(山口·桜部·森, 2002: 44).

놀라운 점이 밝혀졌다. 연등불로부터 석가불에 이르기까지의 역사를 까마득히 넘어서는 '과거'에 서원을 세워서 수행을 시작한 다르마까라 보살은, 지금 '실제'로 아미타바 여래가 되어 법을 설하고 있다. 여기에서 『무량수경』은 전통불교에서 말하는 석가불의 장대한 불전의 역사를 스스로의 내부에 그저 일부분－81분의 1－의 역사로서 받아들이고 있으며, 무엇보다도 석가불의 입멸＝반열반이라는 사실을 넘어 실제 존재하는 붓다의 역사로 바꾸어 옮기고 있다.

분명히 이 지점은 이본異本에 의해 해석이 조금 다르게 나타나고 있다. 『대아미타경』이나 『평등각경』의 읽기를 채용하면, 세자재왕불은 연등불보다도 까마득한 '후대의' 여래가 되고, 이 역사는 연등불을 포섭하는 것이 아니며, 그것을 기점으로 하면서 후세에 장대하게 확대하고 있다. 그렇지만 이것은 오히려 세부의 다름에 속하는 것이며, 여기서는 이러한 차이를 넘어 매우 중요한 물음이 세워지고 있는 것에 유의할 필요가 있다. 그것은 '불전에서 설하는 보살행이 완성됨과 동시에 그 보살행으로부터 탄생된 붓다는 도대체 어디로 가는 것인가, 혹은 가버린 것인가'라는 물음이다. 『무량수경』은 이 전대미문의 물음을 제기하고, 그 물음에 대해 '서방' 세계에 '무한의 빛이라는 이름의 붓다'가 되어 '실제'로 존재하고 있다고 응답했다.

이 답은 불전에서의 석가불의 운명을 확인함과 동시에 그 앞날을 떠맡는다는 지금까지의 불교전승의 역사에서 그 누구도 생각이 미치지 못했던 지평을 개척하고 있다. 그 가운데에서도 중요한 것은, 연등불을 만나서 보살행을 완성한 석가불의 행방이다. 사바세계에서 붓다가 된 석가불은 이미 입멸하고, 이 세계에는 존재하지 않는다. 『무량수경』은 이 입멸한 석가불의 불전의 미래를 열고 있는 것이다. 여기에 이르게 되면, 방향으로서는 '서방'이라는 의미를 가진 빠쉬찌마 paścima가 때를 의미하는 경우에는, '후세', '미래'라는 의미를 지니고 있다는 점에 새삼스럽게 시사하는 것이 깊어짐을 느낀다.

제1단에서 제시된 이 답은 아미타바불과 그 상가 Saṃgha의 광휘 넘치는 특성들, 그 국토 자연의 위 없는 아름다운 경관과 묘한 작용, 자재한 명상세계의 안에 있는 저와 같은 사람들의 이상적인 일상생활의 묘사에 그대로 흘러들어 간다. 이것이 제2단계의 서술이며, 이상의 2단에서, 닫힌 불전이 정토경전으로 재탄생하는 방향이 있다.

이어 이 기술의 거의 직후에 교설의 수지 受持 권장과 공덕의 설시 說示가 이어진다. 그것이 전체를 완성하는 최후의 제3단이다.

> 실로 또한 아난다여, 시방의 각각의 방향에 있는 갠지스(Gaṅgā, Ganges, 恒河)강의 모래 수와 같은 모든 불국토에서, 갠지스강의 모래 수와 같은 제불·세존은 저 세존 아미타바 여래의 이름을 극구 칭찬하고, 찬탄하며, 명성을 설하여 드러내고, 뛰어난 특성을 선양한다. 그것은 왜 그럴까라고 한다면, 무릇 어떠한 중생에게든 저 아미타바 여래의 이름을 듣고, 듣기가 끝나자 만약 한 번이라도 깊은 뜻에 있어 깨끗한 믿음을 동반하는 마음을 일으키면, 그들은 모두 이 위없는 완전한 정각으로부터 후퇴하지 않는 경지에 머무는 것이다. … (중략) … 또한 무릇 중생들이 저 여래에 대해서 열 [번] 마음을 일으켜 반복하여 여래를 생각해내

고, 저 여래의 불국토에 대한 열망을 일으키며, 또한 심원한 법이 설해질 때에는 만족을 얻고, 실망하는 일도 없으며, 절망에 떨어지는 일도 없고, 낙담에 떨어지는 일도 없을 것이라고 한다면, 단지 한 번만이라도 마음을 일으켜 저 여래에게 생각을 쏟고, 저 불국토에 대한 열망을 일으키는 것만으로도 그들 모두는 꿈속에서 저 아미타여래를 만날 것이다. 극락세계에 태어나 이 위 없는 완전한 정각으로부터 후퇴하지 않는 자가 될 것이다(山口·桜部·森, 2002: 63-65).

붓다의 이름을 듣고, 정신淨信을 일으키는 것에 의해 정토에서의 탄생이 결정—여기에서는 믿음과 염불에 의한 정토왕생이라는, 정토사상에서 가장 중요한 개념이 집약되어 나타난다—된다. 이 의의에 대해서는 다음에 다루기로 한다. 여기에서는 불전에서 경전으로 발전한다는 테마에 주목한다.

불전이 완성되어 붓다가 탄생하고, 실제로 법을 설하고 있는 사실이 분명히 나타날 때, 다음에 일어날 수 있는 것은 도대체 무엇인가. 그것은 이번에는 중생 측이 붓다와 붓다의 세계의 존재를 수용하는 것이다. 장대한 시간을 두고, 잠시라도 서원을 위반하지 않으며, 보살이 진실을 지켜왔다는 점, 그 진실행에 의해 정토가 완성되어 있다는 점, 그 정토에는 실제로 붓다가 있어 법을 설하고 있다는 점, 이들 의의의 모든 것은 중생에 의한 수용에 의해 완성된다.

불전의 완수, 경전의 창성創成, 경전의 완수. 여기에서 일어나고 있는 것은 전통의 계승과 정통성의 수립이라는 과제의 수행에 다름이 아니다. 앞에서 언급한 것처럼, 정통성이라는 것은 그것이 수립된 지점의 기원으로 몇 번이라도 돌아가 다시 수립되지 않으면 안 되는 동적인 프로세스이다. 그 정통성의 기원은 전통이 수립된 지점으로부터 소급해서 얻어지기 때문에 정통성이 갱신될 때마다 차이와 차연이 나타나고, 기원의 의미가 다르게 다가온다. 따라서 실제의 전통 계승은 계승자가 항상 새로운 의의를 부가하여 전통을 재생하고, 이어서 그 과정의 전체를 타자에게 계승시키는 행위이다.

『무량수경』은 석가불의 불전의 계승과 재생을 테마로 하면서 그 과제를 떠맡아 그 목적지를 아미타불과 그 정토의 존재에서 찾아냈다. 『아미타경』은 『무량수경』에서 완성된 붓다와 정토로부터 출발한다. 석가불의 기원을 포섭하는 아미타불의 불전으로서의 경전을 전승할 즈음에, 아미타불과 그 정토를 일체 제불의 세계로 전개하고, 전체를 하나의 세계로서 조화시키는 방향으로 전진해간다.

『무량수경』에서 제불의 찬탄이 아미타불과 그 정토로 향하는 것에 대해서 『아미타경』의 경우에는, 육방의 일체제불세계와 사바세계와 사이에 상찬賞讚의 공명이 생기고 있다. 그 차이는 아마도 각각의 경전이 전통을 계승하기 시작하는 지점의 다름을 반영하고 있다. 지금 언급한 것처럼, 정통성은 그것이 수립된 지점의 기원으로 돌아가서 수립되지 않으면 안 된다. 불교도들은 역사가 진행되면 될수록 그 과제에 보다 미세하게 나누어 들어가지 않으면 안 된다.

6) 염불과 믿음에 의한 정토사상의 완성

정토경전의 전승의 정통성이, 후대의 사람들에 의해 인가되고 수용될 때에 수립되는 것에 대해서는 거의 이상의 이해로서 충분할 것이다. 그렇다면 그것은 무엇 때문에 정토경전에서 염불과 믿음이라는 형태를 취하는 것일까.

이것은 실은 정토경전에 한하지 않고, 불교 그 자체의 전통의 정통성에 관한 기원과 성립에 깊이 관계되는 중요한 문제이다. 전승되는 불교의 여러 요소 가운데 붓다, 붓다는 다른 어떤 것보다도 중요하다. 그 위에 주의해야만 하는 것은 불교의 전승이라는 테마는 역사적 붓다의 '존재'로부터가 아니고, 그 '부재'로부터, 명료하게는 그 '입멸'로부터 시작된다는 점이다. 전승은 소멸의 위기에 처하여 그 존재를 나타내고, 존속의 필요성을 사람들에게 이해시킨다.

그렇다면 불교도들은 석가불이 입멸한 불부재佛不在의 세계에서 어떻게 해서 붓다의 존재를 전승할 수 있었던가. 방법은 두 가지가 있었다. 하나는 모습의 형태, 조형이 된 붓다, 불탑이나 그 주위에 그려진 여러 조형물을 통해서이다. 또 하나는 언어가 된 붓다, 즉 경전의 교설에 의해서이다. 그 교설 가운데 직접적으로 붓다의 존재에 관계된 것은 '염불=불수념(佛隨念 buddhānusmṛti)'이다.

그런데 언어에 의해 '붓다를 생각한다'는 것은 구체적으로 무엇을 말하는 것인가. 원시경전에서 그것은 소위 여래의 십호十號를 말하는 것으로서 붓다의 특성들을 표현한 '이름'을 외는 것이라는 점은 잘 알려진 사실이다. 주지하는 바와 같이, 붓다가 입멸한 후의 수 백 년은 불상이나 불화 등 붓다의 이미지를 '개별'적인 '인물상'으로서 시각화하는 방법은 존재하지 않았다.

그것에 비해 당초부터 존재를 지속해온 것은 '염불=불수념'이다. 말하자면, 불교도에게는 여래를 '응공應供, 정등각正等覺, 명행족明行足, 선서善逝, 세간해世間解, 무상사無上士, 조어장부調御丈夫, 천인사天人師, 불佛, 세존世尊' 이라는 '이름'의 '소리가 된 말'로 삼고, 그것을 스스로 '듣는다'는 것만으로 붓다를 이미지화하여 그 존재를 만나는 수단이 되는 것이다. 또한 입장을 바꾸어 그 붓다의 이름을 다른 사람에게 '듣게' 하고, '외게' 하는 것이 붓다를 전승하는 수단이었다.

모든 존재들에 의해 공양될 만한 가치가 있는 자, 순수하며 진정한 깨달음에 이른 자, 지혜와 체험을 완비한 자, 최고의 신분에 이른 자, 세계 모두를 다 아는 자, 최고로서 최상인 자, 제어되어야만 하는 강자를 제어하는 자, 신들과 사람들의 사부師父인 자, 진여로부터 와서 진여로 간 자－이러한 붓다의 공덕의 이름은 불전의 내용과 불탑 부조물의 각 장면에 놀라울 정도로 중첩되고 있다는 것을 알 수 있을 것이다.

붓다의 전승은 조형이 된 붓다, 즉 색신과 십호라는 말이 된 붓다, 즉 법신과의 두 가지가 서로 영향을 주고, 서로 융합하면서 이루어지고 있다. 거기에는 '인물화' 된 '개아'로서의 붓다의 시각 이미지는 어떤 것도 필요로 하지 않는다. 석가불의 입멸 이래 불교도들에게는 십호가 된 붓다의 이름을 외고, 듣고, 듣게 하고, 칭하게 하는 것이 붓다를 전승하는 것이며, 그것을 통해 장대한 불전과 불탑은 태어나고 있었던 것이다.

불전의 역사를 수용하면서 그것을 대승경전으로서 재생시키는 정토경전은 이 불교의 전사를 그대로 받아들여 계승하고 있다. 아미타불의 이름을 듣는 것, 외는 것, 그것이 경전 전통의 중핵에 위치되어 있는 것은 어떤 특이한 사태가 아니다. 아마도 후대의 현란한 불화나 불상 앞에서의 명상 광경에 너무 길들여져 있는 연구자의 입장에서는 이름이 가지는, 존재를 끌어당기는 힘이 이해하기 어려운 것일지도 모른다.

해리슨(1992)을 필두로, 시각화된 이미지가 없으면 염불이라는 행위가 성립되지 않으며, 정토를 설하는 경전이 존재할 수 없다고 하는 견해가 자주 나타난다. 그렇지만 인도에서 아미타불의 정토를 시각화한 조형은 일체 발견되고 있지 않다.

해리슨이나 게틴이 시도해본 것처럼 문자화된 경전을 소리 내어 '읽고', 그 목소리를 '들을' 뿐인데도 차츰차츰 시각적 영상은 의식 속에 태어나기 시작한다. 아니 목소리를 내지 않아도 좋다. 침묵이라도 문자는 항상 의식 가운데에서 목소리가 되어 태어나고 들려온다. 문명聞名과 칭명稱名과 관상觀想과의 사이에 본질적인 구별을 설정하고자 하는 것은 의식에서 일어나는 차연의 실태를 완전히 파악할 수 없기 때문이다. 정토사상에 대해 문헌학적으로 살펴본 뒤, 관상염불과 칭명염불의 사이에 본질적인 차이는, 그 어떤 것도 존재하지 않는다고 한 것에 대해서는 후지타(2007: 443-473)가 상세히 밝힌 것에서 알 수 있다.

스스로가 경전을 읽는 목소리를 통해서이든, 타자가 읽는 목소리를 듣는 것을 통해서이든 이 붓다의 이름을 듣고 온통 깨끗해진 생각이 일어난다면, 그것이야말로 '믿음'이다. 믿음의 언어에 해당하는 śrad-Dhā, adhi-Muc, pra-Sad 등의 말과 그 파생어가 포함하는 확장성과 중첩성에 대해서는 후지타(2007)가 주의 깊고 신중하게 논하고 있다. 더욱이 대승불교의 믿음을 규명한 다카사키 지키도(2010: 339-374), 니까야와 빨리 문헌에 대해 논한 게틴(1993)의 연구를 참조하면, 이 말이 삼보의 존재를 시작으로 하는 불교에서 설하는 '진실의 실재'를 수용한다는 것을 의미하고 있으며, 거기에는 인식적 cognitive 측면과 함께 감정적인 affective 측면이 들어 있음을 알 수 있다. 이것이 '원시불교' 이래 귀의삼보歸依三寶의 행위로 받아들여진 '염불'과 함께 실현되어오고 있다고 하는 점에 대해, 이제 와서 장황하게 설명할 필요는 없을 것이다.

신信을 '믿는다는 것'이라는 인식론적 측면에 한정해버리면, 그것이 염불이라는 행위와 서로 결합하는 상황은 이해할 수 없게 되어버린다. 그렇지만 붓다와 그

세계의 존재를, 일상적 경험을 능가하는 실재감을 갖고 수용하는 곳에 믿음이 탄생하는 것을 알게 되면, 거기에서 신체적 요소와 동반되는 의식의 변용이 문제가 된다는 점이 명백하다. 여기에서 염불과 믿음은 불가분의 일체를 이루고 있으며, 염불이 그 '행위'의 측면이라고 한다면, 믿음은 '인식'과 '감정'의 측면이다. 이론적으로 바꾸어서 말한다면, 염불이라는 행위의 차연이 '믿음'이라는 의식이 되어 실현되고, 믿음이라는 의식의 차연이 염불이라는 행위를 환기한다.

불전의 역사가 정토경전에 수용되어 완성되고, 그 전체가 '아미타바=무한한 빛' 혹은 '아미타유스=무한한 생명'이라는 붓다의 이름으로 거두어졌다. 그 붓다의 이름을 듣고, 외는 행위에서 붓다와 붓다의 세계의 실재가 의식 속에 믿음으로서 실현된다.

이 일련의 과정은 석가불과 그 세계를 여래 십호의 칭명과 문명을 통해서 생기하는 믿음으로서 수용하는 불교의 역사에 그대로 중첩되고 있다. 그러나 동시에 양자에는 간과하기 어려운 차이가 있다. 여래의 십호는 불전이나 자따까를 탄생시켰다. 그것은 방대한 과거의 이야기이다. 그렇다고 하더라도 이 붓다의 열 가지 이름을 듣고, 외는 사람들의 의식은 무엇 때문에 붓다의 과거로 지향하고자 했던 것일까.

아마도 그 가장 큰 이유는 불전이나 자따까가 석가불의 입멸이라고 하는 붓다의 존재의 한계를 의식한 사실에 있을 것이다. 가령 석가불의 덕성을 이름으로서 외고, 그것을 통해서 붓다의 실재에 접촉한다고 해도 그 실재는 '입멸'이라는 강한 한계선에 갇혀버리고 만다. 염불이라는 행위를 통해 '현재의' 의식이 어떻게 다양하게 환기되어도 그 의식의 사건은 모두 이 한계선의 내부로 회수되어버린다. 이렇게 하여 염불과 믿음의 사이에 있는 '차연'은 이 한계선 내부의 사건으로서 이미지화되어

'붓다의 과거'라는 표상 공간에 방대한 이야기를 출현시키는 결과가 된다.

정토경전은 이 한계선을 지웠다. 이때 붓다는 과거의 표상 시공간으로부터 해방되어 현재로부터 미래로 향하는 시공간의 붓다로 다시 태어났다. 그 붓다에게 '무한한 빛', '무한한 생명'이라는 공간과 시간의 제약을 초월한 붓다의 이름이 붙여진 것은 참으로 까닭 있는 부분이다. 현재 존재하는 이 붓다의 이름을 듣고, 외는 사람들의 의식에 환기되는 일은 과거의 한계선을 넘어서 미래의 표상 공간으로 해방된다.

물론 여기에서 말하는 미래는 마이뜨레야(Maitreya 彌勒佛)라는 미래불과는 전혀 의미가 다르다. 이 미래불은 아직 존재하고 있지 않다. 존재하지 않는 까닭에 미래불이다. 아미타바, 아미타유스는 현재 존재한다. 더하여 『대아미타경』이나 『평등각경』 등의 유통분에 해당하는 곳에서 언급하는 것처럼, 이 여래가 거의 무한이라고도 할 수 있는 앞의 미래에 사람들을 모두 열반으로 인도하고 입멸해도 그것에 의해 입멸의 한계선이 부활하는 것은 아니다. 이미 아미타여래의 목적은 달성된 후이며, 더하여 유통분의 언설은 본종분과는 계층이 다르기 때문이다. 가장 정리가 잘 된 형태의 산스끄리뜨어 경전은 이러한 문제를 모두 '무량광'과 '무량수'의 양쪽의 이름을 가진 단 한 사람의 여래에 의해 완전히 해결하고 있다.

최후에 남은 문제가 있다. 이상에서 본 것처럼 정토경전에 나타나는 정토사상은 그것이 이미 구성이 끝나고 완성되었으며, 사후의 역사에서 불교도는 칭명과 믿음이라는 방도에 의해 그 완성된 세계를 수용하는 것을 궁극으로 삼고 있다. 그런데 여기에 문제는 없는 것일까. 단적으로 말하자면, 수행 무용론에 떨어지는 위험은 없는 것일까. 불교사 속에서 때로 염불에 대해 행해졌던 비판이다.

이것은 실은 불교만이 아니라 종교사상 전체의 입장에서 매우 중요한 '신의론神義論'으로 연결되는 과제이다. 불교사상사의 관점에서 이 테마는 궁극의 지점에 도달한 세계로부터 언설을 일으키는 여래장·불성사상에 이론적으로 계승되어 있다. 본 시리즈 제8권 『여래장과 불성』의 서두의 장에서 다시 논하기로 한다.

참고문헌

가라시마 세이시(辛嶋静志)

2010 「阿弥陀浄土の原風景」, 『仏教大学総合研究所紀要』 17号, pp.15-44.

가지야마 료슌(梶濱亮俊)

2002 『チベットの浄土思想の研究』, 京都: 永田文昌堂.

다카사키 지키도(高崎直道)

2010 『高崎直道著作集 第6巻: 如来蔵思想·仏性論 I』, 東京: 春秋社.

모리야마 신야(護山真也)

2012 「全知者証明·輪廻の証明」, 桂紹隆·斎藤明·下田正弘·末木文美士編 『シリーズ大乗仏教9: 認識論と論理学』, 東京: 春秋社, pp.227-257.

무카이 아키라(向井亮)

1976 「世親造『浄土論』の背景－'別時意'説との関連から」, 『日本仏教学会年報』 第42号, pp.161-176.

스기모토 타쿠슈(杉本卓洲)

1999 「マトゥラーにおける仏塔崇拝の展開(その3)」, 『金沢大学文学部論集: 行動科学·哲学篇』 19号, pp.83-118.

시모다 마사히로(下田正弘)

2002 「口頭伝承からみたインド仏教聖典研究についての覚え書き」, 『印度哲学仏教学』 17号, pp.30-45.

2004 「聖なる書物のかなたに－新たなる仏教史へ」, 鶴岡賀雄他編 『言語と身体－聖なるものの場と媒体: 岩波講座·宗教5巻』, 東京: 岩波書店, pp.25-52.

2005 「仏教研究と時代精神」, 『龍谷史壇』 122号, pp.27-55.

2005a 「'物語られるブッダ'の復活－歴史学としての仏教学を再考する」, 『仏教とジャイナ教』, 京都: 平楽寺書店, pp.357-380.

2006 「近代仏教学の展開とアジア認識」, 岸元美緒 編 『'帝国'日本の学知·第3巻 東洋学の磁場』, 東

京: 岩波書店, pp.175-214.
2009 「伝承といういとなみ－実践仏教の解釈学」,『親鸞教学』93号, pp.23-45.
2010 「近代仏教学の形成と展開」, 奈良康明・下田正弘編 『新アジア仏教史 II: 仏教の形成と展開』, 東京: 佼成出版社, pp.13-55.
2011 「経典研究の展開からみた大乗仏教」, 桂紹隆・斎藤明・下田正弘・末木文美士編 『シリーズ大乗仏教1: 大乗仏教とはなにか』, 東京: 春秋社, pp.39-71.
2011a 「経典を創出する－大乗世界の出現」, 桂紹隆・斎藤明・下田正弘・末木文美士 編 『シリーズ大乗仏教2: 大乗仏教の誕生』, 東京: 春秋社, pp.37-71.
2013 「初期大乗経典のあらたな理解に向けて－大乗仏教起源再考」, 桂紹隆・斎藤明・下田正弘・末木文美士 編『シリーズ大乗仏教4: 智慧/世界/ことば 大乗仏典 I』, 東京: 春秋社, pp.3-100.

야마구치 스스무(山口 益)
1962 『無量寿経優婆提願生偈の試解』, 京都: 安居事務所.
1967 『大乗としての浄土－浄土とは』, 東京: 理想社.

야마구치 스스무・사쿠라베 하지메・모리 미키사부로(山口 益・桜部 建・森 三樹三郎)
1976 『大乗仏教6: 浄土三部経』, 東京: 中央公論(中央文庫, 2002).

야마베 노부요시(山部能宜)
2011 「大乗仏教の禅定実践」, 桂紹隆・斎藤明・下田正弘・末木文美士編『シリーズ大乗仏教3: 大乗仏教の実践』, 東京: 春秋社, pp.95-125.

오노다 슌조(小野田俊蔵)
1981 「ツォンカパ造『最上国開門』試訳－チベットに於ける本願思想受容の一例として」,『仏教文化研究』第27号, pp.141-156.

오다니 노부치요(小谷信千代)
2012 『世親浄土論の諸問題』, 京都: 真宗大谷派宗務所出版部.

오오타케 스스무(大竹 晋)
2011 『新国訳大蔵経: 法華経論・無量寿経 他』, 東京: 大蔵出版.

자크 데리다(デリダ・J(Jacques Derrida))
1972 足立和浩訳,『根源の彼方に: グラマトロジーについて』上・下, 東京: 現代思潮社.
1977・1982 若桑毅・野村英夫・坂上脩・川久保輝興訳,『エクリチュールと差異』上・下, 東京: 法政大学出版会.
2005 林好雄訳,『声と現象』, 東京: ちくま学芸文庫.

췰팀 껠상(ツルティム・ケサン(Tsultrim Kelsang), 小谷信千代)
1993 「チベットの浄土教－民衆の信仰」,『浄土教の思想』第3巻, 東京: 講談社, p.208以下.

하타니 아키라(幡谷 明)
1980 『浄土論注』, 京都: 真宗大谷派宗務所出版部.

후나야마 토오루(船山 徹)
2007 京都大学人文科学研究所編 「経典の偽作と編輯－『遺経三昧経』と『舎利弗問経』」, 『中国宗教文献研究』, 京都: 臨川書店, pp.83-107.

후지타 코오타츠(藤田宏達)

1970 『原始浄土思想の研究』, 東京: 岩波書店.

2001 『阿弥陀経講究』, 京都: 真宗大谷派宗務所出版部.

2007 『浄土三部経の研究』, 東京: 岩波書店.

2011 『梵文無量寿経・梵文 阿弥陀経』, 京都: 法蔵館.

A. Cole

2005 *Text as Father: Paternal Seductions in Early Mahāyāna Buddhist Literature*, Berkeley and Los Angels: University of California Press.

A. Skilton

2002 State or Statement: Samādhi in Some Early Mahāyāna Sutras, *The Eastern Buddhist*, 34/2, pp.51-116.

G. Halkias

2012 *Luminous Bliss: A Religious History of Pure Land Literature in Tibet*, Honolulu; University of Hawai'i Press.

G. Schopen

2004 *Buddhist Monks and Business Matters: Still More Papers on Monastic Buddhism in India*, Honolulu: University of Hawai'i Press.

2005 *Figments and Fragments of Mahāyāna Buddhism in India: More Collected Papers*, Honolulu: University of Hawai'i Press.

H. Falk

2001 The Yuga of Sphujiddhvaja and the Era of the Kuṣāṇas, *Silk Road Art and Archaeology* 7, pp.121-136.

H. Matsumura

1988 *The Mahāsudarśanāvadāna and the Mahāsudarśanasūtra*, Bigliotheca Indo-Buddhica. Delhi: Sri Satguru Publications, Indian Book Centre.

J. C. Holt

1996 *The religious World of Kīrti Śrī: Buddhism, Art and Politics of Late Medieval Sri Lanka*, Oxford: Oxford University Press.

J. Schober

1997 *Sacred Biography in the Buddhist Traditions of South and Southeast Asia*, Honolulu; University of Hawai'i Press.

J. Strong

1997 A Family Quest: The Buddha, Yaśodharā, and Rāhula in the *Mūlasarvāstivāda Vinaya*, in Schober (1977), pp.113-128.

J. Walters

2002 Communal Karma and Karmic Community in the Theravāda Buddhist History, J. C. Holt, J. N. Kinnard, J. Walters (eds.) *Continuing Communities: Theravāda Buddhism and the Religious Cultures of South and Southeast Asia*, New York: State of University of New York, pp.9-39.

M. Woodward

1997 The Biographical Imperative in Theravāda Buddhism, in Schober (1997), pp.40-63.

Oskar von Hinüber

2012 "From Gilgit Lotus Sutra Manuscripts from the National Archives of Indian, Facsimile Edition: The Saddharmapuṇḍarīkasūtra at Gilgit: Manuscripts, Worshippers, and Artists", *The Journal of Oriental Studies*, 22, pp.52-67.

P. Harrison

1978 Buddhānusmṛti in the *Pratyutpanna-Buddha-Saṃmukhāvasthita-Samādhi-Sūtra, Journal of Indian Philosophy* 6, pp.35-75.

1992 Commemoration and Identification in Buddhānusmṛti, *In the Mirror of Memory: Reflections on Mindfulness and Remembrance in indian and Tibetan Buddhism*, J. Gyatso (ed) Albany: State of University of New York, pp.214-238.

2003 Mediums and Messages: Reflection on the Production of Mahāyāna Sūtras, *Eastern Buddhism* 35, pp.115-151.

R. Gethin

1992 *The Buddhist Path to Awakening: A Study of Bodhi-pakkhyā Dhammā*, E. J. Brill.

2006 Mythology as Meditation: From the *Mahāsudassana Sutta to the Sukhāvatīvyūha Sūtra, Journal of Pali Text Society*, Vol. XXVIII, pp.63-112.

S. Collins

1998 *Nirvāṇa and Other Buddhist Felicities: Utopias of the Pāli Imaginaire*, Cambridge: Cambridge University Press.

제2장

대승의 붓다의 연원

닛타 토모미치

1.
시작하면서

삼보의 하나로 헤아려지는 '붓다(佛 깨달은 자)'란 무엇일까라는 물음은, 말할 것도 없이 불교를 이해하는 데 매우 본질적인 의미를 지니고 있다. 그런데 불전에서는 실은 많은 붓다가 설해지고 있으며, 그것은 그 물음을 한층 복잡하게 하고 있다. 붓다란 무엇보다도 먼저 기원전 5세기 무렵에 인도에 나타났다고 간주되는 불교의 개조, 고타마 Gautama를 예로 들 수 있지만, 그러나 이미 초기경전에서 고타마에 앞서 과거 세상에 나타났다고 보는 6불六佛이나 미래 세상에 나타난다고 보는 미륵보살이 설해지고 있다. 그리고 시대가 내려오면, 특히 과거불에 대해서는 그 수가 늘어나고, 또한 『마하와스뚜(*Mahāvastu* 大事)』와 같은 북전의 부파 문헌에서는 현재다방불 現在多方佛－즉, 우리들의 세계와는 다른 여러 세계에 현재 존재한다고 보는 제불－이 설해지게 되었다. 더욱이 대승불교에서는 과거불·미래불이나 현재 다방불 사상이 한층 발전하여 대일여래, 아미타여래, 약사여래 등으로 대표되는 여러 붓다가 다수 등장하고, 불신론佛身論에 관한 논의도 왕성하게 일어나게 되었다.

이들 다양한 붓다는, 물론 서로 다른 특징이나 기능을 많든 적든 지니고 있으며, 같은 붓다라도 그 수용되는 방식이 종파나 교의에 응해서 달라지는 경우도 적지 않다. 그러나 어찌되었든 그것을 한결같이 '붓다'라고 부르고 있다는 점은 그들 모두가 공통의 무엇인가를, 즉 붓다를 붓다답게 하는 그 무엇인가를 지니고 있음에 틀림없다. 그러나 합리주의적, 실증주의적 사고에 익숙하고 친해져버린 현대의 많은 사람들은 여기에서 하나의 커다란 벽에 맞닥뜨리는 것은 아닐까. 즉, 불교의 역사에서 최초에 붓다로 불러졌을 고타마는 어디까지나 이 지상에서 살았던 한 사람의 인간이었던 것과 달리 그 이외의 제불－특히 대승불교에 등장하는 제불－은 전적으로 신화적 존재이기 때문에 양자의 사이에는 커다란 간격이 있으며, 과연 거기에서 붓다로서 무엇인가 기본적으로 통하는 부분을 발견할 수 있을까 하고 생각하는 것이다.

실제 그와 같이 현대인의 당혹감의 존재를 뒷받침하는 하나의 가설이 불교학계에서 오랫동안에 걸쳐서 널리 지지되어왔다. 그것은 인간 고타마의 '신격화'라는 사고이다. 즉, 고타마는 어디까지나 역사상 한 사람의 인물에 지나지 않았지만, 그의 사후에 그 위대한 스승을 그리워하는 제자들이 그를 초인간적 존재로서 신격화해갔다는 것이다. 그리고 후대의 문헌에 나타나는 신화적 제불에 관해서는 그러한 고타마의 신격화가 발전해가는 가운데 창작된 것으로 이해되었다.

그 가설은 오늘에 이르기까지 매우 많은 사람들－아마도 거기에는 불교에 대한 객관적 관찰을 시도하고자 하는 학자들뿐만이 아니라, 스스로를 불교도라고 자각하는 사람들의 일부도 포함－에 의해 공유되어온 것이며, 실제 지금 전해지는 고타마에 대한 전승佛傳으로부터 신화적 요소를 배제하고, 사실史實로서의 그의 모습을 밝히고자 하는 시도가 많은 연구자들에 의해 이루어져 왔다.

이 신격화설은 언뜻 보기에 '인간 고타마'와 '신화적 제불'과의 사이에 생긴 간격을 메꾸어줄 수 있을 것 같기도 하다. 그러나 '붓다는 무엇인가'라는 본질적인 물음으로 다시 돌아갈 때, 과연 그 간격은 해소되고 있다고 할 수 있을까. 말하자면, '붓다'라는 말은 한편에서는 매우 위대했지만 근본적으로는 우리들과 다른 점이 없었던 한 개인을 가리키고, 다른 한편으로는 후대의 사람들에 의해 '창작'된, 완전히 초인적이자 신화적 존재를 가리킨다는 양자의 시각이 그대로인 상황에서, 우리가 납득할 만한 '붓다'에 대한 일관된 이해를 얻을 수 있는 것일까.

'대승의 붓다의 연원'이라는 본 장의 타이틀을 보고 독자는, 예컨대 '대승에서 고유한 붓다와 유사한 이름의 붓다가 실은 초기불전에서 이미 설해지고 있다'고 하는 것처럼, 대승불교에서 전개되는 제불의 맹아적 요소를 아함·니까야 등의 초기불전의 기술 속에서 문자 그대로 탐구하는 시도를 상상할지도 모른다. 그러나 본 장은 단지 그러한 문헌학적 비교 실증을 목적으로 하는 것은 아니다. 오히려 본 장에서는 '붓다라는 것은 무엇인가'라는 커다란 물음을 늘 마음에 두면서, 오랜 기간 동안 본격적으로 재검토되지 않았던 '인간 고타마의 신격화'라는 기본적인 가설에 대한 검증을 최초로 시도하고자 한다.

그리고 나아가 초기 불전에 그려지는 고타마의 모습을 근대적 편견을 섞지 않고, 불전에 입각한 형태로 새롭게 파악하고자 한다. 또한 물론 초기불교로부터 후대의 대승불교에 이르기까지 많은 붓다에는 그 그려진 방식에 각각 고유한 특징과 성격이 있고, 그곳에는 또한 사상사적으로 볼 수 있는 여러 발전적 단계가 인정되지만, 그들 붓다 사이에는 붓다로서 기본적으로 통하고 있는 것, 즉 붓다가 붓다답기 위해 빠뜨릴 수 없는 어떤 본질적 특성이 있다고 하는 점을 일련의 논의를 통해 제시하고자 한다. '대승적'이라고 부르는 붓다의 특질이 그 핵심에, 실은 불교의 창시 이래 일관되게 전제되어 있는 그러한 붓다의 본질적 특성과 별도의 것이 아니다라는 내용이 제시되기만 한다면, 논리적으로 대승의 붓다의 연원은 초기불교에서 설해진 개조 고타마 그 자체 속에 있다는 결론에 이를 것이다.

2.
신격화설의 문제

전후 일본의 불교학계에서 가장 저명한 연구자로서 이름을 떠올릴 수 있는 인물 가운데 한 사람은 아마도 나카무라 하지메 中村元(1912-1999)일 것이다. 그가 수많은 업적을 남기고, 인도학·불교학의 발전에 커다란 공헌을 한 것은 의문의 여지가 없다. 그러나 그의 위대성 때문에 그의 주장에 대해 충분한 비판이나 검증이 이루어지지 않았다는 점도 부인할 수 없다. 그리고 그러한 비판이 필요한 그의 주장 중 하나가 바로 지금 여기에서 제시하고자 하는, 그가 제창한 인간 고타마의 신격화설이다.

소위 초기경전으로 불리는 일련의 경전군도 문헌학적으로 보면 단계적인 발전을 거쳐 오늘날에 전해지는 형태가 되었다고 보고 있다. 예를 들어, 하나의 경전 가운데에도 일반적으로 산문 부분은 운문 부분보다도 후대에 성립되었다고 보고 있는 것이다. 그 까닭에 나카무라는 산문 부분과 운문 부분에서 고타마에 대한 호칭을 비교하는 등을 방법을 통해 고타마가 그의 사후에 신격화되었다는 점을 논증하고자 했다.[1] 그것에 의하면 경전의 오랜 층에서는 '고타마여'라든가 '그대여 mārisa', '선인(仙人 isi)', '성자(聖者 muni)' 등이라고 하는 것처럼, 고타마를 어디까지나 한 사람의 인간, 한 사람의 수행자로 간주하는 것과 같은 호칭이 사용되고 있었다. 그런데 경전의 새로운 층에서 고타마는 '초신(超神 atideva)'이나 '신 神들의 신 devadeva' 등으로 불리고, 여러 기적을 보이며, 초인적인 신체적 특징을 가지고 있는 것으로서 그려지게 되었다. 또한 그를 이름이나 '친구여 āvuso'라는 호칭으로 부르는 것이 금지되었다고 한다.

그러나 이러한 나카무라의 주장에는 적어도 두 가지의 문제점이 있는 것으로 생각한다. 첫 번째 문제점은, 나카무라가 말하는 초기경전의 고층古層과 신층新層의 구분이 어느 정도 엄밀한 것인가 하는 물음에 대해 의심스럽게 볼 수 있다는 점이다. 예를 들어 어떤 부분에서는, 『숫따니빠따 *Suttanipāta*』의 제2장 제377번 게偈가 '최초기의 경전'으로서 소개되고 있으며, 또 한편으로는 같은 문헌의 제5장 제1122번 게가 고타마의 신격화를 보여주고 있는 것으로 언급되고 있다.

그러나 『숫따니빠따』에 대해서는 특히 제4장과 제5장이 오래전에 성립되었다는 점이 학계의 정설로 되어 있다. 그에 의거해 단순하게 생각하자면, 전자의 게가 후자의 게보다도 새롭다고 보아야만 한다. 만약 제377번 게가 제1122번 게보다도 일찍 성립되었다는 객관적·문헌학적 근거가 나란히 제시되고 있다고 한다면, 나카무라의 주장에는 어떤 문제도 없다. 그러나 그러한 근거는 제시되지 않고, '신격화설' 자체가 근거가 되어 있다는 인상을 받는다.

그렇다면, 그것은 논증되어야만 하는 것이 논거가 되어 있다고 하는 것이기 때문에 결론을 선취하고 있다고 말하지 않을 수 없다. 같은 예로서 『테라가타(*Theragāthā* 長老偈經)』의 제280번 게를 '최초기의 불전'으로서 소개하면서, 같은 문헌의 제131번 게나 제457번 게 등에는 고타마의 신격화의 흔적이 인정된다고 이야기하고 있는데, 역시 처음의 게가 뒤의 두 게와 비교해서 왜 오래되었다고 말할 수 있는지에 대한 근거는 전혀 제시되고 있지 않다.

두 번째 문제점은, 가령 나카무라가 말하는 초기경전의 신층과 고층의 분류에 문제가 없다고 하더라도 전자의 층에서 보이는 고타마의 호칭과 후자의 층에 나타나는 그것이, 결국은 하나의 경전에서 공존하는 형태로 유지되어 오늘날에 전해지고 있다는 사실을 어떻게 설명할 것인가 하는 것에 있다.

즉, 나카무라가 말하듯이 개조開祖가 돌아가신 후, 불제자들이 자신들의 생각에 의해 한 사람의 인간에 지나지 않았던 스승을 신과 같이 받들고, 그러한 일이 경전에 나타나고 있다고 한다면, 그것은 제자들이 경전을 완전히 자의적으로 제작·개변할 수 있었다고 하는 것을 의미한다. 그렇다고 한다면, 후대의 제자들에게는 소위 최초기의 '인간적 호칭'을 고치는 것도 가능했음에 틀림없다. 오히려 최초기의 호칭과 다소 시대가 내려와서의 호칭이라고 하는 것 사이에 '인간적'과 '신적'이라고 할 수 있을 정도의 질적인 격차가 있다고 한다면, 고타마의 '신격화'를 추진하는 가운데 최초기의 호칭에 개변이 이루어져도 당연한 일로 볼 수도 있지 않을까.

그러나 실제로는 그러한 일이 일어나지 않았다. 따라서 양자의 호칭이 하나의 경전에서 공존하고 있다고 하는 것은, 양자의 사이에는 나카무라가 인정하고 있는 정도의 질적인 격차는 없고, 그러한 호칭의 차이는 그것들이 사용되고 있는 개개의 문맥 등에서 유래하는 것이라고 보아야만 하는 것이 아닐까.

이렇게 본다면, 나카무라는 고타마의 신격화를 논증한 것이 아니고, 단지 자기 자신이 설정한 판단 기준에 따라서 경전 가운데 보이는 고타마의 호칭을 '최초기의 인간적으로 생각되는 것'과 '후대의 신격화의 결과로 생산되었을 것'으로 분류한 것에 지나지 않는다. 실은 20세기가 끝나갈 무렵부터 불전에 그려져 있는 고타마를 탈신화화脫神話化하고자 하는 종래의 연구수법에 대한 비판이 몇몇의 불교학자들에 의해 행해져 왔다. 그리고 그러한 비판에서 중요한 것 중의 하나가 바로 나카무라의 연구가 그러했던 것처럼, 고타마의 탈신격화라는 시도가 연구자가 자의적으로 설정한 비판 기준에 따라서 행해져 온 것에 지나지 않는다는 점이다.

예를 들어, 호카조노 코오이치外薗幸一는 고타마를 탈신화화하고자 하는 시도에 대해서 "어디까지나 상대적인 입장에서, 비교적 사실史實다운 기사를 골라서, 가능한 한 인간다운 모습에 다가가고자 한다는 것이 가능하다고 보는 것에 지나지 않는다"[2]고 언급하고 있다. 또한 시모다 마사히로下田正弘는, 로제 폴 드르와Roger Pol Droit나 필립 아몬드Philip C. Almond의 연구에 의거하면서 19세기 유럽의 불교연구에서 탄생한 '고상한 철학자·도덕가로서의 인간 붓다'라는 고타마 이해는, 실은 문헌을 근거로 하여 역사학적으로 도출된 것이 아니고, 오히려 당시 유럽인의 이상적 인간상을 고타마에게 부여하는 것에 의해 이루어졌다고 지적한다.[3] 여기에 더하여 시모다는 "헤르만 올덴베르그Hermann Oldenberg(1854-1920)나 리스 데이비스Rhys Davids(1843-1922)는 역사적 붓다의 존재를 선험적으로 전제하고 있으며, 현존하는 자료를 근거로 해서 그 존재를 입증한 것은 아니다"[4]고 비판한다.

이어서 그는 "현존하는 문헌으로부터 역사적 붓다를 재구성한다"는 것의 위험성을 날카롭게 지적하고 있다.[5] 이 논의에 의하면, 텍스트로부터 역사적 붓다를 추출하고자 하는 독자는, 텍스트에 – 역사적 사실 이상의 – 훨씬 풍부한 내용이 포함되어 있어도, 혹은 붓다에 관해 난해하면서도 복잡한 내용이 설해져 있어도, 특정한 부분을 제하고는 모두 버린다고 한다.

즉, 그 독자는 텍스트를 읽고 있는 것이 아니라, 역사적 붓다라는 관점에서 자신에게 이해 가능한 형태로 텍스트를 개변하고 있는 것이다. 또한 그곳에는 '역사적인 인물이라는 틀에 맞지 않는 붓다는 붓다가 아니다'는 것이 처음부터 전제되어 있기 때문에, 텍스트에 나타난 붓다가 있는 그대로 이해되는 것도 아니다. 말하자면 역사적 붓다의 탐구는, '붓다라는 것은 무엇인가'라는 물음과는 다른 것이며, 그 자세에서는 붓다의 의의가 밝혀지는 것이 아니라, 오히려 선별되고 배제되는 것이다.

더욱이 여기에서 강조해야만 할 것은 역사적 사실의 선별 기준을 설정함에 있어서, 어떠한 방법을 취한다고 하더라도 고타마의 탈신화화라는 시도는 반드시 자의적인 것으로 끝나버린다는 점이다. 다른 말로 하자면, 가령 히라카와 아키라 平川彰(1915-2002)의 "순수한 '인간붓다'의 전기는 현재로서는 재현 불가능하다. 붓다의 사적 事蹟은 모두 신화적으로 색이 칠해져 있기 때문이다"[6]라는 말에 단적으로 나타나고 있는 것처럼, 고타마의 탈신화화는 결국 불가능한 시도인 것이다.

같은 방식의 논의가 레지날도 레이 Reginald A. Ray에 의한, 인도의 불교 성자에 대한 연구 가운데에도 지적되어 있다. 레이는 최초기 불전의 하나인 『숫따니빠따』와 그것보다도 후대의 문헌인 『붓다짜리따(*Buddhacarita* 佛所行讚)』를 비교한 뒤에, 양자 사이에는 근본적인 차이는 없고, 『숫따니빠따』에서 이미 고타마가 초인적·신화적으로 그려져 있다고 지적하고 있다.[7] (한편 『숫따니빠따』에서 이미 고타마가 초인적 존재로서 그려져 있다고 하는 지적은, 니시 요시오 西義雄(1897-1993)에 의해서도 이야기되고 있다. 또한 빨리 성전의 가장 오랜 층에서 이미 고타마에 관한 신화적인 기적의 묘사가 인정되는 것을 와타나베 쇼코 渡辺照宏(1907-1977)도 지적하고 있다.[8])[9]

그리고 레이는 불전의 역사성의 문제에 대해서 '신화로부터 인간을 단절시키는 것', 즉 불전으로부터 사실 史實을 추출하고자 하는 시도는 근거가 결여되어 있으며, 애초에 불가능하다고 분명히 말하고 있다. 또한 루퍼트 게틴 Rupert Gethin도 불전 속에서 대표적으로 볼 수 있는 고타마에 관한 신화적 이야기에 관해 논하는 가운데 "우리들이 신화와 역사를 구별하고 분리하는 것에 고집한다면, 우리들은 그 이야기 고유의 참된 의미를 놓쳐버릴 위험에 처하게 된다. 더욱이 역사가는 붓다의 생애 기술에서 역사와 신화를 구별하는, 엄밀한 역사적인 기준을 거의 가지고 있지 않다는 점을 인식하지 않으면 안 된다"[10]고 언급하고 있다.

지금까지 '인간 고타마의 신격화'라는 가설에 관한 문헌적 근거의 결여와 더불어 불전으로부터 인간 고타마를 추출하는 것의 불가능성에 대해 살펴보았다. 여기에서는 그 가설에 포함되는 또 하나의 문제에 대해 검토해보고자 한다. 그것은 애초부터 끝까지 파고들어 살펴보면, 그 설 자체가 논리적으로 의미를 이루지 못하고 있다는 점이다.

그 문제에 대해 검토하기 전에 확인해두고자 하는 것이 있다. 그것은 '인간 고타마의 신격화'라는 경우의 '신격화'는 '절대자화絶對者化'와 같은 뜻이라는 점이다. 한 마디로 '신神'이라고 해도 절대자로서의 '신'과 불전에도 자주 나타나는 '신들', 즉 인간을 초월해 있으나 삼계 속에 머물며 생사유전으로부터 자유롭지 않은 상대적 존재라는 두 가지 뜻이 있다. 그리고 '인간 고타마의 신격화'라고 부르는 경우의 '신'은 전자의 의미이며, 그러한 까닭에 그 '신격화'는 '절대자화'와 같은 뜻인 것이다. 왜 그런가 하면, 불전에서 붓다는 분명히 생사를 초월하고, 신들을 능가하는 절대자로서 그려져 있으며, 그러한 존재로서 그에 관한 여러 기적적, 초인간적 기술이 이루어지고 있기 때문이다.

하긴 어떤 전통의 내부에서 '신격화'라고 부를 수 있는 이해가 전혀 없는 것은 아니다. 가령 기독교의 교부敎父들 사이에는 '사람이 신이 되기 위해 신이 인간이 되었다'고 하는 표현이 인정되고 있다.[11] 그러나 불교학에서 말하는 소위 '역사적 붓다의 신격화'는 그러한 전통 내부에서 실제로 공유되고 있는 신앙이나 이해의 내용을 가리키는 것이 아니라, 전통적 붓다 이해의 역사적 변화—라고 가설된 것—

에 대한 외부 관찰자로부터의 일방적인 평가로서 사용되고 있는 것에 주의하지 않으면 안 된다.

그렇다면 고타마의 '신격화'는 '절대자화'와 같은 뜻이라고 하는 점을 포함하여 그 신격화설에서 보이는 문제에 대해 검토해보고자 한다. 무언가가 'X화化' 된다는 것은 당연히 그 이전에 그 X는 '비非X'였다는 점이다. 비X가 X가 된다는 논법은 그것이 상대적 개념에 대해 사용되는 경우라면, 선험적으로는 문제가 발생하지 않는다. 그러나 절대적·영원적 존재에 대해서 그 논법이 적용될 때, X가 비X였다-혹은 '있을 수 있었다'-라는 것은 바로 그 X의 절대성·영원성 자체의 부정이 되기 때문에 그것은 선험적으로 자가당착의 어법이 된다.

그러한 논리적 모순-앞에서 언급한 기독교의 예에서처럼-이 신앙의 핵심으로서 그 전통 내부에서 받아들여지고 있다면, 이야기는 달라진다. 그러나 그것이 불교 내부의 이해에 대한 외부의 관찰자-즉, 붓다의 '신격화'를 주장하는 연구자-로부터의 역사적 설명으로서 이야기된다면, 그것은 사실상 그 전통의 내적 이해에 대한 부정을 의미하게 된다. 말하자면, 붓다가 후세에 '절대화자'나 '영원화永遠化' 되었다는 것은, 불교는 원래부터 절대적·영원적이지 않았다는 것을 절대시·영원시하고 있는 것에 지나지 않는다고 주장하는 것이며, 더 나아가서는 '불교는 허위이다'라고 암묵 중에 진술하는 것과 같은 것이다.

이상과 같이, '인간 고타마는 시대가 내려오는 가운데 신격화되어 갔다'라는 지금까지 널리 막연하게 받아들여져 왔던 가설은, 실은 문헌학적 근거를 결여하고 있을 뿐 아니라, 결정적인 논리적 모순을 내포하고 있다. 게다가 그 가설 아래에서는 붓다의 본질에 대한 일관된 이해가 도출될 수도 없는 것이다.

3.
초기불전의 붓다

한편 우리들은 여기에서 모든 선입견을 가능한 한 배제하고, 그 위에 다시 한번 초기불전을 읽으면서 거기에 그려져 있는 고타마의 모습을 있는 그대로 받아들이고자 하는 시도를 해보지 않으면 안 된다. 그리고 먼저 결론을 언급하자면, 그 결과로서 보이는 그의 모습은 앞에서 언급한 레이가 지적하고 있는 것처럼, 초인적·신화적인 것으로서 결코 '단지 한 사람의 인간'이라고 부를 수 있는 존재는 아니라는 점이다.

또한 이것도 이미 언급한 것이지만, 그는 단지 인간 이상의 신적 존재로서가 아니라, 모든 상대적인 사상事象－즉, 삼계三界－을 초월한 절대적 존재로서 이해되고 있고, 실로 그 까닭에 그에 관한 여러 신화적, 기적적 묘사가 행해지고 있다고 생각되는 것이다.

가령 『앙굿따라 니까야(*Aṅguttara-nikāya* 增支部)』에서 붓다는 "세간에 태어나 세간에서 성장했지만, 세간을 넘어서 존재하고 있으며, 세간에 의해 오염되는 일은 없다"[12] 고 이야기하고 있다. 또한 다른 경전에서는 해탈한 사람을 이 세상이나 천계 등의 모든 장소에서 찾고자 해도 그 흔적이 발견되는 일은 없다든가,[13] "이 세상에서 여래는 불가지不可知이다",[14] 혹은 붓다에게는 "발자취가 없다"[15]는 등으로 설해지고 있다. 그리고 '신들의 신'[16]이라는 고타마의 호칭이나, 탄생 후 바로 그가 설했다고 간주되고 있는 "나는 세계의 최상자最上者다"라고 한 말[17]도 타자와 비교하여 그의 상대적인 우위성을 표현하는 것이 아니라, 세계 그 자체에 대한 그의 절대적 초월성에서 유래하는 것으로 보아야만 할 것이다.

더욱이 그러한 초월적 존재인 고타마는 그 상대적 세계 내에서 '누구인가'로서 파악될 수 있는 자가 아니라, 이미 '어떤 자도 아니'라는 것이 초기경전의 여러 부분에서 설해지고 있다. 예를 들면, 『맛지마 니까야(*Majjhima-nikāya* 中部)』에서는

> 왓차(Vaccha 婆蹉)여, 참으로 그와 같이 색의 형태로서 여래를 나타내고자 하는 자는 그 색의 형태가 여래에게는 방기放棄되고, 근절되며, 송두리째 뽑히고, 존재하지 않으며, 미래에도 다시 태어나는 것이 없는 자임을 보여야 할 것이다. 실은 왓차여, 여래는 색의 형태라고 불리는 것으로부터 해탈하고 있다. 깊이, 무량하게, 밑바닥을 알지 못하는 대양처럼, 태어난다는 것도 들어맞지 않고, 태어나지 않는다는 것도 들어맞지 않고, 태어나고 또한 태어나지 않는다는 것도 들어맞지 않고, 태어나고 또한 태어나지 않는다는 것도 아니라고 하는 것도 들어맞지 않는 것이다.[18]

라고 한다. 그리고 그 뒤에 '색의 형태'의 부분이 '감수작용受, 표상작용想, 의사작용行, 인식작용識'이라는 인간의 마음의 움직임으로 바뀌지고, 같은 형태의 것이 반복되고 있다. 즉, 여기에서는 붓다가 인간의 심신을 구성하는 다섯 가지의 요소-오온五蘊-로부터 해탈했으며, '태어난다'라든가 '태어나지 않는다'라는 한정지음을 초월해 있다는 것이 제시되고 있다. 그리고 『숫따니빠따』에서도 해탈한 사람에 대해서 원래 그가 존재한다든가 존재하지 않는다고 논의하는 것 자체가 성립하지 않는다고 설해지고 있다.[19]

또한 『숫따니빠따』의 다른 부분에서는 고타마가 자신에 대해, 자신은 이미 어

떠한 자도 아니고, 그 까닭에 자신에게 성姓을 묻는 것은 적당하지 않다고 언급하고 있다.[20] 또한 『앙굿따라 니까야』에서는 고타마가 어떤 바라문으로부터 "당신은 신인가, 간답바(Gandhabba 乾達婆)-반인반수半人半獸의 신-인가, 야차夜叉인가, 그렇지 않으면 사람인가"라고 질문 받았을 때, 그는 그것들 모두를 부정하고 나서, 자신은 질문에서 연관시키려고 하는 그들이 지니고 있는 오염-루漏, 즉 윤회의 존재에 속박된 자-을 모두 끊었으며, 그 까닭에 붓다라고 대답하고 있다.[21]

이와 같이 붓다라는 것은 개인성을 완전히 멸한 '어떤 자도 아닌' 존재이지만, 그와 같은 그를 굳이 말로써 표현한다면, 그것은 '법 그 자체'라고 할 수 있다. 그것을 보여주는 기록이 『상윳따 니까야(*Saṃyutta-nikāya* 相應部)』의 안에 있다. 거기에는 고타마의 모습을 한번 보고 싶다고 원하는 어떤 바라문에 대해 고타마가 그것을 충고하면서, "법을 보는 자는 나를 본다. 나를 보는 자는 법을 본다"[22]고 말하고, 붓다의 본질은 법에 다름이 아니라고 설하고 있다. 또한 『디가 니까야(*Dīgha-nikāya* 長部)』에 들어 있는 『앗간냐 숫따(*Aggañña-sutta* 起世因本經)』에 의하면, 여래는 '법을 신체로써 지니고 있는 자 dhammakāya'이며, '법 그 자체 dhammabhūta'라고 한다.[23]

그리고 고타마가 찾아내고, 스스로를 일체화시키며, 사람들에게 설시한 법이라는 것은 말할 것도 없이 그가 독자적으로 고안해낸 것이 아니고, 영원하게 보편적인 것이다. 예를 들어, 몇 군데의 경전에 등장하는 과거불에 관한 기술에 의하면, 과거의 칠불七佛은 모두 같은 길을 걷고, 동일한 법을 설했다고 한다.[24] 또한 『상윳따 니까야』에서는 붓다가 깨달은 연기緣起의 법에 대해 그것은 여래가 세상에 출현하거나 출현하지 않거나 항상 정해져 있는 것이라고 설해지고 있다.[25] 더욱이 『맛지마 니까야』에서는 만약 누군가가 "사문 고타마에게는 인간의 법을 넘어선 성스러운 자라고 부르는 것에 어울리는 최상의 지견은 없다. 사문 고타마는 사고에 따라서 스스로 밝히고, 추리에 의해 세운 법을 설하고 있다"고 생각한다면, 그 사람은 지옥에 떨어질 것이라고 이야기되고 있다.[26]

쿠마라스와미 A. K. Coomaraswamy는 고타마에 대해서 "자기 자신을 일체화한 바의 영원한 법에 의해, 그 자신이 그래야 한다고 원한 것에 틀림이 없는 것처럼, 그 개인성은 완전히 흐려져 버렸다"[27]고 언급하고 있는데, 이 말은 위에서 초기경전의 인용에 의해 이끌어낸 고타마의 모습을 단적으로 나타내고 있다고 할 수 있다. 같은 의미가 레이의 다음의 말에 의해서도 나타나고 있다.

> 상징이나 숭배, 전설과 유리되어 관계없는 탈신화화된 개인성이라는, 서양적이며 근대주의적인 개념은 초기불교의 진상眞相과는 전혀 관계가 없다. 고타마는 그의 재세 시에도 그 이후의 시대에서도, 참으로 무한하면서 초월적인 것을 선례가 없는 방법으로 체현하고 있다고 이해되고 있기 때문에 그야말로 붓다일 수 있었던 것이다.[28]

결국 초기불교에서 이미 역사적 붓다는 개인성을 멸하고, 법과 일체가 된 초월적·절대적 존재로서 이해되고 있었던 것이며, 그러한 그를 형용하는 것으로서 그에 관한 여러 신화적·기적적인 기술이 이루어져 왔다고 생각한다. 반대로 초기불전 속에 그 개인에 관한 역사적 사실의 기록은 거의 발견되고 있지 않다. 말하자면, 헨드릭 케른 Hendrick Kern의 말에 의하면, 고타마는 "인간의 모습을 취하면서도 한 사람의 인간은 아니다"[29]고 하는 것에 다름이 아닌 것이다.

4.
신화와 상징

초기불전의 기술로부터 도출된 고타마에 대한 앞의 내용과 같은 이해에 착오가 없다고 한다면, 역사적 붓다이건 대승불전에 등장하는 신화적 제불이건, 삼계를 초월하여 법과 일체가 되고, 이미 이 세상의 '어떤 자'도 아닌, 모든 정의내림을 넘어선 절대적 존재라고 하는 점에서 본질적으로 다름이 없게 된다. 그리고 고타마에 대해 불교가 일어난 당초부터 확실히 그렇게 이해되어 있었다고 한다면, 우리들은 '신격화'라는 문제의 많은 개념을 꺼낼 것까지도 없이 초기불교로부터 대승불교에 이르기까지 붓다에 대한 일관된 이해를 가지는 것이 가능할 것이다.

그러나 과학적 사고에 친숙한 현대의 우리들은 역사상의 인물이 동시에 신화에 포함된다고 하는 현실을 쉽게 이해하기는 어렵다. 도대체 우리들은 고타마에 관한 신화와 역사의 문제를 어떻게 받아들여야만 좋을 것인가.

이 문제를 고찰하기 위해 먼저 다음의 사항을 파악해두고자 한다. 그것은 고타마에 대한 신화적 기술이 만일 어느 정도의 역사적 사실을 실제로 포함하고 있든, 아니면 전혀 포함하고 있지 않든 간에 그것은 애초에 사실史實의 기록을 목적으로 기술된 것은 아니라고 하는 점이다. 오히려 그 목적은 사실 이상의 진리를 전하는 것에 있는 것이다. 실은 그것도 이미 몇 사람의 연구자에 의해 지적되어온 것으로, 예를 들어 히라카와는 불전에 대해

'불전'이라고 해도 인간 붓다의 전기를 생각한다는 것은, 고대의 불교도에게는

> 존재하지 않았다. 그들에게는 인간 석존이 아닌 붓다가 된 석존이 중요했으며, 어떠한 원인에 의해 붓다라는 결과를 얻었는가 하는 것이 문제였던 것이다.[30]

라고 언급하고 있다. 또한 존 스트롱은 근대의 학자가 그리는 '역사적 붓다'의 모습은 불교도 자신이 붓다에 대해 이야기하는 경우의 것과는 전혀 다르다고 지적한다. 그리고 그는 고타마에 관한 여러 신화적 묘사에 대해,

> 그 이야기들은 붓다에 대해 '픽션 fiction' – 즉, 그 주변에서 생긴 전설이나 전승 – 을 포함하고 있을 것이다. 그러나 그 '픽션'들은 많은 점에서 '사실 事實'보다도 '진실'이며, 또는 적어도 종교적으로는 보다 의미가 있는 것이다.[31]

라고 주장하고 있다.

그리고 소위 그 '사실 이상의 이야기'는 상징적으로 해석되어야만 한다는 것이 다른 연구자들에 의해 지적되고 있다. 가령 게틴은 종래의 역사환원주의적인 불교 연구를 비판하면서 다음과 같은 견해를 제시하고 있다.

> 물론 불교의 전승이 보여주고 있는 것처럼, 붓다의 생애 이야기는 역사가 아니며, 그렇게 의도된 것도 아니다. 그 이야기 전체는 신화적·전설적 성격을 띠고 있다. 그 풍부하고도 상세한 내용은 은유적·우의적·유형적·상징적으로 해석이 가능하다. … 붓다의 생애 이야기는 … 보편적인 그 무엇이자 하나의 원형이다.[32]

또한 피터 메이스필드 Peter Masefield는 지금까지 불교는 신화학에 무지한 사람들

의 손에서 탈신화화되어왔지만, 지금이야말로 그 자체로서 이해되어야만 한다고 주장한다. 그리고 그것을 위해서는 불교의 테크니컬한 상징적 언어가 원래 지니고 있었던 뉘앙스나 연관성을 복원하는 것에 의해, 즉 그것을 실제로 듣고 있었던 사람들과 같은 형태의 이해를 되찾는 것에 의해, 불교를 '재신화화 再神話化'하지 않으면 안 된다고 언급하고 있다.[33]

그러나 '상징'이라는 말은 오늘날 여러 문맥에서 다양한 의미로 사용되고 있다. 그 까닭에 '고타마에 관한 신화적 기술을 상징적으로 이해하지 않으면 안 된다'고 하는 경우의 '상징'의 의미를 보다 명확하게 해두는 것은 매우 중요한 일이다. 그 말에 대한 다른 연구자의 이해와 어디까지 중첩되는가는 확실하지 않지만, 여기에서 그 문제에 대해 간단한 고찰을 시도하고자 한다.

실은 이 문제를 생각하는 가운데 중요한 점은 앞에서 본 초기경전 속에 이미 이야기되고 있다. 그것은 '붓다는 이미 어떠한 자도 아니다'라는 것이다. 즉, 붓다를 정의하거나 무엇인가로서 보여주거나 하는 것은 본래 불가능한 것이다. 그러나 실제로는 붓다에 대해 불전에서 많은 내용이 이야기되고 있다. 왜 그처럼 말할 수 없는 존재에 대해 일부러 말한다고 하는 역설적인 것이 행해지고 있는가 하면, 그것은 사람들에게 설하여 보여줄 필요가 있기 때문에 다름이 아니다. 그리고 그러한 것은 상징적 표현에 의해서만 가능한 것이다. 즉, 상징이라고 하는 것은 문자 그대로는 보여줄 수 없는, 언어를 넘어선 보다 높은 리얼리티를 나타내는 것이며, 고타마에 대한 신화적 묘사는 그러한 것으로서 이야기되고 있다고 생각한다.

따라서 그러한 신화적 묘사라는 것은 앞에서 인용한 몇몇 연구자의 말에 있는 그대로, 고타마에 관한 역사적 사실의 기록을 목적으로 한 것이 아니라는 점은 말할 것도 없다. 그것은 사실史實인가 아닌가에 관계없이 붓다에 대해 진리에 부합한 형태로 바르게 전달하는 것이다. 또한 그것이 상징적 표현이라는 점은, 그 상징과 그것에 의해 나타나는 것과의 사이에 필연적인 연결이 있다고 하는 것이다. 그 까닭에, 그것이 누군가에 의해 자의적인 픽션으로 창작되어 역사상의 한 인물에 부가되었다고 하는 것은 있을 수 없다는 점이다.

이상과 같이 고타마가 상징으로서만 표현될 수 있다고 하는 점은 불교미술에서 그가 그려진 방법으로부터도 읽어낼 수 있다. 최초기의 불교미술에서는 고타마는 인간의 모습이 아니라 법륜法輪이나 족적足跡, 보리수 등의 상징에 의해 표현되었다. 그리고 다소 시대가 내려와서 – 아마도 불교도들 사이에 생긴 어떤 필요에 의해 – 그는 불상 등과 같이 인간의 모습으로 표현되었다. 그러나 '인간의 모습'이라고 말해도 그 표현은 근대의 인물상이나 사진과 같이 사실적인 표현과는 전혀 다르며, 역시 상징적·도상학적인 것이다. 즉, 불교미술에서도 고타마는 일관되게 상징적으로 나타내져 온 것이다.

그가 시종 신화적·상징적으로 표현되어왔다는 것은, 그가 그러한 형태로밖에는 표현 불가능한 리얼리티 그 자체라고 하는 것을 의미한다. 그리고 아마도 고타마의 재세 중에 실제로 그를 만나 그의 가르침을 따른 사람들도 그를 그러한 존재로서 받아들였을 것이다. 물론 고타마를 형용하는 표현이나 그에 대한 이야기에는 시대적인 변화나 발전의 과정이 있다고 해도, 그 근저에는 붓다에 관한 그러한 일관된 이해가 가로놓여 있다고 생각할 수 있는 것이다.

그러나 이상과 같이, 고타마에 관한 기술을 상징적으로 해석해야만 한다고 해서 그의 역사적 실재성을 부정하고자 하는 의도는 전혀 없다. 그렇기는커녕 불교의 전통적인 틀에 있어서도, 그의 역사성은 일정 정도 중요한 의미를 지니고 있는 것이다. 예컨대 정토진종淨土眞宗에서 '은덕찬恩德讚'으로서 알려진 신란親鸞의 화찬和讚에는 다음과 같은 구절이 있다.

> 여래대비如來大悲의 은덕은, 몸이 가루가 되더라도 갚아야만 한다.
> 사주지식師主知識의 은덕도, 몸이 부스러져도 갚아야만 한다.[34 1)]

여기에서 '여래'라는 것은 아미타여래를 말하며, '사주'라는 것은 고타마를 말한다. 즉, 여기에서는 아미타여래의 대비심과 그것을 밝히기 위해 이 세계에 나타난 고타마, 더욱이 그 가르침을 신란의 시대에 이르기까지 전해준 고승들—즉, '선지식'—의 은덕에 대한 감사의 마음을 나타내고 있는 것이다. 이처럼 신란도 소위 비역사적 존재인 아미타여래와 이 역사 속에 실제로 출현한 고타마를 명확히 구별하고 있다.

그러나 그것은 근대의 역사 중심주의적인 이해와는 전혀 다른 것이다. 왜냐하면 신란에게는 사실史實에 관계없이 아미타여래도 고타마도 붓다로서 동등하게 리얼한 존재였기 때문이다. 여기에 더하여 고타마의 출현이라는 역사적 사건은 우리들의 현세에 대한, 그것을 초월한 진실한 세계의 작용으로서 결정적인 중요성을 가지고 있었던 것이다.

그리고 그러한 이해의 기본적인 틀은 아마도 신란만이 아니라, 전통적인 불교

---

1) 이를 뜻을 살려 풀이하자면, 아미타여래로부터 받은 대자대비의 은덕은 몸을 가루로 만들 정도의 간절한 마음으로 갚아야 하며, 석존의 가르침—혹은 석존의 가르침으로 인도해준 스승을 비롯한 선지식—에서 받은 은덕도 몸을 부스러뜨릴 정도의 뼈저린 마음으로 갚아야 한다는 의미이다.

도들에 의해 널리 공유되어왔다고 해도 좋다. 물론 다양한 불교교단·종파의 교의마다에 중심이 되는 붓다가 다르고, 같은 붓다라도 이해의 방식에 다름이 인정되기도 하는 점은 있다. 그러나 그렇다고 하더라도 불교의 전통에 속하는 자에게 가장 중요한 것은, 현세를 초월한 영원한 진리·법이며, 현세의 문제는 그것에 의해 비춰지고, 그것과의 관계에서 의미를 지니는 것으로 이해되고 있다. 그리고 모든 붓다는 그러한 법의 체현자에 다름 아니라고 이해되고 있는 것이다.

따라서 그러한 제불의 실재성 reality이 대전제로서 인정되고 있는 것이며, 적어도 역사성을 통하여 역사적 실재의 붓다와 신화적 붓다를 구별하고, 후자는 완전히 픽션으로 전자만이 본래의 붓다 모습이라고 간주하는 이해는 전통적인 불교도에게는 없었던 것이다.

5.
마무리하며

결국 우리들은 근대적 사고의 영향을 받지 않은 불교도에 의해서 아마도 지극히 당연시된 결론에 이른 것 같다. 즉, 초기불전에 기록되어 있는 것을 있는 그대로 받아들인다면, 고타마라는 역사적 붓다도, 다른 '신화적'이라고 불리는 제불과 같이 삼계를 초월하고, 법과 일체가 된 절대적 존재로서 불교가 일어난 당초부터 이해되고 있었다고 생각된다. 그리고 이미 제시한 쿠마라스와미의 언급에 있는 것과 같이, 고타마의 개인성은 그가 스스로를 일체화한 법에 의해 완전히 감추어졌다.

그 까닭에, 그것에 대해 오늘날의 우리들이 알 수 없는 것은 물론, 고타마 재세 시의 불교도에게도 그의 개인성에 대해 말하는 것은 무의미한 것이자 엄두도 못 낸 것이었음에 틀림없다.

확실히 '초기불전'으로 총칭되는 문헌군이라도 그것은 일조일석에 정리된 것이 아니라, 오랜 발전 과정을 거쳐서 오늘날 전해지는 형태가 되었다고 간주된다. 그리고 그 가운데에도 성립이 비교적 오래된 것으로 생각되는 부분과 보다 새롭다고 생각되는 부분을 비교해보면, 일반적으로 전자에서는 소박하면서도 간결한 표현 방법이 사용되고 있는 것에 비해 후자에서는 기교적으로 풍부하면서도 상세한 기술이 발견되거나 보다 많은 신화적 이야기로 이루어져 있다고 하는 것도 타당한 견해이다. 그리고 그것은 '인간 고타마의 신격화'라는 가설에 일정 정도 그럴듯함을 부여해왔다.

혹은, 또한 불멸후의 불교 교단에서는 어떤 교의에 대한 이해나 계율의 제정 등을 둘러싸고 의견의 대립이 생기고, 그것이 소위 부파분열로 발전하는 것도 있었다. 그러한 문제 가운데에는 고타마라는 붓다의 출현을 어떻게 이해해야만 하는가 하는 물음도 포함되어 있었다(그 논의는 붓다의 출현이 '초현세적 존재에 의한 현세 내로의 출현'이라는 역설적 사건이었다고 볼 때, 이것은 거의 필연적으로 발생한 것이었음에 틀림이 없다[35]).

그러한 논의는 주로 상좌부계의 부파와 대중부계의 부파 사이에 이루어졌다. 확실히 실제 대중부 쪽이 고타마의 초월적 측면을 보다 강조하는 주장을 했기 때문에, 대중부에서 대승불교의 기원을 찾고자 한 과거의 연구자 가운데에는 '상좌부는 기본적으로 고타마를 한 사람의 인간으로서 이해하고 있었지만, 대중부는 그를 신격화하고, 그것의 한층 발전된 형태로서 대승의 제불이 탄생하게 되었다'고 생각한 자도 있었다.

그러나 실제로 불전을 읽어보면, 최초기의 것으로 생각되는 문헌에서도 일개인으로서의 '인간 고타마'는 전혀 설해져 있지 않다. 또한 일반적으로 보수적 견해에서 있다고 생각되는 상좌부의 문헌을 보아도 이미 언급한 몇몇 연구자에 의해 지적되고 있는 것처럼, 거기에 그려져 있는 고타마의 모습이라고 하는 것은 일관된 신화적·초월적인 것이다.[36] 그렇기 때문에, 확실히 불전의 성립에는 역사성이 있어 시대가 내려옴에 따라, 그 내부에서 새로운 전문용어나 표현방법이 생성되었다고 하더라도, 혹은 또한 붓다의 출현을 둘러싸고 전통적인 불교도 사이에서 몇 개의 견해차이가 인정된다고 해도, 붓다의 본질에 대한 기본적인 견해는 불교가 시작될 때부터 후대의 모든 다양한 전개 속에서 일관되어 보존되어왔다고 생각한다.

즉, 여기에서 '대승의 붓다의 연원'이라는 본 장의 타이틀로 다시 돌아간다면, 불교에 등장하는 여러 붓다는 한편으로는, 각각 설해진 문맥에 따라 고유의 역할이나 특징을 가지면서도 그 본질에서는 법과 일체가 된, 이미 어떤 자도 아닌 존재로서 불교의 시작부터 대승불교에 이르기까지 이해되어왔다고 할 수 있다. 적어도 '인간 고타마의 신격화'라는 가설에서 보이는 '상대적 존재의 절대자화'라고 해야만 할 붓다에 대한 근본적인 이해의 변화는, 초기불교로부터 대승불교에 이르는 과정에서는 인정될 수 없는 것이다.

1 中村 元, 『고타마 붓다 II－원시불교 II(ゴータマ・ブッダ II一原始仏教 II)』(中村元選集 [決定版] 제12권), 東京: 春秋社 (1992: 451-506).

2 外薗幸一, 『랄리따비스따라(Lalitavistara, 方廣大莊嚴經)의 연구 ラリタビスタラの研究』上巻, 東京: 大東出版社 (1994: 15).

3 下田正弘, 「'근대불교학'과 '근대'('近代仏教学'と'仏教')」, 『불교학 세미나 仏教学セミナー』 73호 (2001: 100) 이하. 下田正弘, 「불교와 시대정신 仏教と時代精神」, 『류코쿠 사단 龍谷史壇』 122호 (2004: 28) 이하. 下田正弘, 「이야기되는 붓다의 부활－역사학으로서의 불교학을 재고한다 物語られるブッダの復活－歴史学としての仏教学を再考する」, 『불교와 자이나교－나가사키 호준 박사 고희 기념논집 仏教とジャイナ教－長崎法潤博士古稀記念論集』, 京都: 平楽寺書店 (2005: 361-362). 여기에 열거한 글들을 참고할 것.

4 下田正弘, 앞의 글 「이야기되는 붓다의 부활－역사학으로서의 불교학을 재고한다」, p.363.

5 下田正弘, 같은 글, pp.356-370.

6 平川 彰, 『초기 대승불교의 연구 初期大乗仏教の研究』, 東京: 春秋社 (1968: 160) 주1.

7 Reginald A. Ray, *Buddhist Saints in India: A Study in Buddhist Values and Orientations*. New York; Oxford: Oxford University Press (1994: 44-78).

8 西 義雄, 「최고 最古의 불전에서 설하는 불멸의 붓다관 最古の仏典に説く不滅の仏陀観」, 『동양학논총 東洋学論叢』 10호 (1985: 1-64). 본 논문에서 니시 요시오 西義雄는 『숫따니빠따』에서도 특히 오래된 것으로 간주되는 Aṭṭahkavagga나 Pārāyanavagga의 붓다관에 대해 상세하고 논하고 있다. 그는 그와 같은 최고층의 경전에서 이미 붓다는 생사를 넘어선 불멸상주 不滅常住의 존재로서 설해지고 있다고 지적하고 있다.

9 와타나베 쇼코 渡辺照宏는 다음과 같이 언급하고 있다. "사람들은 종종 빨리어 성전－특히 그 원형－에서 신비적·신화적·기적적인 요소가 결핍되어 있다고 한다. 그러나 붓다의 선교의 초기에는 이단자 까샤빠(Kāśyapa 迦葉) 3형제가 입문한 동기는 붓다가 보인 기적이다. 이 일은 빨리어 성전의 가장 오래된 층에서 나오고 있다. 이 기적에 관한 설화가 오래되었다는 것을 의심할 정도라면, 바라나시에서 붓다가 행한 최초의 설법마저도 의심하지 않으면 안 될 것이다." 渡辺照宏, 『경의 이야기 お経の話』, 東京: 岩波書店 (1967), p.22.

10 Rupert Gethin, *The Foundations of Buddhism*. Oxford; New York: Oxford University Press (1998: 16).

11 Oliver Clément, *The Roots of Christians Mysticism: Text from the Patristic Era with Commentary*. Translated by Theodore Berkely, O. C. S. O. and Jeremy Hummerstone. New York: New City Press (1993: 263-269). 본 내용을 참고할 것. 더욱이 이 경우, 인간의 '신화 神化'는 죄 있는 인간과 신의 사이에 걸쳐 있는 절대적 단절이 신의 은총에 의해 가교된다고 하는 신비를 나타내고 있다. 또한 전혀 별개 차원의 '신화'의 예로서는 신도 神道에서 역사상 걸출한 인물이 사후, '신 神'으로서 모셔지는 것을 들 수가 있다.

12 *Aṅguttara-nikāya*, II, 38, 30-39, 3.

13 *Saṃyutta-nikāya*, I, 23, 5-10.

14 *Majjhima-nikāya*, I, 140, 6-7. 같은 형태의 기술은 *Saṃyutta-nikāya*, III, 118, 9-119에도 있다.

15 *Dhammapada*, ver. 179, 180.

16 *Theragāthā*, ver. 533, 1279.

17 *Dīgha-nikāya*, II, 15, 10-12; *Jātaka*, I, 53, 18.

18 *Majjhima-nikāya*, I, 487, 31-488, 2.

19 *Suttanipāta*, ver. 1074-1076.

20 *Suttanipāta*, ver. 455-456.

21 *Aṅguttara-nikāya*, II, 37, 23-39, 9.

22 *Saṃyutta-nikāya*, III, 120, 28-29. 같은 기술이 *Itivuttaka*, 91, 6-14; *Milindapañha*, 71, 9-10; 『증일아함경 增一阿含經』(『大正藏』2, 652c28-29)에도 있다.

23 *Dīgha-nikāya*, III, 84, 25.

24 *Theragāthā*, ver. 490-491; *Saṃyutta-nikāya*, II, 106, 16-17(한역 『잡아함경(雜阿含經)』, 『大正藏』2, 80c17-18). 유사한 것이 같은 『잡아함경』2, 80c27-28, 101a13-b7, 101b24-c20, 121b26-c12 등에서도 설해지고 있다.

25 *Saṃyutta-nikāya*, II, 25, 17-23(한역 『잡아함경』, 『大正藏』2, 84b16-17).

26 *Majjhima-nikāya*, I, 71, 20-27.

27 A. K. Coomaraswamy. *Hinduism and Buddhism*. New York: The Wisdom Library (1943: 50).

28 Reginald A. Ray (1994: 62).

29 Hendrik Kern, *Manual of Indian Buddhism*, Delhi: Motilal Banarsidass (1989(초판; 1898): 25).

30 平川 彰 (1968: 160).

31 John Strong, *The Buddha: A Short Biography*. Oxford: Oneworld (2001: 2).

32 Rupert Gethin (1998: 16).

33 Peter masefield, *Divine Revelation in Pali Buddhism*. Colombo: The Sri Lanka Institution of Traditional Studies (1986: xvi).

34 『정본 신란성인 전집 定本親鸞聖人全集』 제2권, 京都: 法藏館 (1969: 151).

35 이 점에 관해 상세한 것은, 닛타 토모미치 新田智通의 「불신 佛身의 무루성·유루성에 대해 仏身の無漏性·有漏性について」(『불교학 세미나(仏教学セミナー)』 95호 (2012: 18-43))를 참조할 것.

36 이 점에 관해서는 앙드레 바로 André Bareau도 흥미 깊은 연구를 행하고 있다. 그는 법장부 法藏部 소전 所傳의 『장아함경 長阿含經』 제2경인 『유행경 遊行經』이 전하는 붓다의 초인적인 여러 성격에서, 상좌부 上座部나 근본설일체유부 根本說一切有部에서 전해지는 같은 경전이 이역 異譯 제본 가운데에도 공통적으로 인정되는 것을 볼 때, 붓다에 대한 묘사가 '초인적'이라고 하는 점에 대해 상좌부가 다른 제 부파 部派와 비교해 특별히 '보수적'인 것은 아니었다고 언급하고

있다(André Bareau. "The Superhuman Personality of Buddha and its Symbolism in the Mahāparinirvāṇasūtra of the Dharmaguptaka." In *Myths and Symbols: Studies in Honor of Mircea Eliade*. Edited by Joseph M. Kitagawa and Charles H. Long. Chicago; London; The University of Chicago Press, 1969).

* 빨리어의 문헌에 대해서는, 모두 Pali Text Society 판(版)을 사용하였다.

제3장

정토에 태어나는 여인들
문헌학으로서 불교학의 의의

폴 해리슨 / 야오 후미 번역

1.
서론[1]

최근 지역 불교센터를 견학차 방문하였을 때, 우리 학생 한 명이 그곳의 타이완 비구니 스님에게 "여자는 아미타불의 정토인 극락에 여자의 몸으로 다시 태어날 수 없어서, 먼저 남자로 바뀌지 않으면 안 된다는 것이 정말인가"라고 물었다. 이에 대해 비구니 스님은, "정토에서는 남성과 여성의 구별이 없기 때문에, 그곳에 다시 태어난 사람은 남자도 여자도 아니다"라고 대답했다.

학생들은 필자가 고전 텍스트의 독해에 기반을 두어 강의에서 가르친 것과 중국 정토교의 전통 안에 있는 현대인이 실제로 믿고 있는 것[2]과의 사이에서 일어난 이 분명한 충돌에 당혹하였을 것이 분명하다. 그러나 종교 연구로 알려진 학문 활동에 종사하고 있는 필자로서는, 스스로가 학생들에게 불교라고 제시하는 것이 현실의 불교도들이 믿고 행하는 것과 늘 일치할 수는 없다는 사실에 어떠한 놀라움도 없었다. 애초부터 놀랄 것이 없는 것이다.

종종 학생들에게 주의시키는 것인데, '불교라는 종교'에 대해 말하는 것은, 불교의 전통이 가지는 과거 현재의 모든 형태의 풍요로운 다양성을 없애버리는 추상화·일반화·과도한 단순화에 불가피하게 말려드는 것이다. 그렇지만 이 경고 때문에 마비 상태에 빠져서, 불교를 이해하고자 하는 시도를 멈출 필요는 없다. 불교사에 관심을 가진 학자는 현대 신앙인의 입장을 고려하는 한편, 그들의 입장이 어떠한 형태로든 의거하고 있는 텍스트를 해명하려고 노력하면 되는 것이다. 그리고 때에 따라서는 신앙과 텍스트 사이에서 일치점보다도 차이점을 더 많이 발견한다고 하더라도 포기해서는 안 된다. 실은 더욱 더 미묘한 음예陰翳가 서린 불교상을 구축해가는 것이 그들 연구자가 해야 할 일의 일부여야 하는 것이다. 설령 교사로서는 그 상像을 계속 단순화시켜가지 않으면 안 되더라도 말이다.

극락에서 여인의 재생再生이라는 문제에 대해 다양한 의견이 있을 수 있다는 점은, 1995년 『동방불교(東方佛教 *The Eastern Buddhist*)』지에 발표된 제임스 도빈스 James C. Dobbins의 「여자가 여자로서 정토에 태어나는 것 – 에신니惠信尼의 서간으로부터의 힌트」라는 논문에서도 제시되어 있다. 기대를 갖게 하는 제목이다.

도빈스의 논지는, 유명한 일본 정토교 지도자인 신란親鸞(1173-1263)의 아내 에신니惠信尼(1182-1268?)의 현존하는 서간에, 그녀가 필시 극락에 여자로서 태어나고자 하는 것이 나타난다는 것이다.[3] 이러한 논지가 입증된 것으로 간주하든 그렇지 않든, 우리는 여기서 '여자는 정토에 여자로서 재생하기를 기대할 수 있을까'[4]라는 물음에 대한 제2의 회답을 기다린다. 그러나 그것을 기대할 수 없다 – 그러나 남자도 또한 남자로서 재생할 수 없다 – 는 그 비구니 스님의 생각을 따르든, 어느 시점에서는 여자들은 필시 그것을 기대하고 있었다고 보는 – 중세 일본 자료에 의거하는 – 학자들의 입장을 따르든 간에, 어느 쪽의 입장에 대해서도, 적어도 필자가 지금까지 읽어온 고전 자료와는 괴리감을 느낀다.

과제는, 그 괴리가 허울에 불과한 것인지 진정한 것인지를 판정하는 것이다. 그러한 목적을 위해 본고에서는 고전 자료가 실제로 말하고 있는 것을 분명하게 밝힌다는 비교적 신중한 작업에 착수하고자 한다. 바꿔 말하면, 필자가 학생들에게 성전聖典의 전통에 대해 가르치고 있는 것이 맞는 것인지, 그리고 필자의 친구인 그 비구니 스님의 입장과 도빈스의 논문에서 에신니의 입장 등이 실로 그 전통에서

혁신적인 일탈인지 어떤지를 필자는 알고 싶은 것이다.

2.
35번째의 서원

정토불교의 고전적인 성전 자료는 일반적으로 여러 가지 버전으로 전하는 『대 수카바띠 뷰하(*the Larger Sukhāvatī-vyūha* 大無量壽經)』, 『소 수카바띠 뷰하(*the Smaller Sukhāvatī-vyūha* 阿彌陀經)』, 그리고 『아미따유르 디야 수뜨라(*Amitāyur- dhyāna-sūtra* 觀無量壽經)』를 의미한다. 정토교의 전통에서는 다른 여러 텍스트도 중요하지만 이 3개의 작품이 아미타불, 극락의 국토, 그것들과 결부된 다양한 실천에서 가장 상세하고 권위 있는 설명을 제공한다. 그러면 이들 텍스트는 저 장엄하고 화려한 국토에 여자는 한 사람도 없다고 분명히 명료하게 밝히고 있는가.

『소 수카바띠 뷰하』와 『아미따유르 디야나 수뜨라』는 이 문제에 대해 전혀 아무런 언급이 없기 때문에,[5] 본고에서는 『대 수카바띠 뷰하』 – 이하는 『수카바띠 뷰하』로 칭함 – 의 고찰에 한정하기로 한다.[6] 출발점은 말할 나위도 없이 유명한 35번째 서원이다. 산스끄리뜨어(Ashikaga, 1965: 18. 참조는 Fujita, 1980: 35)의 텍스트는 다음과 같다.[7]

sacen me bhagavan bodhiprāptasya samantād aprameyāsaṃkhyeyācintyātulyāparimāṇeṣu buddhakṣetreṣu yāḥ striyo mama nāmadheyaṃ śrutvā prasādaṃ saṃjanayeyur [Fujita:

saṃjānayeyur] bodhicittaṃ cotpādayeyuḥ strībhāvaṃ ca vijugupsyeran [Fujita: vijugupseran] jātivyativṛttāḥ samānāḥ saced dvitīyaṃ strībhāvaṃ pratilabheran mā tāvad aham anuttarāṃ samyaksaṃbodhim abhisaṃbudhyeyam.

세존이시여, 만약 제가 깨달음을 얻은 후에, 모든 방각方角의 무수한, 헤아릴 수 없는, 상상할 수도 없는, 측량할 수도 없는, 무량한 불국토에 있는, 제 이름을 듣고 믿음을 가지며, 깨달음을 향한 뜻을 품고, 스스로 여성을 거부하는 여자들이, 이 생을 떠났을 때에 다시 여자가 된다면, 저에게 지고하면서도 완전한 깨달음을 충분히 깨닫지 않게 해주십시오.[8]

이 구절의 번역에 대한 각주에서 고메즈 Gómez(1996: 74, n.26)는 이것을 '고대 인도의 여성 혐오증의 고전적 일례'라고 부른다. 계속해서 그는 "여성의 섹스 sex와 젠더 gender는 지복至福의 땅에서 배제되어 있었고, 여자들은 여성의 성질을 버리고 남성으로서 다시 태어나는 것만으로 부족했다. 더하여 여자들은 스스로 여성이라는 신분을 넘어서기 위해, 실제로는 그것을 경멸하지 않으면 안 되었던 것 같다. 말할 나위도 없이, 이 구절은 현대의 주석자들에게 어려운 문제를 던진다. 특히 아촉불阿閦佛의 낙원은 여성을 배제하지 않기 때문에"라고 한다.

그러나 필자는 전반적으로 고메즈의 이러한 해석[9]에 이의를 제기하는 것은 아니지만, 이 구절의 의미가 꼭 그가 말하는 모든 것을 의미하는지 어떤지 의문을 제시해보는 것도 타당하지 않을까 생각한다.

먼저 첫 번째로, 이 구절에서 극락으로의 재생에 대해서는 확실한 무엇도 언급하지 않고 있으며, 우주의 어디에 있든 일정한 조건을 만족시키는 여자들에게, 두 번 다시 여자로 태어나지 않는 은혜를 제시하고 있을 뿐이다. 필요조건은 이렇다. 그 여자들은 아미타불의 명호를 들을 때, ①믿음－아마도 아미타불과 그 구제력에 대한 신앙－을 가져야 하며, ②깨달음을 향한 의지 bodhicitta를 품어야 한다. 바꿔 말하면 보살이 되어야 한다. 마지막 조건은, ③스스로 여자임을 거부하고, 싫어하며, 경멸하고, 혹은 비관해야만 한다는 것이다.[10]

법장비구 法藏比丘는, 여자라는 것을 거부하고, 남자로 다시 태어나고 싶다고 바라는 여자들이 그의 명호를 들은 후에 다른 조건들을 만족시켰음에도 불구하고, 다시 여자로 태어나는 경우에만 그의 깨달음을 위태롭게 한다는 것이다.[11] 그 이외에, 처음의 두 가지 조건을 만족시키고, 게다가 여자인 점을 그만두고 싶어 하지 않는 사람도 있을지 모른다는 점은 충분히 고려해볼 수 있지만, 여기서 중요한 점은 이 서원에 의해 제시된 은혜가 '일반화되었다'라고 할 수 있는 부류라는 점이다.

아미타불에 의해 의식이 높아진 여인들이, 혹시 원한다면 다음 생에 태어날 때 남자가 될 수 있다. 그것은 불교의 전통 속에서 많은 여성들에 의해 공언 公言된 바람이며, 실로 거의 해설이 필요하지 않을 정도로 당연히 표명된 바람의 성취이다. 따라서 그것은 제33, 34, 36, 37, 40, 41, 42, 43, 44원에서 제시되고 있는 일반화된 은혜와 같은 범주에 속한다. 즉, 텍스트의 이 부분에서 서원은－총괄적으로 명백히－극락정토에 재생하였거나 재생할 사람들이 아니라, 다른 불국토에 있는 중생이 누리는 은혜－행복감, 다라니의 힘, 모두에게 존경받는 것, 화려한 의복, 완전한 신체기능, 명상능력, 고귀한 생 등이라는 이익－에 관계하는 것이다.

이들 이외의 모든 서원에는 제35원과 마찬가지로 극락정토에서의 재생과 관련된 기미는 없다.[12] 따라서 그것들의 내용은 후에 극락의 특징이 상술될 때, 텍스트 안에서 다시 언급되지 않는다.[13] 이에 비해, 그밖에 대다수의 서원에서의 은혜는 극락에 재생하든가, 재생하고 싶다는 뜻을 세운 중생들에 대해 극락이 약속되고 있다. 따라서 우리들은 이 서원은 결국, 일반적으로 생각되는 것과 같이, 여자가 여자로서 극락에 태어날 수 없다는 것이 아니라는 분명한 인상을 가지게 되는 것이다.

적어도 우리들이 현재 보고 있는 산스끄리뜨어 텍스트에서는 그러하다. 티베트어 역이나 한역에서는 다르게 이야기되고 있는 것일까. 가와구치 에카이 河口慧海에 의해 교정된 티베트어 역(荻原雲来 외 3인, 1972: 248-250)은 그렇지 않다. 산스끄리뜨어와 일치하고 있는 것이다.[14] 그러나 현존하는 5종의 한역본에 눈을 돌리면, 이 부분의 언급이 꼭 일치되고 있지 않음을 알 수 있다. 이들 번역을 연대순으로 살펴보는 것이 아마도 최선일 것이다.

다만 여기서 필자는 결코 이 영역의 전문가도 아니며 우연히 방문한 사람에 지나지 않는다는 것을 인정하지 않을 수 없으며, 정토불교의 텍스트 전승에 대하여 중국과 일본에서 저술되어진 막대한 연구 성과에 정통할 시간도 없었다. 그러나 후지타의 권위 있는 연구(藤田, 1970)에 따르면, 여러 한역들의 연대순은 다음과 같다고 할 수 있다.

『대정장 大正藏』 번호와 전통적인 번역자를 보면, ①『대정장』362번, 일반적으로 지겸 支謙에 의해 번역된 것으로 보고 있다. ②『대정장』361번, 일반적으로 지루가참 支婁迦讖의 번역으로 보고 있다. ③『대정장』360번, 일반적으로 강승개 康僧鎧의 번역으로 보고 있다. ④『대정장』310번, 보리류지 菩提流志의 번역, ⑤『대정장』363번, 법현 法賢의 번역 등이다.[15] 이것이 가장 오래된 2개의 번역자 – 361번과 362번 – 에 관해 사견을 더하면서 본고에서 따를 순서이다.

『대정장』361번 『불설무량청정평등각경佛說無量淸淨平等覺經』(이하 『평등각경』)은 한대 번역가 지루가참, 즉 로까끄세마 Lokakṣema(170-190년에 활약)의 번역으로 보고 있지만, 이것이 아마도 그의 번역이 아닐 것이라는 것은 많은 학자들이 인정해온 것이다.[16] 이것과 오吳의 번역가 지겸支謙(220-257년 활약)의 번역으로 보고 있는 『대정장』362번 『불설아미타삼야삼불살루불단과도인도경佛說阿彌陀三耶三佛薩樓佛檀過度人道經』(『대아미타경(大阿彌陀經)』)을 비교해보면, 무언가 매우 기묘한 일이 일어나고 있음이 분명하다. 두 번역은 대부분 같은 텍스트의 별도 버전으로 볼 수 있을 정도로 밀접한 관계에 있다. 그것들은 특정 부분만이 다르며, 그리고 자주 문제를 드러내는 형태로 다르게 나타난다.

『평등각경』에서 운문韻文으로 번역된 가타 gāthā가 있는 부분이 『대아미타경』에는 어떤 것도 없다. 『평등각경』에서 고유명사나 술어의 번역이 있는 부분이 『대아미타경』에는 음사로 되어 있다(이 점은 제목에서도 지적될 수 있다). 양 텍스트를 일독한 후의 필자의 예비적 결론은 어떠한 형태론가 번역자의 이름이 교체되었다라는 것이다.

『대아미타경』은 지루가참의 본래 번역이었을 가능성이 충분하지만, 그 반면에 『평등각경』은 그것을 지겸 혹은 다른 번역자가, 별도의 인도어 원문에 근거하여 새롭게 재료를 더하여 후에 고쳐 넣은 것이다. 실제로 지겸이 많은 고번역古飜譯, 특히 『팔천송반야경(*Aṣṭa-sāhasrikā-prajñā-pāramitā-sūtra* 팔아쉬따 사하스리까 쁘라즈냐 빠라미따 수뜨라)』와 『수능엄삼매경(*Śūraṃgama-samādhi-sūtra* 슈랑가마 사마디 수뜨라)』의 지루가참 번역에 이와 같은 개정을 행하였다는 것은 널리 알려진 사실이다.

앞에서 언급한 것과 같이, 『평등각경』을 지루가참의 역으로 보는 것에 따라붙는 어려운 몇 가지 점들 – 예를 들면, 운문韻文 가타가 있다는 점이나, 음사어가 그다지 많지 않다는 점 등 – 은 『대아미타경』에는 적용되지 않는다. 동시에 몇 가지 중요한 문제가 남아 있다.[17] 현재의 시점에서 일부러 결정적인 결론을 내지는 않겠지만, 그 논의가 가지는 역사적 의미는 명백하다. 지루가참의 번역으로 보는 것은, 『수카바띠 뷰하』의 창작을 2세기 중반 이전으로 추정하는 것을 허락하기 때문이다.[18]

하여간 양쪽 모두 24서원만을 들고 있는 이상,[19] 양 한역의 원전인 인도어 원문 – 하나이든 복수이든 – 은 텍스트가 매우 오래된 형태를 반영하고 있음에 틀림없다. 그러나 이러한 숫자상의 일치에도 불구하고, 서원의 부분은 텍스트 가운데에서 양 번역본이 현저하게 차이를 보여주는 곳이다. 산스끄리뜨에서 35번째 서원에 해당하는 부분을 찾아보면, 『대아미타경』에는 제2서원이 다음과 같이 기술되고 있다(『대정장』12권, 301a27-b3).[20]

> 第二願. 使某作佛時, 令我國中. 無有婦人. 女人欲來生我國中者, 卽作男子. 諸無央數天人民, 蜎飛蠕動之類, 來生我國者, 皆於七寶水池蓮華中化生, 長大皆作菩薩阿羅漢, 都無央敎. 得是願乃作佛, 不得是願終不作佛.

> 제2원. 제가 붓다가 될 때는, 저의 국토에는 여인이 없게 하소서. 저의 국토에 와서 다시 태어나기를 원하는 여인들은 곧바로 남자로 남자가 될 것입니다. 저의 국토에 와서 다시 태어나는 무수의 신들, 인간, 날아다니는 종들이나 여기저기 기어 돌아다니는 종들[21]은 일곱 가지의 고귀한 재료로 된 연못의 연화 속에 자연발생적으로 태어나게 될 것입니다. 그리고 성장하여 모두가 헤아릴 수 없을 정도의 보살 혹은 아라한이 될 것입니다. 만약 이 서원이 성취된다면, 그때 저는 붓다가

될 것입니다. 만약 이 서원이 성취되지 않는다면, 저는 결코 붓다가 될 수 없습니다.

대조적으로 『평등각경』에서는 여성의 재생에 관한 서원은 없다. 그러나 그와 같은 서원이, 다음의 한역인 『대정장』360번 『불설무량수경 佛說無量壽經』(이하 『무량수경』)에 나타난다. 무량수경은 위魏(220-265)의 번역가인 강승개 康僧鎧, 즉 상가와르만 Saŋghavarman의 번역으로 보고 있다. 아마도 붓다발타라(佛馱(陀) 跋陀羅 Buddhabhadra, 359-429)와 보운 寶雲의 공동작업으로 이루어진 것으로서 421년까지 거슬러 올라가는 것으로 생각된다.[22] 해당하는 서원은 리스트 중에 35번째인데, 다음과 같다(p.268a21-24).

設我得佛, 十方無量不可思議諸佛世界其有女人, 聞我名字, 歡喜信樂, 發菩提心, 厭惡女身, 壽終之後, 得爲女像者, 不取正覺.

만약 제가 붓다가 되었을 때, 헤아릴 수 없고, 상상도 할 수 없는 시방의 불세계에 있는 모든 여인들이, 저의 이름을 듣고, 신앙과 기쁨과 더불어 환희하고, 보리를 향한 뜻을 품고, 여성의 몸을 싫어하게 됨으로써, 만약 그 여자들이 그 생을 다한 후에 다시 여성의 모습을 취하게 된다면, 저는 완전한 깨달음을 얻지 않겠습니다.

유사한 표현이 8세기 초의 보리류지 菩提流志(693-713년에 활약)의 번역에서 보이는데, 그것은 한역 『대보적경 大寶積經』의 일부를 이루고 있는 것이다. 이 번역 『무량수여래회 無量壽如來會』(이하 『여래회』, 『대정장』310번(5))는 706년에서 713년 사이에 이루어졌다. 여기에서 해당 서원은 역시 제35번인데 다음과 같다(79b14-17).

若我成佛, 周遍無數不可思議無有等量諸佛國中所有女人, 聞我名已, 得淸淨信, 發菩提心, 厭患女身, 若於來世不捨女人身者, 不取菩提.

만약 제가 붓다가 되었을 때, 이르는 모든 곳의 무수한, 상상도 할 수 없고, 비교할 수 없으며, 헤아릴 수 없는 불국토에 있는 모든 여인들이, 제 이름을 듣고, 청정한 신앙을 가지게 되고, 보리를 향한 뜻을 품고, 여성의 신체를 싫어하게 됨으로써, 만약 그녀들이 내세의 생에서 여성의 신체를 버릴 수 없게 된다면, 저는 보리를 얻지 않겠습니다.[23]

이처럼 이들 두 가지 후대의 한역은, 산스끄리뜨어와 티베트어 텍스트와 매우 가깝게 보인다. 그러나 마지막 한역은 이러한 점에서 상당히 다르다. 991년에 송대의 번역가 법현法賢, 즉 다르마바드라 Dharmabhadra, 별명 천식재 天息災(980-1000년에 활약)의 번역으로 보이는 『대정장』363번 『불설대승무량수장엄경 佛說大乘無量壽莊嚴經』(이하 『장엄경』)에서는 해당 서원은, 36개의 서원 가운데 27번째인데 내용은 다음과 같다(320b8-12).

世尊, 我得菩提成正覺已, 所有十方無量無邊無數世界一切女人, 若有厭離女身者, 聞我名號, 發淸淨心, 歸依頂禮, 彼人命終卽生我刹, 成男子身, 悉皆令得阿耨多羅三藐三菩提.

세존이시여, 제가 보리를 얻어 완전한 깨달음을 달성한 후에, 헤아릴 수 없고, 제한이 없으며, 무수한 시방의 모든 세계에 있는 모든 여인들에 관해, 만약 그 중에 누구라도 여성의 몸을 싫어하고, 저의 이름을 듣고, 청정한 생각을 가지고,

저에게 넙죽 엎드려 귀의한다면, 그 사람들이 생을 마치고 남성의 몸이 되어 저의 찰刹에 태어나게 하시고, 모두가 아뇩다라삼먁삼보리를 달성하게 하소.

이 증거를 검토하면, 여러 한역들의 상대적인 연대 순서에 완전히 일치하지는 않지만 일종의 진보적인 발전이 발견된다. 이 텍스트의 가장 오래된 번역이라고 생각되는 것-2세기 후반 혹은 3세기 초두-과 가장 새로운 것(991)에서, 이 서원은 명확히 극락에서의 재생에 관계하고 있다. 그밖의 다른 모든 번역에서는, 그것은 산스끄리뜨본에서 보이는 것과 같은 형태이다. 이 변칙은 시대가 내려옴에도 불구하고 법현 역이 텍스트 발전의 중간단계를 반영하고 있거나 혹은 그것이 고본古本과 후대 본의 주도면밀한 재결합을 반영하고 있다고 상정하지 않는 한 어떻게 설명할 수 있겠는가. 실제로는 제2의 가능성이 있는 듯하다.[24]

따라서 왕일휴王日休(1162-1173년에 활약)가 4개의 현존하는 한역-즉, 『무량수경』, 『평등각경』, 『대아미타경』, 『장엄경』-을 근거로 편집한 통관적通觀的 버전인 『대정장』364번 『불설대아미타경佛說大阿彌陀經』에서, 해당부분이 다음과 같은 말로 이야기되고 있는 점은 매우 흥미롭다(329c12-15).

第三十二願. 我作佛時, 十方無央數世界有女人, 聞我名號喜悅信樂, 發菩提心厭惡女身, 壽終之後其身不復爲女. 不得是願終不作佛.

32번째의 서원. 제가 붓다가 되었을 때, 시방의 무수한 세계에 있는 모든 여인들은, 저의 명호를 듣고, 신앙과 기쁨과 더불어 환희하고, 보리를 향한 뜻을 품고, 여성의 신체를 싫어하고, 그리고 생을 다한 후에, 그 신체는 또다시 여성이 되지 않게 하소서. 이 서원이 성취되지 않으면, 저는 결코 붓다가 되지 않겠습니다.

편집자는 법현의 번역을 자신의 작품에 넣으면서도, 이 점에서는 그 독해를 피하고 있음이 확인된다. 게다가 그 독해는 티베트어 역과 산스끄리뜨어를 포함한 『수카바띠 뷰하』의 다른 어떤 후대의 버전에서도 지지되지 않는다. 이들 버전에서는 여성의 재생을 말하는 부분에서, 극락에서 남성으로 재생한다는 특정의 보증을 여인들에게 제공하는 것이 아니라, 일반적인 이익으로서 남성으로의 재생을 여인들에게 약속하는 것이다.

3.
극락의 천녀?

여성의 재생 문제와 관련하여 『수카바띠 뷰하』 안에 무언가 다른 것이 보이지는 않는 것일까? 사실 그와 관련된 것으로 보이는 구절이 있다. 그것은 극락에 재생한 사람이 천녀에게 둘러싸일 것을 약속하는 구절이다. 산스끄리뜨의 해당 구절은, 정토에 있는 저택 혹은 궁전에 관련된 것으로 다음과 같다(Ashikaga, 1965: 38).

te yādṛśaṃ vimānam ākāṃkṣanti yad varṇaliṅgasaṃsthānaṃ yāvad ārohapariṇāho nānāratnamayaniryūhaśatasahasrasamalaṃkṛtaṃ nānādivya-dūṣyasaṃstīrṇaṃ vicitropadhānavinyastaratnaparyaṅkaṃ tādṛśam eva vimānaṃ teṣāṃ purataḥ prādurbhavati. te teṣu manobhinirvṛteṣu vimāneṣu saptāpsaraḥsahasraparivṛtāḥ puraskṛtā viharanti krīḍanti ramanti paricārayanti.

그들 [거주자]가 원하는 (하늘의) 궁전이 어떠한 종류의 것이건, 그 색, 자세, 형태가 어떠한 것이건, 그 규모가 얼마나 웅대한 것이건, 그것은 모든 종류의 고귀한 재료로 이루어진 수백 수천의 소탑으로 장식되어 있으며, 모든 종류의 천상의 깔개가 모두 깔려 있으며, 모든 종류의 방석이 깔린 보석만으로 이루어진 긴 의자가 마련되어 있다-그것이 실로 그들 앞에 구현되는 궁전이다. 그리고 그들은 마음으로 만들어진[25] 그들의 궁전에 산다. 시종, 수행하는 칠천의 천녀와 함께 놀며, 장난치고, 즐기면서.[26]

본고의 문맥에서는, 이 당당한 사치와 방자스러운 이미지는 무엇보다도 '천녀들'-거주자 한 사람당 7천인의(!)-의 당돌한 등장으로 인해 우리들의 흥미를 끈다. 압사라스 apsaras 혹은 압사라 apsarā는 모니어 윌리엄스 Monier Williams 사전의 해당항목에 의하면, 하늘에 살고 있으나 구름, 즉 구름의 바다 속을 걸어 다니기 때문에 압사라스(ap-saras 물을 관통하는 자)로 불리는 여성의 신격이다. 중국어에서는 일반적으로 '천녀 天女' 혹은-젠더에 대해서는 애매한-'비천 飛天'으로 불리는데, 대체로 아름답게 나부끼는 옷으로 비행이 가능하다고 한다(날개를 가지고 있지 않다).

'비천'이라는 말은 성적으로 애매할지 모르지만, '압사라스'는 그렇지 않다.[27] 압사라스들은 불교에서 이 세계의 천상 영역이 설명될 때 자주 나타나는데, 거기에서는 분명히, 이들 고차원의 윤회단계의 관능적인-혹은 솔직히 말해 성적인- 매력의 일부를 이룬다. 그녀들의 직무는 행복하게도 신으로서 다시 태어난 자들을 섬기는 – 혹은 봉사하는 – 것이다. 이들 생물은, 만약 여성이라면 극락에서 무엇을 하고 있는 것일까? 산스끄리뜨본에서 그 여인들이 나타나는 것은 예외적인 것일까? 아니면 다른 버전에도 나타나는 것일까? 기대를 벗어나 같은 구절이 티베트어 텍스트(荻原 외, 1972: 182)에서 발견되는데, 그곳에는 작은 차이밖에 없다. 그 번역자는 또한 이들이 여성의 신 lha'i bu mo이라는 것을 명확히 하고 있다.[28] 여기서 다시 산스끄리뜨어와 티베트어 역의 밀접한 관계가 명백해진다. 그러나 한역으로 눈을 돌리면 다른 이야기가 발견된다.

대략적으로 보면, 먼저 산스끄리뜨어 텍스트 중에서 이 구절이 나타나는 장은 극락의 거주자와 타화자재천(他化自在天 Paranirmitavaśavartin) 신들의 생활양식의 비교로 이루어진다(Ashikaga, 1965: 37-39. Gómez, 1996: 88-90. Cowell et al., 1894: 40-42). 거기에서는 그들의 다양한 생활모습 – 먹을 것, 향, 장신구, 궁전 – 이 상세하게 묘사되고 있고, 그 뒤에 거지와 세계의 제왕, 샤끄라(Śakra 제석천)와 전술한 욕계(欲界 Kāmadhātu)의 제6 혹은 최고의 천계[타화자재천]의 신들과의 비교가 이어된다. 각각 후자 쪽이 더욱 좋은 것으로서, 극락의 중생들은 좋은 혜택을 받고 있는 것이다.

가장 오래된 두 한역에서는 두 번째의 비교가 상당히 부연敷衍되고 있는데, (그리고 다른 결론으로 끝난다) 그 바로 앞에 있는 거주자의 기적적인 탄생과 신체에 대한 짧은 단락은 타화자재천은 언급하지 않고 있다(『대아미타경』, 304c15-305a2. 평등각경』, 284a8-c3을 참조할 것). 이른바 강승개의 번역에는 이것과 매우 비슷한 부분이 있는데(『무량수경』, 271c6-272a5. Gómez, 1996: 93-98), 그것을 산스끄리뜨와 같이 타화자재천과의 비교를 상술한 두 개의 단락(『무량수경』, 271a25-c5, 272a6-13. Gómez, 1996: 91-92, 99) 사이에 끼워져 있다. 궁궐에 관한 일절은 산스끄리뜨와 대략 그 부분밖에 일치하지 않는다.

無量壽國其諸天人 … 所居舍宅宮殿樓閣, 稱其形色高下大小, 或一寶二寶乃至無量衆寶, 隨意所欲, 應念卽至, 又以衆寶妙衣遍布其地, 一切人天践之而行.

아미타유스Amitāyus의 나라에 있는 신이나 사람들로 말하자면 … 그들이 사는 집, 궁전, 누각은 모양과 색, 높이와 크기, 하나의 고가의 재료로 되어 있는 것인가 두 개 내지 무수한 고가의 재료로 되어 있는 것인가라는 점에서, 그들의 마음이 원하는 그대로이며, 그들이 그것을 생각하는 순간 거기에 있다. 또한 마루는 많은 고가의 재료로 이루어진 빼어난 직물이 깔려 있고, 그것을 모든 사람과 신들이 밟고 간다.[29]

한편, 후대의 두 한역 텍스트에서는 이 부분이 전체적으로 산스끄리뜨어와 가까운 구성을 취하고 있다. 보리류지의 텍스트가 가장 근사하다(『여래회』, 97b9-12).

若諸有情所須宮殿樓閣等, 隨所樂欲高下長短廣狹方圓, 及諸床座妙衣敷上, 以種種寶而嚴飾之, 於衆生前自然出現, 人皆自謂各處其宮.

중생이 필요한 궁전, 누각 등을 말하자면, 그들이 원하는 대로 높거나 혹은 낮고, 길거나 혹은 짧고, 넓거나 혹은 좁고, 사각 혹은 둥글며, 빼어난 직물이 깔려 있고, 다양한 보배로 장식된 긴 의자와 좌석이 있으며, 그들은 중생의 면전에 스스로 나타나고, 모든 사람들은 한 사람 한 사람이 자신의 궁전에 살고 있다고 생각한다(Chang, 1985: 351 참조).

법현 역은 일부분 생략된 형태로 이것을 언급하고 있다(『장엄경』, 323a2-4).

又復思念摩尼寶等莊嚴宮殿樓閣堂宇房閣, 或大或小, 或高或下, 如是念時, 隨意現前, 無不具足.

또한 만약 [극락의 거주자가] 마니보주, 기타 등으로 장식된 궁전, 누각, 저택, 회당 등을 생각하면, 그것들이 큰 것이든 작은 것이든, 높은 것이든 낮은 것이든, 이처럼 생각하면 즉시 그대로 구현되고, 모든 것을 갖추고 있다.

이와 같이 『수카바띠 뷰하』의 한역은, 하나같이 – 가장 후대의 것으로 산스끄리뜨본과 가까운 것조차 – 천녀를 언급하지 않아, 우리들은 그 여자들의 등장을 산스끄리뜨 및 티베트본의 일탈로 볼 수밖에 없다. 흥미로운 것은 그 여자들을 이 본에 적용시킨 책임 있는 편집자가, 극락에 천녀가 있는 것과 35번 서원 사이에 생기는 모순을 알아채지 못하고 있다는 점이다. 이에 관해서는 대략 전통적으로 불교도가 – 그리고 인도인이 – 이 세계질서 속의 천계天界에 대하여 언급해온 속에서 극락의 그림을 만들어 내면서 필요한 부분을 뽑아 이용하였다는 오랜 세월의 경향을 반영한 것이라고 할 수 있을 것이다.

특히 욕계 속의 천계의 매력은 어느 종파의 불교도에게도 잘 알려져 있었을 것이고, 빨리어 『위마나 밧투 *Vimāna-vatthu*』와 같은 작품집에서는 아름다운 공중궁전(위마나 Vimāna)에서 천녀들의 성적봉사를 누리는 것이 금생에서의 선행에 대한 보상으로서 남녀에 대해 같이 제시되고 있음을 발견할 수 있다.[30] 따라서 여기에 있는 문제는 비교적 작은 것이라고 할 수 있다. 즉, 이미지가 변경되었을 때, 적절한 – 혹은 부적절한－세부가 삭제되지 않았던 것이다. 물론 새로운 환경에서도 천녀들은 변함없이 이른바－마음에 의해 만들어진－설비의 일부인 것이라고도, 또한 '가상천녀 假想天女'만이 인격을 가지지 않는다고도 말할 수 있을 것이나, 이것은 문제를 피하고 얼버무리는 것이 될 것이다.

텍스트의 이 부분에 관하여 결정적인 것은, 타화자재천 신들의 지적능력이 극락의 거주자에게 부여되어 있기 때문에, 그들도 역시 타자의 지적창조(빠라니르미따 Paranirmita)에 대한 지배력을 행사하는 자(바사바르띤 Vaśavartin)가 된다는 것이다. 현재의 사이버 공간과 가상현실의 시대에는 그와 같은 환경을 상상하는 것은 훨씬 쉬운 일일지도 모른다. 극락의 거주자들은 완전히 타자－즉, 아미타불－에 의해 창조된－프로그램 되었다고 해도 좋다－세계에 살며, 그 안에서는 그들 또한 무엇이든 필요한 것 즉 음식, 의복, 주거 등을 서로 만들어내고, 경험하는 능력을 가진다. 그러나 그러한 능력도 대단하지만 그것이 여인들을 향락의 대상으로서 불러내는 목적에도 동원된다는 것은 놀라운 일이다. 극락의 즐거움의 모든 것은 완전히 다르마 Dharma에 적합하다고 생각하고 있었을지도 모른다.

4.
그 외의 관련 기술에 대해

지금까지 우리들은 산스끄리뜨어 텍스트에서 단서를 얻어 다른 번역의 대응부분에서 유명한 35번 서원과 천녀의 문제를 살펴보았다. 우리들이 발견한 것은 그 서원은 결코 한 가지로 증명되는 것이 아니며, 또한 천녀는 산스끄리뜨 혹은 티베트어 역 이외에는 존재하지 않았다는 것이었다.

그러나 고메즈가 지적하고 있는 것처럼(Gómez, 1996: 125), 산스끄리뜨어 텍스트는 각각의 버전 자체가 하나의 '해석, 그리고 신앙이나 실천이나 석의釋義의 전통과 확대의 기반'으로서 늘어선 텍스트 전승의 한 요소에 불과하다. 또한 여러 한역이 어느 때는 다른 인도어 원문을, 또 어느 때는 중국인의 주석이 뒤섞여 들어감을 반영하여 서로 상당히 달라지고 있음이 매우 분명하다.

따라서 이 문제에 대하여, 혹은 다른 어떤 문제에 대하서도 결정적인 결론에 이르기 위해서는 모든 한역을 철저하게 조사하는 것이 필요하다. 이를 행할 때 여성의 재생이라는 문제에 관하여 두 번째로 오래된 번역 –『평등각경』– 은 해당 서원이 빠져 있지만, 이 문제가 텍스트 안의 별도의 장소에서 드러나는 때에는, 결국『대아미타경』과 일치한다는 것을 알 수 있다. 극락의 상세한 묘사에 들어갈 때, 그리고 – 의미심장하게도 – 이 세계에 보이는 지형적·사회적 불규칙이나 불평등이 그곳에는 없다는 것을 상술하는 부분에서 두 텍스트가 다음과 같이 기술하고 있다.

> 其國中悉諸菩薩阿羅漢, 無有婦人, 壽命無央數劫, 女人往生卽化作男子, 但有諸菩薩阿羅漢無央數.

> 그 나라에서는, 모든 사람이 보살이나 아라한이며, 여인은 없다. 그들의 수명은 무수한 겁에 걸친다. 그곳에 재생하는 여인들은 곧바로 남자로 변한다. 그곳에는 수없이 많은 보살이나 아라한들만이 있다.

『대아미타경』(p. 303c8-10)은 이상과 같고, 『평등각경』(p. 283a20-23)도 세세한 표현의 차이는 있지만 같은 양상이다.[31] 함의하는 바가 혹시나 보살은 여자일 수 없으며, 아라한도 마찬가지라고 할지도 모르지만, 이 두 입장은 소극적으로 말해도 문제가 있다.[32] 이 점에서 『대아미타경』이, 그 두 번째 서원－앞의 내용을 보라－의 문제를 들고 있는 것은 분명하다. 따라서 그 서원을 뺀 『평등각경』에 같은 기술이 있다는 것은 이상하다.[33] 약간 앞에서는 극락의 거주자는 세 가지의 독을 가지지 않아, 사악한 마음을 가진다거나 여자에 대해 생각한다거나 하는 것은 없다고도 설명하고 있다 ("無有邪心念婦女意", 『대아미타경』, 303c22-23. 『평등각경』, 283b7-8). 그리고 다시 이것은 분명히 『대아미타경』(301c17-20)의 11번째 서원의 성취이다.

第十一願. 使某作佛時, 令我國中諸菩薩阿羅漢, 皆無有淫泆之心, 終無念婦女意, 終無有瞋怒愚癡者. 得是願乃作佛, 不得時願終不作佛.

제11원. 제가 붓다가 될 때, 저의 나라에 있는 모든 보살과 아라한은 음탕한 생각을 가지지 않고, 결코 여자 생각을 하지 않고,[34] 결코 성내거나 어리석게 되 되거나 하는 일이 없게 하소서. 만약 이 서원이 성취된다면, 그 후에 저는 붓다가 되겠나이다. 만약 이 서원이 성취되지 않는다면, 저는 결코 붓다가 되지 않겠습니다.[35]

『평등각경』과 『대아미타경』에 있는 이들 기술은 어느 쪽이든 다른 어떤 버전에도 보이지 않은 것인데, 그 메시지는 충분히 분명하다. 그것은 여인은 남자로서 극락에 재생할 수 있고, 그렇게 되면 더 이상 여자 생각을 가지지 않는다는 점을 보강하고 있는 것이다. 이는 또한 압사라스에 대해서 생각하는 것도 인정하지 않는 것이리라.

5.
결론

대승경전 일반과 마찬가지로 『수카바띠 뷰하』는 매우 변환 자재한 실체였다는 것을 알 수 있다. 후지타와 같은 학자는 이 텍스트의 초기 형태와 후기의 그것을 구분하여왔지만, 이 이분법은 다소 세밀하지 못한 것으로, 중국어, 티베트어, 산스끄리뜨어라는 다양한 버전에 존재하는 차이의 복잡성을 충분히 전하지 못한다. 본고의 주제에 관해서만 보더라도, 이들 버전이 상당한 정도의 차이가 있음을 볼 수 있다.

초기 본을 반영하고 있는 가장 오래된 두 가지 한역에서는 여자가 남자로서 극락에 재생하는 것, 결과로서 그곳에는 한사람의 여자도 없음을 매우 명확히 하고 있다. 가장 오래된 버전–『대아미타경』–은 한 가지뿐만 아니라 여러 가지 점에서 이러한 것을 지지하고 한다. 그러나 산스끄리뜨어와 티베트어 텍스트뿐만 아니라 후대 한역 대부분에서도, 우리들이 발견하는 것은 여성의 재생에 관계하는, 의도가 명확하지 않은, 하나의 서원뿐이다.[36] 실제로 그 서원은 초기본과 일치하지 않은 형태인데, 바꿔 말하면 남자가 되기를 원하는 여자들에게만 약속된 일반화된 은혜로서, 극락 그 자체에 재생한다고 하는 함의를 필요로 하지 않게 해석될 수 있다.

게다가 그 서원은 초기 텍스트에서는 눈에 띄는 장소에 있었는데, 후대의 버전에서는 목록의 끝 가까운 부분으로 옮겨지고 있다.

이들 모두를 어떻게 설명하면 좋을까? 정토불교가 인기를 더해감에 따라 『수카바띠 뷰하』는 초기 전승의 강경한 입장을 누그러뜨리는 방식으로 다시 썼다고 해야 할 것인가? 초기 텍스트가 그것을 저술한 남성수행자들의 가차 없는 반여성적 감정을 반영하고 있는 것에 비해, 후대의 텍스트는 더욱 넓게 다양한 청중을 향해서 더욱 유연하고, 다의적이며 개방적인 정신[37]을 불어넣고 있는 것일까? 만약 그렇다면－그렇다고 보는 대강의 증거는 있다－그것이 초기 대승불교를 현저한 고행자적 혹은 은둔자적 경향[38]을 가진 하나의 혹은 일련의 운동으로 재평가하는 현재의 시도와 대략적으로 일치할 뿐만 아니라, 극락신앙의 이러한 측면을 다시 생각하는 현대의 운동이 매우 긴 역사를 가지고 있다는 것, 그리고 그 운동의 기초가 된 텍스트에서조차도 의미의 논쟁과 교섭의 증거를 발견할 수 있다는 것을, 우리들은 알 수가 있다.

어쨌든 또한 오늘날 어떤 텍스트의 독해법을 선택한다고 하여도, 『수카바띠 뷰하』의 초기본이 후대본의 표준적 해석, 혹은 극락이 어떠한 것인가라는 더욱 넓게 보급된 관념에, 어떠한 효과를 미쳤는가가 문제시될지도 모른다.

그러면 극락은 이러한 점에서 일종의 모범사례, 전형적인 여인금제구역이었을까? 만약 그렇다면 그것은 묘희국과 강하게 대조되었을 것이다. 그것은 아촉여래에 속하는, 같은 정도의 아름다운 불국토에 관계하는 여러 텍스트에서는, 여인이 여인으로서 그곳에서 재생할 수 있다는 점이 매우 명확하기 때문이다.[39] 그럼에도 그러한 대조적인 개념은 불교의 전통 속에서 우리들이 통상 정토불교라고 부르는 것[40]

뿐만 아니라 그 이외에도 뿌리 깊은 것이 되어 있는 것처럼 보인다.

중국, 일본 정토불교의 주석학 전통에 대한 철저한 재검토는 이 논문의 범위를 벗어나지만, 중요한 예로서 세친 世親이 저술하고, 529년에 보리류지[41]에 의해 번역된 『무량수경우바제사 無量壽經優婆提舍』(『대정장』1524)를 들 수 있다. 이 텍스트의 저자는 극락에 여자는 없고, 그곳에는 '여자'라는 말조차도 없다고 믿고 있음이 분명하다.[42] 그러나 아미타불 숭배의 특화된 경전이나 주석 이외의 것에서도 같은 상황이 발견되는 것이다.

그레고리 쇼펜이 1977년의 논문 「산스끄리뜨 대승경전 문학에서 일반화된 종교적 목표로서의 극락」에서 제시하는 것과 같이, 극락과 그곳에서의 재생의 관념은 결코 정토문헌 자료에 한정된 것이 아니다. 쇼펜의논문의 주안은, 극락에서의 재생이 아미타불 숭배와 어떤 관계도 없는 수많은 종교적 실천의 보답 혹은 특전으로서 약속되고 있다 – 즉, 그것은 '일반화된' 은혜이다 – 는 것을 논증하는 것이었다. 그런데 우리들에게 여기서의 논의 목표를 위해 특히 중요한 것은, 그가 인용하는 두 가지 경전이 다른 불국토 buddha-kṣetra를 극락과 같은 것으로서 묘사하는 방식이다. 이들의 불국토 – 약사경(藥師經 *Bhaiṣajyaguru-sūtra*)에서 와이두르야니르브하사(Vaiḍūryanirbhāsa 浄瑠璃), 약사유리광칠불본원공덕경(藥師瑠璃光七佛本願功德經 *Saptatathāgata-pūrva-praṇidhāna-viśeṣa-vistara-sūtra*)에서 *아쇼꼿따마슈리(Aśokottamaśrī, 妙喜世界) – 의 특징의 하나는 여자가 없다는 것이다. 이는 분명히 혹은 애매한 점이 없이 기술되고 있다(Schopen, 1977: 194-195 참조).

여기에서 나올 수 있는 추론은 일반적으로 극락은 다음과 같은 특징을 가진 것으로 – 즉, 그것은 전형적으로 한쪽의 성 性에 한정되었다 – 생각되었다는 것이다.[43]

이것은 정토교 전통의 실로 핵심부에 여자에 대한 태도를 유연하게 하려는 시도의 증거를 발견할 수 있다고 하더라도, 초기의 강경노선은 매우 완고하면서도 유력하였다는 점을 시사한다.

따라서 우리의 결론은 참으로 놀랍지 않은 것이다. 즉, 모든 고전 자료가 입을 맞추어 똑같이 말하는 것은 아니다. 그것들은 언제나 서로 일치하는 것도 아니다. 그것들은 언제나 현대의 불교도가 말하는 것과 일치하는 것도 아니다라고 덧붙여도 좋을 것이다. 필자의 의도는 단순히 필자의 친구인 출가자가 틀렸다고 입증하려는 것이 아니라, 그녀의 의견에 어떠한 역사적 문맥 혹은 배경을 제공하는 것이었다.

실제로 설령 그녀의 견해를 무언가 불변의 명료한, 성전에 의한 정통설의 기준과 비교하여, 그것을 이단으로 판단하려고 해도, 우리가 이미 아는 것과 같이 그러한 기준은 존재하지 않는다는 것이다. 그렇다고 극락의 거주자가 남성도 여성도 아니라는 널리 유포된 생각에 깃든 것처럼, 텍스트 안에 분명한 근거가 없고, 통상 행해지고 있는 것과 같이 아미타불의 국토에 재생하는 자가 모두 같은 모습 혹은 외견을 가졌다고 기술한 서원에 호소하는 것은, 본고가 논해온 다른 모든 기술과 비교할 때 약간 설득력을 잃는다.[44]

그러면 이것이 문제의 끝인가? 우리들은 미해결의 불일치일 수밖에 없는 것을 안고 있는 것일까? 당연한 것이지만, 필자는 이 문제를 문헌학·불교학·그리고－보다 넓게는－종교 연구라는 서양의 학문전통 속에서 자란 학자로서 다루어왔다. 이 입장에서는 『수카바띠 뷰하』의 다양한 버전과 기타 텍스트는 역사적으로 조건지어진 인공물, 특정 사회 환경의 산물이다.

그것이 말하고 있는 것을 규명하고자 할 때는, 역사적 발전의 변화와 대립의 흔적을 발견하려고 기대하는 것이며, 오늘날에는 단일하게 통일된 실체로서의 텍스트의 소실消失도 기대한다. 그러나 다른 사람들에게는 이들 문헌은 붓다바짜나(buddha-vacana 佛說), 영원불변의 진실의 개시開示로서, 『수카바띠 뷰하』는 그의 『수카바띠 뷰하』로 계속 존재한다. 따라서 텍스트에 관계하는 학자의 가장 기본적인 전제는 신앙자의 그것과 정 반대에 있는 것일지도 모르나, 그것은 양자의 협의사항이 타협불능이라는 것을 의미하는 것일까? 필자는 타협불능은 아니라고 본다.

분명히 동일한 것은 아닐지라도, 두 그룹이 만날 수 있는 중간지점이 있다면, 그것은 텍스트의 문자를 넘어서, 그것을 말하는 정신과 실로 전통 전체까지를 처음부터 모두 살피는 것에 있는지도 모른다. 필자의 생각으로는 그 정신은 일종의 급진적인 평등주의로서, 그것은 일종의 민주주의적 이상이 아니라, 정신의 향상을 방해하여 인간의 창조성, 행복을 억압하는 구분이나 구별은 극복되어야 하며, 극락이 대표하는 것 같은 보다 완전한 상태에서 그것들은 실로 극복될 것이라는, 더욱 깊은 비이원론非二元論적인 통찰이다.

따라서 남녀의 차이, 그것은 이 세계에 있는 인간의 기쁨임과 동시에 많은 고민을 – 그리고 아마도 기쁨보다는 훨씬 많은 고민을 – 야기하는 것인데, 그것도 또한 극복해야 할 것이다. 그러나 이는, 그것들은 또한 제거되어야만 한다는 것을, 혹은 더욱 있는 그대로 묻는다면, 남자의 구제는 여자의 배제에 의한 것이라는 것을 의미하는 것일까? 애초에 극락의 전승을 탄생시키고 전한 불교도 가운데 어떤 자들은 그 의견을 강하게 가진 것 같다. 아마도 남성 은둔자에게 낙원의 이상은 그들의 지상적 환경의 투영이며, 그들은 그것 이외의 것을 상상할 수 없었기 때문에.

우리들이 말할 수 있는 한, 다른 사람들은 그 영역에 늦게 도착하여, 그 문제에 다른 회답을 가지고 있었던 것으로 보이며, 또한 그것에 따라 매우 자유롭게 전승을 다시 만들어왔던 것으로 보인다. 오늘날 학자들도 신앙자도 이들 후대의 전통의 수호자들이 정토의 주민의 성에 차별이 없다는 것에 대한 현대의 입장에 얼마나 근접했던가를 논의할지도 모르지만, 여기에서 한 가지는 분명히 해두어야 한다. 즉, 우리들이 검토해온 텍스트는 진행 중의 대화를 대표하고 있으며, 거기에서 과거의 불교도 모든 세대가 변화하고, 때로는 대립하며, 완성과 실현의 비전을 만들려고 노력해왔던 것이다. 이들 텍스트가 실로 기초적인 것이라고 한다면, 그 위에 세워진 건조물 안에서 대화가 계속되고 있는 것은 이상한 일이 아니다.

---

1 이 글은 Third Chung-Hwa International Conference on Buddhism(Taipei, 1997년 7월 19-21일)에서 발표한 논문의 개정판이며, 회의록에 게재된 글과는 몇 가지 다른 점이 있다. 회의에 초대해 주신 성엄법사 聖嚴法師와 중화불교연구소 中華佛教研究所, 그리고 이 소론의 초고에 비판적인 의견을 제시해주신 장 나티에 Jan Nattier · 조나단 실크 Jonathan A. Silk께 감사드린다.

2 이 비구니스님은 성운 星雲법사를 따라 타이완의 불광산 佛光山을 거점으로 하는 국제불광회 國際佛光會의 운동을 대표하고 있는데, 이 문제에 대한 그녀의 입장은 이 운동만의 특유한 것이라기보다는 현대 정토불교도 사이에 널리 보급되어 있는 이해이다.

3 필자는 그 논지(특히 pp.117-120 참조할 것)를 매우 공평하게 대변하려고 노력-많은 조건적 서술로 인해 쉽지 않았다-하였지만, 그에 관한 도빈스의 유일한 논의는 그 자신이, "에신니가 그녀의 딸과 정토에서 남성의 모습으로 다시 만나고자 하였던 것은 상상하기 어렵다"(p.119)고 보고 있다. 그가 인용하는 증거는 필자의 견해로는, 에신니가 자신과 딸이 여자로서 정토에 다시 태어나 재회한다고 믿었던가의 여부에 대한 결정적인 것은 전혀 아니다. 그 증거들은 정토에서의 재생과 재회에 대한 그녀의 강한 신앙을 증언하는 것에 지나지 않는다. 사실 도빈스의 논문 안에서는 이러한 쪽이 필자에게는 더욱 흥미롭다. '천상 天上의 재회' 관념, 내세에 친구나 사랑하는 사람들과 재회하는 것을 바라는 관념은 고전적인 성전 聖典자료에서는 전혀 보이지 않는데, 여기에서는 충분히 증언되고 있는 것이다. 이는 정토사상에서 중대한 발전이며, 또한 성전과 현실 속 사람들의 신앙과 혹은 도빈스가 말하는 '이상화된 종교'와

'실천된 종교'와의 괴리이다. 유사한 발전이 그리스도교의 내세 관념의 역사에도 있다.

4 문제는 그녀가 극락에서 재생할 수 있는가 아닌가가 아니라(그것에 관해서는 어떠한 의문도 없다), 거기에 여자로서 재생할 수 있는가의 여부라는 점을 늘 염두에 두는 것이 중요하다.

5 전자의 산스끄리뜨어 텍스트는 오기와라 운라이 荻原雲来 외 3인(1972: 193-212)의 작품에 있으며, 이 텍스트는 또한 코웰 E. B. Cowell 외 2인(1894, II: 89-103)의 작품에 수록된 막스 뮐러 F. Max Müller의 영역을 재록 再錄하고 있다(pp. 446-460). 보다 좋은 번역이 루이스 고메즈(Luis O. Gómez, 1996: 15-22)에게 있다. 고메즈(1996: 145-151)는 또한 이 텍스트의 구마라집 鳩摩羅什에 의한 한역인 『다이쇼 신수 대장경 大正新脩大蔵経』 – 이하 『대정장『大正藏』』 – 366번 『불설아미타경 佛說阿彌陀經』도 번역하고 있다. 『아미따유르 디야 수뜨라』의 강량야사(畺良耶舍 Kālayaśas)에 의한 유일한 한역인 『대정장』 365번 『불설관무량수불경 佛說觀無量壽佛經』의 다카쿠스 쥰지로 高楠順次郎의 영역도 쿠웰 외 2인(1894, II: 161-201)의 작품에 있다. 이것도 오기와라 운라이 외 3인(1972: 462-502)의 작품에 재록되어 있다.

6 본 장에서 인용하는 산스끄리뜨어 교정은 아시카가 아츠우지(Ashikaga Atsuuji 足利惇氏, 1965)의 것으로, 서원 誓願의 장은 후지타 코오타츠(藤田宏達 Fujita Kōtatsu, 1980)에 의해 보완되고 있다. 이 경전의 영역은, 코웰 외 2인(1894, II: 1-72)의 작품 안에 막스 뮐러에 의해 행해졌고, 티베트어 역은 가와구치 에카이 河口慧海에 의해 교정되어 오기와라 운라이 외 3인(1972: 213-339)의 작품에 수록되어 있다. 같은 텍스트의 한역 – 다섯 본이 현존 – 은 『대정장』에 수록된 것, 즉 310번(5) 및 360-363번이다.

7 서양식 구두점은 삭제하고, 아누스와라 anusvāra를 나타내는 기호를 변경하였다(ṁ을 ṃ으로 변경하였다).

8 코웰 외 2인(1894, II: 19)의 작품 가운데 막스 뮐러 역 – 거기에서는 이 서원은 34번이다 – 을 참조. 또한 현재로서 가장 뛰어난 번역이 고메즈(1996: 74)에게 있다.

9 이것이 타당한 것인지 아닌지를 결정하는 것은 결코 쉬운 일이 아니다. 이 서원을 – 여자에 대한 증오 혹은 공포를 가리키는 – 여성 혐오적이라고 하는 것은, 부적절한 20세기 서양의 범주 category를 강제로 적용시켜, 문제시되는 사건이 고전적인 인도의 정부정 淨不淨의 사고에 관계되고 있다는 점을 놓쳐버리고 만다는 반론도 있을지 모르겠다(이 점은 리챠드 곰브리치 Richard Gombrich의 교시에 의함). 그러나 두개의 입장은 상호 배타적일 필요는 없다. 바꿔 말하면, 여자의 열등성이라는 관념, 여자에 대한 반감, 그 결과로서의 이데올로기적인 사회적 전략은 쉽게 청정성의 언어로 표현할 수 있다. 여성들 자신에게 자신이 여자라는 사실을 싫어하게 하고, 그 결과 이른바 자기혐오에 빠지게 하는 것이 고전적인 여성 혐오증의 방식이라고 덧붙일지도 모른다. 또한 전문용어에 빠질 위험이 있지만, 이 서원에 대해 지배적 언설은 억압받는 사람들로 하여금 자기 자신의 종속의 도구를 손에 넣도록 하는 것에 의해 어느 정도 기능한다는 원리의 노골적인 사례라고도 할 수 있을지 모른다.

10 Monier-Willams, *Sanskrit-English Dictionary*의 vi-gup-항 및 Franklin Edgerton, *Buddhist Hybrid Sanskrit Dictionary*의 vijugupsaka, vijugupsana-tā항을 참조할 것.

11 물론 이름을 듣는 것도 4개의 조건 중 하나로 볼 수 있다. 이는 사태를 그다지 바꾸지 않는다.

12 실은 이것은 42번째 서원의 경우 전혀 불가능하다. 그것은 고귀한 가문에 태어난다는 것이 극락에서는 일어날 수 없기 때문으로, 그것에는 통상의 계급 구분도 없을 뿐더러 가문도 없는 것이다.

13 Gómez(1996: 249, n.27) 참조.

14 티베트어 텍스트는 다음과 같다. bcom ldan 'das gal te bdag byang chub thob pa'i tshe kun du [variant: tu] sangs rgyas kyi zhing grangs ma mchis bsam gyis mi khyab mtshungs pa ma mchis tshad ma mchis pa dag na bud med gang dag gis bdag gi ming thos dang [variant: nas] rab tu dang ba skyes te / byang chub tu sems bskyed par gyur la bud med kyi lus la smad [variant: smod] par gyur te / de dag tshe brjes [variant: rjes] nas gal te bud med kyi lus lan gnyis thob par gyur pa de srid du bdag bla na med pa yang dag par rdzogs pa'i byang chub mngon par rdzogs par 'tshang rgya bar mi bgyi'o //(여기서는 명확한 오류가 아닌 이독(異讀)만을 보완하였다). 이 서원은 티베트어 역에서는 36번째이다. 대략 산스끄리뜨와 같은데, strī-bhāva를 bud med kyi lus '여성의 신체'로 번역하고 있는 부분에 주의해야 한다.

15 藤田宏達(1975: 20-22), Gómez(1996: 130)의 것도 참조할 것. 불교문헌에는 자주 있는 일인데, 번역 연대와 텍스트 성립의 전후 관계 사이에 일정한 관계는 없다. 예를 들어, 4세기 한역이 9세기 초두 티베트어 역, 혹은 실은 13세기의 산스끄리뜨어 사본보다도 늦고, 또는 발전된 형태를 보이는 경우도 있을 수 있다.

16 예들 들어, 운문인 가타(gāthā, 伽陀, 偈)를 포함하고 있는데, 가타를 산문으로 번역하고 있는 것이 지루가참 支婁迦讖 문체의 특징이며, 또한 그것은 때때로 운율학적으로 다소 지나치게 정직하다. 게다가 사용되고 있는 용어가 있는 것은, 지루가참의 것이 가장 확실한 다른 번역을 연상시키는데, 다른 용어는 그것들과 모순된다. 또한 지루가참 역의 표시인 음사 音寫를 피하기가 쉽기도 하다.

17 그 하나는 제 목록이 일치하게 『대아미타경』을 지겸의 번역으로 증언하고 있다는 점이다. 또 하나는—필자의 생각으로는 보다 중요한데—오악에 대한 기술이다. 잘 알려진 것처럼 중국의 종교, 철학의 색체를 띠는 것과 그보다 고전적인 산문체로 되어 있어, 지루가참에 의해 번역되었다고는 할 수 없는 후대의 저자의 작품일 수밖에 없다.

18 藤田(1970)는 제안되어온 증거와 여러 작자설에 대해 진중하면서도 광범위한 논의를 제공하여, 『평등각경』이 위의 백정 帛廷 혹은 백정 白廷에 의한 역, 따라서 222-228년, 혹은 222-253년 사이에 만들어졌다고 잠정적인 결론에 이르고 있다. 말한 나위도 없이 『대아미타경』의 작자가 지루가참이라고 확정하는 것에는—최소한—그의 모든 번역(과 지겸의 그것)의 포괄적 연구가 필요하다. 언젠가 후일에 이 문제에 대해 다루기로 한다.

19 Gómez(1996: 263)의 표는 이른바 지겸 텍스트에 대해 18로 하고 있는데, 거기에 서원은 분명 24번째이다.

20 한문인용의 구두점은 적절한 위치로 바꾸고 있다.

21 산스끄리뜨어 sarva-sattva의 이 흥미로운 상당어구라고 하는 것은 지루가참의 특징적인 것인데, 이에 관해서는 Harrison(1990: 246) 참조.

22 만약 그것이 실제 강승개에 의해 만들어졌다면 252년 이후의 것으로, 지겸의 텍스트와 같은 정도로 오래된 것이 되는데, 이는 우선 불가능해 보인다. 그러나 이 버전은 틀림없이 보다 오래된 번역에서 편입된 소재를 가진다. 그 증거의 검토에 대해서는 藤田(1970: 62-96) 참조. 또한 Gómez(1996: 125-131)도 참조. 다만 佛馱跋陀羅는 당대의 번역가가 아니라는 점에 주의해야 한다. Gómez(1996)에 이 텍스트의 매우 뛰어난 영역이 있다.

23 Chang(1983: 344)의 이 구절 영역 참조.

24 법현 역 일반의 문제 있는 성질에 대해서는, 예를 들어 柴田(1966) 참조. 그러나 『수카바띠 뷰하』에 관해서는, 이 번역의 지위에 대해서 柴田가 나타내는 의문은 텍스트 전체의 연구에 근거할 때만 해결될 수 있다. 참고로 그것은 36번 서원만 포함하는 것에 주의해야 한다.

25 manobhinirvṛta는 완전히 분명하다고는 할 수 없다. 막스 뮐러도 고메즈도 '기쁜 delightful'으로 번역하였는데, 여기에서는 藤田(1975: 102) 및 티베트어 역-후술 참조-에 따라 manobhinivṛta '마음에 의해 만들어진'으로 이해한다.

26 Cowell et al.(1894, II: 41-42)와 Gómez(1996: 89) 참조. 이 부분의 마지막 3개의 동사가 육체적인 쾌락의 향수를 의미하는 것은 우선 명확하다. 그것들이 자주-한결같지는 않지만-성교섭을 가리키는 사실에 대해서는 *Buddhist Hybrid Sanskrit Dictionary*의 paricācārayati항 참조.

27 여기서, 중국의 문맥에서 보자면 돈황 벽화에 보이는 이들 생물들과 극락의 도상표현의 문제를 제기해준 필자의 학생 엘리자베스 가스리에게 감사를 표한다. 비천=압사라스의 동일시는 널리 공유되고 있는 것으로 보이는데(예를 들면, Whitfield, 1995: 267, 342 참조), 비천이 항상 여성이라는 것은 전혀 명확한 것이 아니며, 실제로 돈황에서는 비천이 전라全裸로 확실히 남성인 그림이 적어도 한 점이다(전게서, p.285). 일반적으로 돈황의 정토 묘사에서는 통상 상반신이 나체이지만 성별이 분명치 않은, 하늘을 나는 인물상으로 넘치고 있다 그들은 보통 생각하는 것과 같이 압사라스가 아니라 정토나 다른 그것과 같은 국토에 사는 신들을 표현하고 있는지도 모르는 것으로, 따라서 모두 남성일지도 모른다(Ning, 1992: 35 참조). 그러나 비천이 여성이라는 사고는 오스트리아의 울런공에 최근 세워진 남천사南天寺의 금당 천정화에서도 충분히 증언하고 있다. 거기에는 돈황벽화에 있는 인물상 모두의 도상학적 특징이 나타나며, 그것에는 틀림없이 풍후한 가슴이 더해지고 있다. 이는 거의 들어갈 수 없는 복잡한 미술사적 문제이지만, 분명 『수카바띠 뷰하』의 텍스트가 돈황석굴의 벽화에 변역된 방법은, 번고에서 논의한 문제와 관련을 가지고 있다. 우선 말하자면 비천=압사라스의 동일시는 의문시된다는 점이다.

28 티베트어 텍스트는 다음과 같다. de dag gang kha dog dang / rtags dang / dhyibs dang / chu zheng gi bar dang / rin po che sna tshogs kyi ba gam brgya stong gis brgyan pa rin po che'i khri lha'i ras bcos bu sna tshogs bting ba / sngas khra bo bzhag pa dang ldan pa'i gzhal med khang ji lta bu 'dod pa de lta bu'i gzhal med khang de dag de dag gi mdun du 'byung ste / de dag rin po che'i gzhal med khang grub pa de

dag gi nang na lha'i bu mo mdun [read bdun] stong bdun stong gis yongs su bskor zhing mdun gyis bltas nas 'khod de rtse zhing dga' la dga' mgur spyod do / 산스끄리뜨어 해석으로서 흥미로운 것은 티베트어 번역자는 명백히 nānādivyadūṣyasaṃstīrṃavicitropadhānavinyastaratnaparyaṅkaṃ을 하나의 복합어로서(즉, '모든 종류의 천상의 깔 것이 모두 깔려 있고, 색색의 방석이 쌓이고 보석이 장식된 긴 의자가 있는'이라고) 읽고 있으며, manobhinivṛt(t)a를 '만들어진 grubpa'으로 이해하고 있다.

29 Gómez(1996: 185) 참조. 필자의 해석은 몇 가지 점에서 다르다.

30 여자들도 많은 천녀의 봉사를 약속되고 있기 때문에 그 여자는 천계에서 남자로서 다시 태어나는 것으로 생각하고 있다고 상정된다.

31 이 기술 직전에, 마음에 의해 만들어진 주인의 향락(제6천의 신들에 의한)에 대해 언급되고 있고, 그 전에는 산, 바다, 지형상의 요철, 삼악취, 계절 기타가 없다는 설명이 뒤따른다. 약간 유사한 기술이 강승개역의 첫 부분에 있는데(『무량수경』, 270a7-15; Gómez, 1996: 176), 여자가 없다는 것에 대한 이야기가 거기에 계속되지는 않는다.

32 전자의 논점에 대해서는 Harrison(1987: 76-79) 참조. 후자의 입장은 예를 들어 『테리가타 *Therīgāthā*』에 나타나는 것과 같은 주류파의 전승과 분명 맞지 않는다.

33 하나의 설명은, 이 점에서 『평등각경』은 『대아미타경』 그대로의 카피라는 것이다. 이는 또한 두 번역의 역자 문제의 어떠한 연구도 그것들의 밀접한 관계를 충분히 고려하여 적용해야 한다는 것을 상기시킨다.

34 '여자의 생각을 가진'이라는 표현은 물론 애매하지만, 여기에서는 이 중국어가 여자들이 생각한다는 것을 생각한다는 것은 아니고, 여자들에 대한 생각을 생각하는 것을 의미한다(애욕의 관념을 상술하면서)는 것은 분명하다. 전자의 의미의 명료한 인도어의 예로서 *Dīgha-nikāya* ii, pp.271-272 참조. 이 구절에서는 고피카적인 자가 여자의 생각 itthi-cittam을 버리고, 남자의 생각 purisa-cittam을 익히는 것으로서 남성 고파카로서 천계에 태어난다. 이 흥미로운 참고자료를 알아차리게 한 것은 켄트 블랙스톤이다.

35 『평등각경』에서는 대응하는 서원이 10번이다(p.281b6-7). "十. 我作佛時, 我國中人民有愛欲者, 我不作佛(십. 제가 붓다가 될 때, 만약 저의 나라에 있는 사람이 욕망을 가진다면 저는 붓다가 되지 않겠습니다)".

36 유일한 예외로는 법현보다 훨씬 후의 한역에서, 이미 살펴본 대로, 이 텍스트 초기의 본과 후대의 본을 다시 합치시키려는 의도를 반영하고 있는 것일지 모른다.

37 실제로 우리들에게 자명한 것은 논리적 문제가 있음을 모르고, 천녀의 존재에 대한 언급을 삽입시킬 정도로 다의적이고 개방적인 정신이다.

38 예를 들면 Harrison(1995) 참조.

39 두 가지 한역과 일치하는 티베트어 역으로 전하는 *Akṣobhya-tathāgatasya-vyūha*는 묘희국에 재생하는 여자들은 고통 없이 출산할 수 있고, 기타 이 세계에서는 여성의 숙명적 결함됨이 없다고 술하고 있다. 이에 대해서는 지루가참 역(『대정장』313, 755c26-756a2, 756b3-15) 혹은 보리류지 역(『대정장』310(6), 105b24-27, c18-23, Chang(1983: 323)에 부분역) 참조. 또한 Williams

(1989: 245) 참조. 본 장의 주제에 관해서는 Kwan(1985)에 의해 제기된 가설을 심각하게 고찰할 만하다. 그는 *Akṣobhya-tathāgatasya-vyūha*는 보다 고행자적인(林住의) 작자를 반영하고 있는 한편, 『수카바띠 뷰하』에는 보다 도시적이며, 은둔자적이지 않은 정신이 침투해 있어, 이 차이가 후자의 텍스트와 그것이 제기하는 신앙이 인기가 있었다는 것의 설명이라고 추측한다. 이 주장은 흥미와 동시에 문제를 가지고 있다. 그 하나는 묘희국에서 여자가 있다는 점이며, 다른 하나는–여기에서 우리들이 논의와 더욱 깊이 관련되는–『수카바띠 뷰하』는 당초의 지향성으로서는 훨씬 고행자적이었으나, 시간이 흐를수록 점차 그렇지 않게 되었다는 사실에 충분히 주의하지 않고 있다는 점이다. 이들 두 가지 성전의 비교에 의해 제기된 역사적 문제의 이 이상의 논의에 대해서는 장 나티에의 최근 논문이 있다.

40 예를 들면 Gross(1999: 65-66) 참조.

41 이것은 『수카바띠 뷰하』의 후대 번역자와는 다른 보디루찌 Bodhiruci이다.

42 『대정장』1524, 231a14-15, 232a2-9 참조. 해당하는 곳의 영역이 Kiyota(1978: 276, 282)에게 보인다.

43 다만 이 비교는 특정의 세부가 아니라, 일반적인 장려莊麗함의 비교라는 p.196의 쇼펜 자신의 견해에 주의. 필자는 이에 대해 의문을 가지고 있다.

44 이는 이른바 강승개역의 네 번째 서원이며(『무량수경』, 267c23-24; Gómez, 1996: 166 참조), 보리류지역에서도 마찬가지다(『如來會』, 93b20-21). 텍스트 속의 다양한 징후–그 모든 것을 본 장에서 다룰 수는 없지만–로 볼 때, 그것을 극락의 모든 주인이 모두 남성의 모습을 가진다는 것 이외의 의미로 보기 어렵다.

일본어 역주

본고는 Paul Harrison, "Women in the Pure Land: Some Reflections on the Textual Sources" (*Journal of indian Philosophy* 26: 553-572, 1998)의 일본어 역이다.

독자의 편의를 위해 원문에 없는 개행(改行)을 더한 부분이 있다. 또한 원문은 한역 텍스트를 각각 「T.361」과 같이 『대정장』 번호로 표기하고 있는데, 일본어 번역에서는 이를 바꾸어 『평등각경』 등의 약호를 사용하고, 본문 중에 경전명이 나오는 부분에 약호를 표시하였다(예, 『불설무량청정평등각경』(이하 『평등각경』)). 이 약호는 후지타(1975: 174)를 따랐다. 또한 고유명사는 일본어 문헌에서 일반적으로 사용하는 표기를 따랐다(예, Lokakṣema → 支婁迦讖).

참고문헌

시바타 토오루(柴田泰)

1966 「法賢訳出経典について－無量荘厳経を中心に」, 『印度学仏教学研究』第14巻2号, pp.620-624.

오기와라 운라이(荻原雲来) 外

1972 『梵·藏·和·英合璧淨土三部經(荻原雲来 訳,『梵和対訳 無量寿経』 및『梵和対訳 阿弥陀経』. 河口慧海 訳,『蔵和対訳 無量寿経』 및『蔵和対訳 阿弥陀経』. マクスミュラー· 高楠順次郎 訳,『英訳 浄土三部経』)(『淨土宗全書』第23巻, 東京: 山喜房佛書林(初版; 東京: 大東出版社, 1931).

후지타 코오타츠(藤田宏達)

1970 『原始浄土思想の研究』, 東京: 岩波書店.

1975 『梵文和訳: 無量寿経 阿弥陀経』, 京都: 法藏館.

Ashikaga Atsuuji

1965 *Sukhāvatī-vyūha*. Kyoto: Hōzōkan.

Chang, Garma C.C.

1983 *A treasury of Mahāyāna Sūtra: Serections from the Mahāratnakūṭa Sūtra*. University Park: Pennsylvania State University Press.

Cowell, E. B., Max Müller, F. and Takakusu J.

1894 *Buddhist Mahāyāna Texts(The Sacred Books of the East, Vol. XLIX)*. Oxford: Oxford University Press; reprinted Delhi: Motilal Banarsidass.

Dobbins, James

1995 'Women's Birth in the Pure Land as Women: Intimations from the Letters of Eshinni', *The Eastern Buddhist*, New Series 28(1): 108-122.

Fujita Kōtatsu

1980 *The Vow in the sanskrit Manuscripts of the Larger Sukhāvatīvyūha*, Sapporo: Department of Indian Philosophy, Faculty of Letters, Hokkaido University.

Gómez, Luis

1996 *The Land of Bliss: The paradise of the Buddha of Measureless Light: sanskrit and Chinese Versions of the Sukhāvatīvyūha Sutras*. Honolulu: University of Hawaii Press, and Kyoto: Higashi Honganji Shinshū Ōtani-ha.

Gross, Rita M.

1993 *Buddhism after Patriarchy: Feminist History; Analysis and Reconstruction of Buddhism*, New York: Sate University of New York Press.

Harrison, Paul

1987 'Who Gets to Ride in the Great Vehicle? Self-Image and Identity Among the Followers of the Early Mahāyāna', *Journal of the International Association of Buddhist Studies* 10(1): 67-89.

1990 *The Samādhi of Direct Encounter with the Buddhas of the Present*, Tokyo: The International Institute for Buddhist Studies.

1995 'Searching for the Origins of the Mahāyāna: What are We Looking for?', *The Eastern Buddhist*,

New Series 28(1): 48-69.

Kiyoto Minoru

1978 'Buddhist Devotional Meditation: A Study of the Sukāvatīvyūhôpadeśa', *Mahāyāna Buddhist meditation: Theory and Practice*, Edited by Minoru Kiyota, Honolulu: University Press of Hawaii. pp.249-296.

Kwan,Tai-wo

1978 'A Study of the Teaching Regarding the Pure Land of Aksobhya Buddha in Early Mahayana', Unpublished doctoral dissertation, University of California Los Angeles.

Nakamura Hajime

1987 *Indian Buddhisme: A Survey with Bibliographical Notes*, Delhi: Motilal Banarsidass; 1st ed., Japan.

Ning, Qiang

1992 *Dunhuang fojiao yishu*, Gaoxiong [Kao-hsiung]: Gaoxiong fuwen tushu chubanshe.

Schopen, Gregory

1977 'Sukhāvatī as a Generalized Religious Goal in Sanskrit Mahāyāna Sūtra Literature', *Indo-Iranian Journal* 19: 177-210.

Whitfield, Roderick

1995 *Caves of the Singing sands: Dunhuang: Buddhist Art from the Silk Road*, 2 vols. London: Textile and Art Publications.

Williams, Paul

1989 *Mahāyāna Buddhism: The Doctrinal Foundations*. London: Routledge.

제4장

『유마경』의 불국토

다카하시 히사오·니시노 미도리

1.
시작하면서

'현세에서의 불국토 건립'을 설하는 『유마경』

『유마경 *Vimalakīrtinirdeśa*』은 벨기에의 불교학자 에티엔 라모트 Étienne Lamotte에 의해 "대승불교의 지보(至寶 *le joyau de littérature bouddhique du Grand Véhicule*)"로 칭송되고, "생명이 약동하고 해학이 넘치며, 다른 대승경전과 같이 장황함도 없고, 불교제 논서가 지닌 전문성의 우월함이 없음에도 불구하고 지식과 지혜를 한결같이 얻게 한다"[1]고 높게 평가되고 있다. 이 『유마경』이 설하는 불국토를 한마디로 말한다면, '현세불토'이지 '타방불토'는 아니라고 할 수 있다. 그것은 릿차비 Licchavi[1)]의 청년 라뜨나까라(Ratnakara 寶積菩薩)로부터 "보살들에게 불국토의 청정이라는 것은 어떠한 것인가"라고 질문 받고나서, "중생이라는 국토가 보살의 불국토이다"라고 답한 세존의 말에 응축되어 있다. 불국토의 청정 – 정토 淨土 – 도 그것을 가져다주는 행 – 정화 淨化 – 도 어딘가 먼 곳에 있는 것이 아니고, 중생, 즉 우리들 자신에게 있다고 하는 것이기 때문이다.

『유마경』의 원제는 산스끄리뜨어로 비말라끼르띠니르데샤 *Vimalakīrtinirdeśa* – 비말라끼르띠의 가르침이라는 뜻 – 이며, 이 경전의 주인공은 비말라끼르띠 – 오염을 벗어났다는 명성을 가진 자 – 라고 생각되는 경향이 있지만, 이야기 전개 전체를 쭉 보게 되면, 이 경의 주축은 뭐라고 해도 '불세존 佛世尊의 중생구제라는 대원 大願'이다. 유마 維摩는 세존의 그 대원을 성취하기 위해 고향 아비라띠(Abhirati 妙喜世界)

1) 고대 네팔의 왕조.

를 떠나 사바Sahā 세계에 내생한 대보살이다. 그러나 중생교화를 위해 재가자로 몸을 바꾸고, 병을 가장하여 병 문안객을 끌어들여 대승의 법을 설하고 있다.

『유마경』의 알파(α)이며, 오메가(ω)[2]인 「불국품 佛國品 제1」

샤까야무니(Śākyamuni 釋迦牟尼)는 사바세계에서 '강강 剛强하여 교화가 어려운' 사나운 말 같은 중생들의 구제, 즉 예토穢土에 청정한 불국토를 건설하는 것을 비원悲願으로 하고 있다. 『유마경』의 「불국품 제1」에서는 세존이 보적보살을 필두로 하는 릿차비의 청년 오백 인의 질문에 대답하는 형태로 청정한 불국토 건설에 대해, 이를 위한 자료 및 건설 프로세스가 상세하게 설해지고 있다.

유마가 처음으로 등장하는 「방편품 方便品 제2」 이하 「향적불품 香積佛品 제10」까지는 어느 곳이든 「불국품 제1」에서 불설－붓다의 약설略說－을 유마가 보설－유마의 광설廣說－하고, 붓다가 설하신 불국토를 구현하여 제시하는 내용으로 되어 있다(표 1). 유마의 활동은 「불국품 제1」에서 세존이 성취한 업과 대응하고 있으며, 세존을 비추는 거울과 같다. 이러한 점으로 볼 때 「불국품 제1」은 『유마경』의 알파이자 오메가이며, '「불국품」만으로도 『유마경』은 완결된다'고 해도 과언은 아니다.

---

2) α(알파. 그리스 문자의 첫 번째 자모로서 대문자는 A, 소문자는 α로 표기하며, 처음 또는 시초라는 뜻으로 쓴다)이며, ω(오메가, 그리스어의 자모의 마지막 끝 글자로 대문자는 Ω, 소문자는 ω로 표기하며, 끝 또는 최후라는 뜻을 칭하기도 한다)이다.

2.
청정불국토의 기반－중생이라는 국토

‘불국토의 청정＝정불국토(淨佛國土 buddhakṣetrapariśuddhi)’[2]라는 것은 청정한 붓다의 국토를 건설하는 대승보살의 행이다. “보살들에 의한 불국토의 청정이란 어떠한 것입니까”라고 보적보살이 질문하자 세존은 먼저 “중생이라는 국토가 보살의 국토이다(satvakṣetram bodhisatvasya buddhakṣetram / I-12)”－I-12는 범문 텍스트의 장절章節 번호로서 제1장 12절의 의미. 이하 동일. 일본어 역은 타카하시高橋 / 니시노西野(2011)에 의함－라고 대답하셨다. 왜 그렇게 대답했을까 생각해보면, “중생들의 이익을 생기게 하는 것이 보살들에게는 불국토이기 때문이다(satvārthanirjātaṃ bodhisatvānāṃ buddhakṣetram / I-12)”. 또한 중생의 어떠한 이익을 가져오는 불국토인가에 대해서 세존은 다음과 같이 설하신다.

표 1 드라마 『유마경』(3막14장)의 스토리 전개

	이야기의 흐름	장면 설정과 사건	중심적 가르침	경전 내 관련 품
암라빨리 Amrapali의 정원	붓다의 설법 <삼보의 출현>	바이샬리 교외의 암라빨리의 회좌會座. 대고중 對告衆은 제자나 보살들	성문 및 보살의 덕과 대비對比. 불청자래不請自來하여 중생의 친구가 되고, 무연無緣의 자비를 행하는 보살	불국품 佛國品
암라빨리 Amrapali의 정원	불국토 건설의 원願 <보살의 원>	공양된 오백의 산개傘蓋를 하나로 합하고, 그 가운데 삼천대천세계를 시현한다【붓다의 신변 神變】. 보적보살의 찬불과 보살정토의 행에 대한 질문	무상보리 無上菩提에 발심한 젊은이들이 ‘보살정토의 행’은 어떠한 것인가를 질문한다.	불국품 佛國品

암라빨리 Amrapali의 정원	불국토 건설의 인행因行과 차제次第에 대한 교설 <붓다의 약설>	불국토 건설을 위한 실천 덕목이나 건설 과정이 설해진다. 장엄된 예토의 모습을 시현한다【붓다의 신변】.	‘수기심정즉불토정 隨其心淨則佛土淨’이라는 가르침. 불지 佛智로 본다면, 예토는 항상 청정하다.	불국품 佛國品
바이샬리 (Vaishali, 유마의 집)	유마가 보살행을 상설 詳說 <유마의 광설>	유마 등장. 방을 텅 비게 한다【유마의 신변】. 색신色身이 아니고 불신佛身을 구하도록 설한다(유마의 설법). 불제자와 보살들의 체험담. 문수와 대론. 사리불의 구좌 求座. 불가사의 해탈이 설해진다. 천녀와 사리불의 문답. 여래의 가계가 설해지고, 각종의 불이관不二觀이 개시 開示된다.	앓고 있는 유마(유마의 병은 대자비로부터 생긴다). 소승은 지탄하고, 대승은 찬탄하지만, 대소승의 구별을 넘어서 있다. ‘연꽃은 그야말로 진흙에서 핀다’, ‘비도 非道야말로 불도 佛道’라는 가르침. 모든‘이二’를 초탈하는 유마의 ‘침묵’에 의한 설법	방편품 方便品, 제자품 弟子品, 보살품 菩薩品, 문수사리문질품 文殊師利問疾品, 부사의품 不思議品, 관중생품 觀衆生品, 불도품 佛道品, 입불이법문품 入不二法門品
	정토 건립의 증좌 證左로서, 상방上方의 정불국토를 시현 示現)	보살만의 나라·묘향 妙香 세계를 시현示現한다【유마의 신변】. 그 땅의 보살들이 예토를 방문한다.	예토와 정토의 대비. ‘선을 쌓는 십종의 법’과 ‘청정한 불국토에 가는 팔종의 법’	향적불품 香積佛品
암라빨리의 정원	정토 건립의 실제에 대한 붓다의 설법	‘붓다의 활동’의 여러 가지. 유마의 출신이 밝혀진다. 묘희세계를 잘라내서 운반해온다【유마의 신변】.	‘<일체의 불법에 들어간다>라는 이름의 법문’. ‘<유진무진 有盡無盡이라는 이름의 해탈’이 설해진다.	보살행품 菩薩行品, 견아촉불품 見阿閦佛品
	법공양의 권유와 위촉 委囑 <귀의해야만 하는 경전의 부여(附與)>	법공양의 의의와 중요함이 이야기되고,『유마경』을 세세생생에 전승하는 수호자가 정해진다.	‘불가사의라는 해탈’을 설하는 이 법문을 수지 受持하라. 이 법의 공양에 의해 해탈이 보증된다.	법공양품 法供養品, 촉루품 囑累品

주: 품명은 구마라집 鳩摩羅什 역의『유마힐소설경 維摩詰所說經』에 의거한다.
참고:『유마경』에는 복수의 다른 제목이 붙어 있다.

1. 주된 경의 제목은 Vimalakīrtinirdeśa(유마힐소설).
2. 다음으로 중요한 제목 – 아마도 부제에 해당한다 – 은, Acintyadharmavimokṣaparivarta (불가사의해탈법문).
3. 세 번째의 제목은 범문 梵文과 장문 藏文에만 나오는 Yamakapuṭavyatyastanihāra, Phrugs su sbyar ba snrel zhir mṅon par bsgrubs pa로, ‘대구 對句를 담은 반어 反語를 이끌어낸 것’. 다만 우리들은 제3의 제목으로는 읽지 않고, 두 번째 경의 제목에 대한 형용구 내지 설명구 說

明句로서 파악한다.

① 중생의 행복을 증진하게 하는 불국토

보살은 중생들의 행복을 증진하도록, 그와 같이 불국토를 섭취攝取한다.

(yāvantaṃ bodhisatvaḥ satveṣūpacayaṃ karoti tāvad buddhakṣetraṃ parigṛhṇāti /)

② 중생을 교화하게 하는 불국토

중생들을 교화하도록, 그와 같이 불국토를 섭취한다.

(yādṛśaḥ satvānāṃ vinayo bhavati tādṛśaṃ buddhakṣetraṃ parigṛhṇāti /)

③ 중생이 불지佛智에 취입趣入하도록 하는 불국토

중생들이 불국토에 들어가 불지에 들어가도록, 그와 같이 불국토를 섭취한다.

(yādṛśena buddhakṣetrāvatāreṇa satvā buddhajñānam avataranti tādṛśaṃ buddhakṣetraṃ parigṛhṇāti /)

④ 중생에게 성자의 상相의 제근諸根-5근-이 생기도록 하는 불국토

중생들이 불국토에 들어가면, 여러 성자의 상相의 감관이 생기도록, 그와 같이 불국토를 섭취한다.

(yādṛśena buddhakṣetrāvatāreṇa satvānām āryākārāṇīndriyāṇy utpadyante tādṛśaṃ buddhakṣetraṃ parigṛhṇāti /)

①은 'yāvat- ~, tāvat- …'의 구문으로 '~이면, …이다'라는 조건이 표시된다. 중생의 행복을 증진한다는 조건을 채우도록 하는 국토 이외는 건립하지 않는다는 것. 한편, ②~④의 'yādṛś- ~, tādṛś- …'의 구문은, '~인 것처럼, 그와 같이 …'라고 번역되는 경우가 많다. 『모니어르 범영梵英사전 *M. Monier Williams A Sanskrit-English Dictionary*』을 보면, 'yādṛś-, tādṛś-'를 'anybody whatsoever; any one whatever'라고도 한다. '누구

라도, 무엇이든' 어찌되든 '중생의 행복을 기원하여'라는 뉘앙스가 느껴지고, 보살의 불국토 건설의 뜨거운 의욕과 절실한 원이 느껴진다.

게다가 '섭취한다'라고 번역한 parigṛhṇāti라는 말은 원뜻은 '거두어 취한다'이지만, 여기서는 '건립한다'는 의미이다.

3.
정불국토 淨佛國土의 대전제 – 정예불이 淨穢不二

이어서 세존은 말씀하신다. 그 보살의 불국토인 중생도, 중생을 위해 건립하는 불국토도, "일체 제법은 허공과 같은 것이다"라고.

말하자면 아난다여, 허공을 출현시키는 것을 원하고, 그처럼 건립하고자 해도, 허공은 건립할 수 없으며, 꾸밀 수도 없다. 그처럼 아난다여, 진실로, 일체법은 허공과 같은 것임을 알고, 보살은 중생을 성취시키기 위해, 그처럼 불국토를 건립하는 것을 원하고, 그처럼 불국토를 건립하는 것이다. 그러나 허공인 불국토는 건립할 수 없으며, 꾸밀 수도 없다.

(tadyathā ratnākara yādṛśam icched ākāśam māpayituṃ tādṛśaṃ māpayeta, na cākāśaṃ śakyate māpayituṃ nāpy alaṃkartum / evam eva ratnākara ākāśasamān sarvadharmāñ jñātvā, yādṛśaṃ icched bodhistvaḥ satvaparipākāya buddhakṣetraṃ māpayituṃ tādṛśaṃ buddhakṣetraṃ māpayati, na ca buddhakṣetrākāśatā śakyaṃ māpayituṃ nāpy alaṃkartum / I-12)

이처럼 '허공'이라는 시점에서 본다면, 중생도 정토도 사바도 같은 허공이며, '예토=정토'가 된다. 『유마경』은 '어떻게 해서 불국토를 정화하는가'를 주제로 하지만, 실제로는 '정예불이 淨穢不二'이며, '예토즉정토'이다. 본래는 불이 不二인 곳에 이二를 세우고, 무상 無相인 곳에 상 相을 세워서 정토 건립을 설하는 것은 불세존의 대비에 의한 능숙한 방편에 다름이 아니다. 세존은 예토의 거주자에 대해서, 구체적으로 보살도를 설하고, 중생 구제를 향한 길을 제시하고 있다. 그 점에서 『유마경』은 매우 실천적인 책이 된다.

그런데 앞에서 인용한 부분은 구마라집 번역본에서는, "譬如有人欲於[空地]造立[宮室隨意無礙]. 若於虛空終不能成. 菩薩如是. 爲成就衆生故願取佛國. 願取佛國者非於空也(『大正藏』14, 538a)"이며, 매우 유명한 일절이다. 그런데 범문 텍스트에는 '空地·宮室·隨意無礙'의 말은 찾을 수 없다. 구마라집이 번역한 범문 텍스트에 해당하는 어구가 있었는가, 혹은 구마라집의 개변 改變이 있었는가. 구마라집의 경전 해석 및 사상을 탐색하는 데에도 흥미 깊은 부분이다.[3]

4.
불국토 건설의 필요 자재 資材 – 18종 정토의 인 因

「불국품 제1」에서 정토를 가져오는 '19종의 인'–종래에는 구마라집의 번역에 입각하여 17종으로 이야기 되고 있었다–이 설해지고, 인으로서의 보살의 행이 성취되었을 때, 과 果로서의 중생이 거기에 태어난다고 설해지고 있다. 예컨대 "뜻[直

心]이라는 국토가 보살의 불국토이다. 그[菩薩]가 보리 菩提를 얻으면, 거짓이 없고, 기만이 없는 중생들이 불국토에 태어난다(āśayakśetraṃ bodhisatvasya buddhakṣetram, tasya bodhiprāptasyāśaṭhā amāyāvinaḥ satvā buddhakṣetra upapadyante // I-13)".

이들 정토의 인인 18항목은 그 성격에 비추어서 5단계로 나누어 생각할 수 있을 것이다(표 2).

표 2 '18종 정토의 인' 대조표

	산스끄리뜨어	지겸 支謙	구마라집 鳩摩羅什	현장 玄奘	티베트 (나가오(長尾) 역)
제1단 : 불국토의 건설에 임하는 보살의 출발점(3심+수행)					
①	āśaya-	무구 無求	직심 直心	②순의락 純意樂	올바른 의욕
②	adhyāśaya-	선성 善性	심심 深心	④상의락 上意樂	깊은 결의
③	prayoga-	–	–	③선가행 善加行	수행
④	bodhicitta-	홍기도의 弘其道意	보리심 菩提心*	①무상보리심 無上菩提心**	위대한 발심
제2단 : 불국토의 토대 · 자재가 되는 기본적인 실천 과제(육바라밀)					
⑤	dāna-	보시 布施	보시	수보시 修布施	보시
⑥	śīla-	지계 持戒	지계	수정계 修淨戒	계율
⑦	kṣānti-	인욕 忍辱	인욕	수안인 修安忍	인욕
⑧	vīrya-	정진 精進	정진	수정진 修精進	정진노력
⑨	dhyāna-	선사 禪思	선정 禪定	수정려 修精慮	선정
⑩	prajñā-	지혜 智慧	지혜	수반야 修般若	지혜 智惠
제3단 : 보살의 수행 · 행동의 구체적인 가이드라인					
⑪	catvāry pramāṇāni-	4등심 四等心	4무량심 四無量心	4무량	4종의 무한 無限
⑫	catvāri saṃgraha-vastu-	4은 四恩	4섭법 四攝法	4섭사 四攝事	사람들을(진리로) 가깝게 하는 4종의 사항
⑬	upāyakauśalya-	선권방편 善權方便	방편	교방편 巧方便	방편에 능숙한 것

⑭	saptatriṃśad-bodhipakṣa dharma-	37도품지법 三十七道品之法	37도품	37보리분 三十七菩提分	깨달음을 향한 적절한 수단으로써의 37종
제4단 : 보살의 중생에 대한 태도					
⑮	pariṇāmanācitta-	분류법화 分流法化	회향심 廻向心	수회향 修廻向	회향의 마음
⑯	aṣṭākṣaṇapraśama-deśanā-	설제8난 說除八難	설제8난	선설식제8무하 善說息除八無暇	8종의 불운한 천성을 벗어나도록 하는 설법
⑰	svayaṃ śikṣāpadeṣu vartamānā parā-pattyacodanatā-	자각불기피수 自覺不譏彼受	자수계행불기피궐 自守戒行不譏彼闕	자수계행불기피 自守戒行不譏彼	스스로는 계율의 조문을 능히 지키고, 타인의 과실은 입에 담지 않음
제5단 : 심선도업(十善道業)의 청정함이 불국토 모두를 덮음					
⑱	daśakuśalakarma-pathapariśuddhi-	정수십선지행 淨修十善之行	십선	십선도업극청정 十善道業極清淨	청정한 십선도업
1	niyatāyus-	불리우 不離偶	부중요 不中夭	수량결정 壽量決定	수명을 다하는 사람
2	mahābhoga-	대재 大財	대부 大富	대부	대자산가가 된 사람
3	brahmacārin-	범행 梵行	범행	범행	이성교제가 청정한 자
4	satyānuparivartinyā vācālaṃkṛta-	성제지어면우악도 誠諦之語免于惡道	소언성제 所言誠諦	소언성제	진실을 말하는 것으로 몸을 장식하는 자
5	madhuravacana-	언이유연 言以柔軟	상이연어 常以軟語	상이연어	말이 부드러운 자
6	abhinnaparṣad-	불별권속 不別眷屬	권속불리 眷屬不離	권속불리	가족 간에 불화 不和가 없는 자
7	bhinnasaṃdhāna-kuśala-	항여선구 恒與善俱	선화쟁송언필요익 善和諍訟言必饒益	선선밀의 善宣密意	다툼을 원만히 수습하는 일에 능숙한 자
8	īrṣyāvigata-	무유질만 無有嫉慢	부질 不嫉	이제탐욕심 離諸貪欲心	질투가 없는 자
9	avyāpannacitta-	제분노의 除忿怒意	불에 不恚	무진에 無瞋恚	화내는 마음이 없는 자
10	samyagdṛṣṭi-samanvāgata-	이정견회 以正見誨	정견	정견	바르게 보는 자

* 별본에는 '대승심 大乘心'으로 되어 있다.

** 실제로는 '발기무상보리심 發起無上菩提心'이다. 게다가 현장역 玄奘譯은 ○번호로 표시한 것처럼 발보리심을 선두에 두고 있다. 다음 항의 '불국토 건설의 시간적 요인'의 경우는, 산스끄리

뜨, 지겸, 구마라집은 보리심을 결하고 있으며, 티베트역과 현장만이 발보리심을 앞에 드러내고 있다(표3 참조). 또한 제5단의 십선업도의 표에서 ⑱의 아래에 제시한 1-10은, 십선이 성취될 때에 각각의 불국토에 태어나는 중생의 모습을 나타내고 있다.

제1단 직심 直心－심심 深心－(가행 加行)－보리심 菩提心【①~④】

보살의 출발점은 발보리심이며, 그 발보리에 앞선 것이 직심과 심심이다. 보살의 탄생에 빠질 수 없는 중요한 3심이기 때문에 선두에 제시되고 있다. 이들에 대해서 승조僧肇는 다음과 같이 설명하고 있다.

> 위의 3심은 공부를 시작하는 순서 있는 행이다. 그 대도를 넓히고자 한다면, 반드시 먼저 그 마음을 곧아야만 한다. 마음이 이미 참으로 곧은 연후에야 행이 능히 깊어진다. 행에 들어감이 이미 깊어졌다면, 즉 능히 넓게 운전함에 장애가 없다. 이것이 3심의 순서이다. 이 삼심을 갖춘 연후에 다음으로 6도度를 수행할 수 있다. (『대역(對譯) 주유마힐경(注維摩詰經)』, p.70)[3]

제2단 6바라밀 六波羅密【⑤~⑩】

3심 뒤에 구체적인 행이 밝혀지고 있는 것은, 발심한 보살에게는 계속해서 행동이 일어나기 때문이다.

제3단 가일층한 수행 가이드라인【⑪~⑭】

대승보살의 기본적인 수행 덕목인 6바라밀에 이어서 가일층한 수행 가이드라

---

3) 원문은 다음과 같다. 『大正藏』38, 335c. 上三心是始學之次行也. 夫欲弘大道要先直其心. 心既眞直然後入行能深. 入行既深則能廣運無涯. 此三心之次也. 備此三心然後次修六度.

인이 제시된다. 그것은 4무량심(四無量心, 慈悲喜捨의 4심), 4섭법(四攝法, 布施·愛語·利行·同事), 방편 善巧方便, 37도품 三十七道品이 그것이다.

제4단 보살의 중생에 대한 태도【⑮~⑰】

정토의 행에 매진하는 보살은 스스로의 선행의 결과를 중생을 향해 廻向, 깨달음의 방해가 되는 불운한 천성을 가진 중생에 대해서는 그것을 뛰어넘을 수 있도록 능히 설하고 說除八難, 중생이 자신과 같이 계를 지킬 수 없어도 결코 책망하지 않는다 自守戒行不譏彼闕.

이들 세 가지의 인의 과에 대해서는 다음 생에 태어나는 중생은 기록되어 있지 않고, 보살 성불 시에 '모든 공덕의 장엄을 가진 불국토가 나타난다', '일체의 악취 惡趣가 근절되고, 8난을 벗어난 불국토가 생기 生起한다', '죄악의 말마저도 불국토에서는 들리지 않는다'고 한다.

덧붙여서 야마구치 스스무 山口益(1950)는 회향에 대해서 다음과 같이 설명하고 있다.

> 회향 pariṇāma이란 to bend down(그쪽으로 몸을 기울이다), to turn aside(곁으로 향한다)가 현재 풀이되는 어의 語義이다. 진여법성 眞如法性에 통달한 자가 한없이 능 能과 소 所, 아 我와 아소 我所를 부정하는 수행을 행한다는 것은 아와 아소에 얽혀 있는 한없는 유정의 아와 아소가 부정되고, 즉 유정이 진여법성화되도록 한다는 것이다. 그것이 바로 진여법성의 공덕이 유정 쪽으로 몸을 기울여서 유정 쪽으로 향한다고 하는 회향이다. 그것을 진여법성의 증 證, 즉 보리 菩提가

시방세계에 회향되는 것이라고 한다. 시방세계의 계(界 dhātu)라는 것은 mine(광맥)의 의미이며, 그곳으로부터 금은 등의 보물이 채굴된다. 유정이라는 광맥이 진여법성화되고, 그것으로부터 공덕의 보물이 얻어진다는 의미에서 시방세계라는 것은 시방중생 외에는 없다. 시방중생에게 회향될 때, 진여법성의 각증覺證이 증장 확대된다. 회향되는 것에 의해 보리가 크게 된다. 그 대보리大菩提인 결과를 목적격으로 취하여, 대보리에 회향한다는 것이다. (山口, 1950 下, p.50)

제5단 십선업도 十善業道의 청정함－'보살정토의 행'의 완성【⑱】

십선업도 daśakuśalakarmapatha는 몸3(不殺生·不偷盜·不邪婬), 입4(不妄語·不惡口·不兩舌·不綺語), 뜻3(不慳貪·不瞋恚·不邪見)의 십선이며, 이것을 행함으로서 즐거움의 과를 가져오게 된다.[4] 거기에서 생하는 청정함이 일체를 덮고, '보살정토의 행'이 완성된다.

5.
불국토 건설의 행 行의 순서－시간적 인 因

앞 절에서 소개한 '18종 정토의 인'은 불국토 건설을 평면적으로 본 것이었다. 그것을 세로축, 즉 시간적 요인을 더해서 본 것이 '불국토 건설의 행의 순서', 또는 '불국토 건설의 시간적 요인'이다(표 3).[5] 범문 텍스트(I-14)는 다음과 같다.[6]

표 3 불국토 건설의 시간적 인

산스끄리뜨어	지겸 支謙	구마라집 鳩摩羅什	현장 玄奘	티베트 (나가오(長尾) 역)
			①발보리심 發菩提心	①깨달음에 의해 발심하는 것
①prayoga	①행 行	②발행 發行	③묘선가행 妙善加行	③수행
②āśaya	②명예	①직심 直心	②순정의락 純淨意樂	②올바른 의욕
③adhyāśaya	③생선처 生善處	③심심 深心	④증상의락 增上意樂	③깊은 결의
④nidhyapti	④수복 受福	④의조복 意調伏	⑤지식 止息	④통찰
⑤pratipatti		⑤행	⑥발기 發起	⑤(가르침에 따라) 실행하는 것
⑥pariṇāmanā	⑤분덕 分德	⑥회향 廻向	⑦회향	⑥회향
⑦upāya	⑥행선권 行善權	⑦방편 方便		⑦방편
			⑧적정 寂靜	
⑧kṣetrapariśuddhi	⑦불국정 佛國淨	⑨불토정 佛土淨	⑩엄정불토 嚴淨佛土	⑧국토의 청정
⑨satvapariśuddhi	⑧인물정 人物淨	⑧성취중생 成就衆生	⑨청정유정 淸淨有情	⑨중생의 청정
⑩jñānapariśuddhi	⑨정지 淨智	⑪지혜정 智慧淨	⑬청정묘혜 淸淨妙慧	⑩지 知의 청정
⑪deśanāpariśuddhi	⑩정교 淨敎	⑩설법정 說法淨	⑪청정법교 淸淨法敎	⑫설법의 청정
			⑫청정묘복 淸淨妙福	
	⑪수청정 受淸淨			
⑫jñānapratipattipariśuddhi			⑭청정묘지 淸淨妙智 ⑮청정묘행 淸淨妙行	⑬지 知를 완수하는 것의 청정
⑬svacittapariśuddhi	⑫정의 淨意	⑫심정 心淨	⑯청정자심 淸淨自心	⑭자신의 마음의 청정
		⑬일체공덕정 一切功德淨	⑰청정제묘공덕 淸淨諸妙功德	
			⑱엄정자심 嚴淨自心	
⑭buddhakṣetrapariśuddhi	⑬불국정 佛國淨	⑭불토정	⑲엄정불토 嚴淨佛土	⑮불국토가 청정하게 됨

주1: 표 가운데의 숫자는 각 본의 텍스트에 나오는 순번을 나타낸다.
주2: '불토청정'이라는 최종적인 과에 도달하는 데 '자심의 청정'이 빼놓을 수 없는 요인이라는 점을 강조하는 부분의 각 역문 譯文은 다음과 같다.
지겸: "이와 같이 동자 童子여. 보살은 불국을 청정하게 하고자 한다면, 마땅히 정의 淨意로서 여응 如應의 행을 해야만 한다."
구마라집: "이러한 까닭에 보적 寶積이여. 만약 보살이 정토를 얻고자 한다면 마땅히 그 마음을 깨

끗하게 해야만 한다."
현장: "이러한 까닭에 보살이여. 만약 엄정불토 嚴淨佛土를 근수 勤修하고자 한다면, 먼저 마땅히 방편으로서 자심을 엄정 嚴淨해야만 한다."
티베트(나가오 역): "그런 까닭에 젊은이여. 불국토의 청정을 원하는 보살은 자신의 마음을 깨끗하게 하는 것에 힘써야만 한다."

≪불국토 건설의 시간적 인≫

① yāvanto bodhisatvasya prayogās tāvanta āśayāḥ /

보살에게 **가행** 加行이 있는 한, **직심** 直心이 있다.

↓

② yāvanta āśayās tāvanto 'dhyāśayāḥ /

직심이 있는 한, **깊은 심심** 深心이 있다.

↓

③ yāvanto 'dhyāśayās tāvantyo nidhyaptayaḥ /

심심이 있는 한, **통찰**이 있다.

↓

④ yāvanto nidhyaptayas tāvantyaḥ pratipattayaḥ /

통찰이 있는 한, **실천**이 있다.

↓

⑤ yāvantyaḥ pratipattayas tāvantyaḥ pariṇāmanāḥ /

실천이 있는 한, **회향**이 있다.

↓

⑥ yāvantyaḥ pariṇāmanās tāvanta upāyaḥ /

회향이 있는 한, **방편**이 있다.

↓

⑦ yāvanta upāyās tāvantyaḥ kṣetrapariśuddhayaḥ /

방편이 있는 한, **국토의 청정**이 있다.

↓

⑧ yādṛśī kṣetrapariśuddhis tādṛśī satvapariśuddhiḥ /

국토가 청정한 것과 같이, **중생도 청정**하다.

↓

⑨ yādṛśī satvapariśuddhis tādṛśī jñānapariśuddhiḥ /

중생이 청정한 것과 같이, **지智도 청정**하다.

↓

⑩ yādṛśī jñānapariśuddhis tādṛśī deśanapariśuddhiḥ /

지가 청정한 것과 같이, **설시說示도 청정**하다.

↓

⑪ yādṛśī deśanāpariśuddhis tādṛśī jñānapratipattipariśuddhiḥ /

설시가 청정한 것과 같이, **지智의 실천도 청정**하다.

↓

⑫ yādṛśī jñānapratipattipariśuddhis tādṛśī svacittapariśuddhiḥ /

지의 실천이 청정한 것과 같이, **자신의 마음도 청정**하다.

tasmāt tarhi kulaputra buddhakṣetraṃ pariśodhayitukāmena bodhisatvena svacittapariśodhane yatnaḥ karaṇīyaḥ /

그 까닭에 실로, 선남자여, 불국토를 청정하게 하고자 원하는 보살은, 자신의 마음의 정화에 노력해야만 한다.

↓

⑬ yādṛśī bodhisatvasya cittapariśuddhis tādṛśī buddhakṣetrapariśuddhiḥ saṃbhavati //

[그것은 왜 그런가 하면], 보살의 마음이 청정한 것과 같이, **불국토도 청정**하기 때문이다.[7]

'불국토 건설의 행의 순서'의 해석

이상의 흐름을 추적하면서 불국토 건설의 각 계단들을 검토하여 추가하고자 한다. 먼저 산스끄리뜨의 구문상 주목하고자 하는 것은, ①의 가행加行으로부터 ⑦의 방편方便까지는 'yāvat ~ , tāvat …'의 구문으로, '~인 한, 그 만큼 …'이라는 의미로 이해된다. 그런데 ⑧의 국토의 청정으로부터는 'yādṛś ~, tādṛś …'의 구문으로, '~인 것과 같이, 그와 같이 …'로 변화하고 있다. 'yāvat ~, tāvat …'는 '~이 있으면, …가 있다'라고도 번역되고, 조건을 나타내는 것으로부터 ①~⑦에서는 이웃하는 행에 인과관계가 있다고 이해할 수 있을 것이다. 한편, 'yādṛś ~, tādṛś …'는 '18종 정토의 인'에서도 사용되었는데, 인과관계는 사라지고, '국토가 청정한 것과 같이, 그대로 중생은 청정하다'라는 의미가 된다. 이 표현상의 변화는 13단계를 둘로 나누고 있다-①~⑦과 ⑧~⑬-고 생각된다.

≪제1부분≫

① 가행加行으로부터 직심直心

구마라집 역, 현장 역, 티베트 역에서는 직심(直心· āśaya)의 뒤에 가행(加行

prayoga)이 오고 있는데, 범문 텍스트에서는 '가행'이 먼저이다. 지겸 역도 '행'부터 시작하고 있다. 또한 산스끄리뜨문에는 없는 '발보리심 發菩提心'이 현장 역과 티베트어 역에서는 가행에 앞서 기록되어 있다. 산스끄리뜨문에 차이가 있었던 것인가, 현장 또는 티베트어 번역자가 보충한 것일까.

② 직심으로부터 심심 深心

가행에 의해 작용하기 시작한 의지는 차례로 강고强固해진다. 그것이 심심(深心 adhyāśaya)이며, 직심(直心 āśaya)에 접두어 adhi-가 붙은 형태이다. adhi-에는 expresses above(먼 위쪽), over and over(한층 더하여) 등의 의미가 있다. 현장 역의 증상의락 增上意樂이 그것에 해당한다. 강고하게 되고, 강고해지고, 의욕적으로 신장되어가는 양태가 나타나고 있다.

③ 심심으로부터 통찰 洞察

의지가 강고함으로 인해 바로 가행하여 나아가면, "행 行이 피안 彼岸에 접하여 차안 此岸의 행이 부정되고, 능행 能行 및 소행 所行의 탈락 脫落의 경지가 보이기 시작한다"(山口, 1950下: 48)고 한다. 그 상태가 nidhyapti로서 reflection, philosophical meditation의 의미가 있으며, 고요해진 명상상태 禪定를 지칭한다. 구마라집의 '의조복 意調伏', 현장의 '지식 止息'의 해당한다.

④ 통찰로부터 실천

보살은 고요해진 명상상태에서 가령 기분이 좋아도 거기에 머물지는 않는다. '능행能行 및 소행所行 탈락脫落의 경지'로부터 행으로 나아간다. 범어의 pratipatti에는 giving(주는 것), granting(인정하는 것), bestowing on(하사하는 것), causing(초래하는 것), effecting(영향을 주는 것), action(행동), homage(경의), confidence(자신), assurance(확신) 등의 의미가 있다. 내면에 정定을 얻은 보살은 자신을 가지고 중생에게 주는 행동을 하여 중생에게 영향을 미친다고 이해할 수 있다.

⑤ 실천으로부터 회향廻向

보살의 영향이 미치면, 중생도 보살에 가까워진다. 그 결과, 보살의 선행에 의한 과果가 중생에게 미친다. 그 지점을 화향이라 말하고 있는 것이리라. 범어의 pariṇāmanā에는 bringing to full development(완전한 성장을 가져온다)라는 의미가 있다. 이는 중생을 향한 보살의 원이 실현되어가는 과정을 말하고 있다.

⑥ 회향으로부터 방편方便

보살의 선행이 중생에게 파급되어가는 그때, 보살은 한 사람 한 사람의 근기에 비추어 무량수의 접근을 취한다. 그것이 upāya, 즉 upa + √i(접근하여 도달한다)라는 것이다. 보살이 중생성취衆生成就를 서원하고, 한 사람 한 사람에게 상응하는 방편을 강구하여 접근한다.[8]

⑦ 방편으로부터 국토의 청정

보살이 무량한 방편을 가지고 중생에게 접근할 때의 upāya 方便는 a means of success against an enemy(적을 함락시키는 방편)라는 의미도 있다. 이 경우의 적은 중생을 고苦에 빠뜨리게 하는 무명 無明이며, 번뇌이다. 지금이야말로 그것이 함락되었기 때문에 보살의 국토는 청정하게 되었다. 환언한다면, 보살의 진여법성 眞如法性의 공지 空智가 보살의 국토 전체에 미쳤다는 것이다. 구마라집과 현장도 '국토의 청정'보다 '중생의 청정'이 먼저 오고 있다. 지겸은 산스끄리뜨문과 같이 국토가 중생의 앞에 오고 있다.

≪제2부분≫

⑧ 국토의 청정은 중생의 청정

국토의 구석구석에 보살의 진여법성의 공지 空智가 미치게 되면, 그곳에 있는 중생도 또한 청정하게 된다.[9]

⑨ 중생의 청정은 지智의 청정

보살의 국토가 청정하게 되고, 중생이 청정하게 된다. 그 결과, 지(智 jñāna)가 청정하게 된다는 것은 무엇을 말하는가. jñāna에는 knowledge about anything cognizance의 의미가 있으며, 현실세계, 세간에서의 인식 가능한 대상을 향한 지식, 경험에 의해 쌓여온 지식이다. 따라서 분별의 작용이 있다. 그것이 청정화되어 무분별지 無分別智가 된다는 것은 이 단계이다.

⑩ 지의 청정은 설시說示의 청정

중생에게 무분별지가 작용하게 되면, 설시가 깊이 이해된다. 그것이 설시의 정화이다.[10]

⑪ 설시의 청정은 지의 실천의 청정

설시에 의해 청정화되면, 자의 실천에서도 청정화되어 간다. ④에서 실천의 통찰-깊은 명상상태-로부터 생긴 '자신自信으로 충만한 행위'였지만, 여기에서는 그 자신이라는 아我가 탈락한다.

⑫ 지의 실천의 청정은 자신의 마음의 청정

지금까지의 과정을 밟아서 아我·아소我所의 집착이 없어진다. 그것이 '자신의 마음의 청정'이다. 산스끄리뜨어는 sva-citta-pariśuddhi이다. sva-에는 a man of one's own people or tribe, a kinsman, relative, relation, friend; one's own relation, one's own people 등의 의미도 있다. 어느 쪽이든 '부족, 친족, 일가, 친구' 등의 의미이며, 이것을 보살의 국토에 사는 국민·종족으로서의 중생의 뜻으로 이해할 수도 있을 것이다.

⑬ 자신의 마음의 청정은 불국토의 청정

보살의 국토에 사는 중생의 마음이 깨끗해지는 것에 의해 국토의 청정은 완성을 본다. 그것이 '보살 성불의 때'이며, 그때의 국토는 어느새 단순한 kṣetra(region, country)가 아니고, buddhakṣetra(Buddha's district, the country in which a Buddha appears)인 것이다.[11]

여기에서 단계처럼 제시된 '보살정토의 행의 순서'는 실제로는 시작도 끝도 없는 둥근 고래와 같은 것으로서, '먼저 최초에 자신의 마음이 청정하지 않으면 안 된다'라는 견해도 가능하며, '그것은 최종 목표로서 발심이 출발이다'라는 견해도 가능하다. 본래는 순서를 정해서는 안 되는 곳에 일부러 순서를 정해 교시한 붓다의 방편에 의한 차례라고 말할 수 있을 것이다.

'수기심정즉불토정 隨其心淨則佛土淨'의 해석

앞에서 개관한 '불국토 건설의 행의 순서'의 마지막에 보이는 '보살의 마음이 청정한 것과 같이, 불국토도 청정하기 때문이다(yādṛśī bodhisatvasya cittapariśuddhis tādṛśī buddhakṣetrapariśuddhiḥ saṃbhavati / II-14)'는, 구마라집 역의 '수기심정즉불토정(「불국품 제1」, 『大正藏』14, 538c)'[12]으로 유명하다. 종래에 '그 마음의 깨끗함에 따라, 즉 불토가 깨끗해진다'라고 읽고, '심정心淨'이 '불토정佛土淨'의 조건인 것처럼 이해되어왔다. 그것이 적절한지 어떤지를 검토해보고자 한다. 먼저 여기에서 말하는 마음이라는 것은 어떠한 마음인가. 제3장 34-35절의 유마의 말에 주목해보고자 한다.

> 대덕 우빨리(Upāli 優波離)여, 마음은 안에 머무는 것도 아니고, 밖에 있는 것이 아니고, 양자의 중간에서도 얻을 수 없습니다. 마음과 마찬가지로 죄도 같고, 죄와 마찬가지로 일체제법一切諸法도 같으며, 진여眞如를 떠난 것은 없습니다. (cittaṃ ca bhadantopāle nādhyātmapratiṣṭhitaṃ na bahirdhā nobhayam antareṇopalabhyate / yathā

cittaṃ tathāpattiḥ, yathāpattis tathā sarvadharmāḥ, tathatām na vyativartante / III-34)

대덕 우빨리여. 일체중생의 마음도 그와 같은 본성을 갖추고 있는 것입니다. 대덕 우빨리여. 분별이 오염이며, 분별이 없는 것과 망분별妄分別이 없는 것이 (마음의) 본성입니다. 전도顚倒가 오염이며, 전도가 없는 것이 본성입니다. 나를 세우는 것이 오염이며, 무아無我가 본성인 것입니다.

(tatprakṛtikāni bhadantopāle sarvasatvānāṃ cittāni / saṃkalpo bhadantopale kleśaḥ, akalpāvikalpā ca prakṛtiḥ / viparyāsaḥ saṃkleśaḥ, aviparyastā ca prakṛtiḥ / ātmasamāropaḥ saṃkleśaḥ, nairātmyā ca prakṛtiḥ / III-34～35)

『유마경』에서는 결코 오염된 것이 없는 '자성에서부터 본래 청정한 마음'이 설해져 있다. 라모트에 의하면, 『유마경』은 '청정심'을 설한 소승학파와 '청정심'을 '여래장如來藏'으로 보고 일체중생에게 불성이 있다고 주장한 『승만경勝鬘經』 등 비교적 새로운 대승경전과의 사이에 위치하며, 『유마경』의 청정심은 『반야경般若經』에서 말하는 '비심非心의 심(心 cittam acittam)'에 해당한다.[13] 즉, '청정한 마음cittaṃ prabhāsvaram'이라는 것은 순수하면서도 단순하게 '마음의 비존재cittābhāvamātra'를 지칭하는 것이다.

또한 『유마경』은 현상세계의 모든 기반pratiṣṭhāna을 부정하지만, 앞에서 언급한 것처럼 제3장 24절에서는 '마음은 안에 머무는 것도 아니고, 밖에 있는 것이 아니고, 양자의 중간에서도 얻을 수 없습니다'라고 마음의 비존재를 설하고, '마음에는 청정한 본성이 있으며, 그 마음의 청정한 본성이 오염되는 일이 있을 것인가'라고 주장하고 있다.

마음은 '자성에서부터 본래 청정한 마음'이기 때문에 '수기심정隨其心淨'은 '그 마음이 깨끗하다면'이라는 조건의 의미가 아니고, '그 마음이 깨끗한 것이기 때문에'라고 읽는 것이 타당하다. 그래야 산스끄리뜨의 구문에도 합치된다. 불국토에 대해서도 '마음이 깨끗하다면'이라는 조건에 의하지 않고, 본래 청정하다는 것이 샤리뿌뜨라舍利弗에 대한 세존의 말로부터 분명하다.

> 실로 샤리뿌뜨라śāriputra여. 여래의 불국토는 청정하다. 그러나 너희들은 그것을 보지 않는 것이다.
>
> (pariśuddhaṃ hi śāriputra tathāgatasya buddhakṣetraṃ yūyaṃ punar idaṃ na paśyatha / I-15)

극단적으로 언급하자면, 마음도 불국토도 본래 청정하며, 그것이 보이지 않는 것은 보는 자의 과실이 된다. 자성에서부터 청정하기 때문에 그 실현이 기대될 수 있고, 정화에 힘쓰는 것이 가능하다. 그러기 때문에 '마음의 정화淨化에 노력하라'고 권해지고 있다.

6.
본래 청정한 불국토의 출현을 방해하는 요인 – 병의 근본 원인

있는 것이 보이지 않고, 없는 것이 보이는 전도된 세계에 사는 것이 중생이다. 그 중생의 병을 알리기 위해 유마는 세존불과 일체가 되어 중생교화에 앞장서서 몸을 던지고 있다. 유마는 스스로의 몸에 병을 드러내고, 사람들을 끌어 모아 "어떤 원인으로 인해 병이 생기는 것인데, 그것을 이해시키기 위해서 그들에게 법을 제시하리라(yato nidānāc ca punar vyādhir utpadyate tasya parijñāyai tebhyo dharmaṃ deśayiṣyāmaḥ / IV-14)"라고 한다. 그리고 그 병의 원인에 대해서는 "소연所緣이라는 원인을 소연으로 하는 한, 그만큼 병의 원인이 있다(yāvatādhyālambananidānam adhyālambate, tāvad vyādhinidānam / IV-14)"라고 한다. 이 병의 근본 원인이 없어졌을 때, 중생은 본래 청정한 불국토를 볼 수 있고, 청정불국토가 실현된다.

그렇다면 '병을 끊는다 vyādhiprahāṇa'라는 것은 무엇을 말하는 것인가. 그것은 '아(我 나)와 아소(我所 나의 것)를 벗어나는 것 ahaṃkāramamakāraprahāṇa'이며, 그것은 '둘 二을 벗어나는 것 dvayavigama'에 다름이 아니다. '둘을 벗어나는 것'은 '안과 밖을 의도하지 않는 것 adhyātmaṃ bahirdhā cāsamudācāraḥ'이며, 그것은 '평등성에 의해 움직이는 것도 흔들리는 것도 없는 것 samatayācalanatāpracalanatā'이라고 설해져 있다. 이 평등성에 의하면, "병은 [공성 空性과] 별도의 것이 아니고, 공성은 [병과] 별도의 것이 아니다. 병이야말로 공성인 것이다(nānyo vyādhir nānyā śūnyatā kartavyā / vyādhir eva śūnyatā / IV-12)"라고 하는 결론에 이른다.

요약하자면, 사람은 이것인가 저것인가의 둘을 취하기 때문에 병을 발생시키고, 자성청정 自性清淨한 불국토가 보이지 않게 되며, 본래 정토인 국토가 예토 穢土로 변화하고 있다는 것이다. '불이 不二의 법문'은 '청정불국토를 향한 문'에 다름이 아닌 것이다. 둘에 잡혀서 우왕좌왕하는 사바 중생의 치료자로서 아촉여래(阿閦如來, 즉 不動如來)의 밑에서 부동을 실천한 유마는 참으로 적절한 역할 담당자였다.

또한 야마구치(1968)에 의하면, 불이 不二는 "형이상학적 개념이 아니고, 자타평

등 自他平等이라는 붓다의 자비의 실질적인 움직임이며, 매우 실천적인 것"이다. "(붓다는) 스스로 정각正覺의 해탈락解脫樂에 머물러 그 속에 틀어박혀 있을 수는 없으며, 거기에서는 저절로, 스스로와 전 인류를 평등화to equalize하는 쪽으로 향한다. 그곳에는 자타평등의 실천이 이루어질 수 있게 된다"[14]는 것으로 그 실천이 불이인 것이다. 즉, 불이는 'passion(suffering 苦惱)을 communize(to make common property 공유물로 한다)한다'는 의미로서의 compassion 慈悲[15]에 다름이 아니다. 말하자면, 불이는 중생구제에 움직여 행하지 않고서는 앉아 있을 수 없는 자비 그 자체이며, 논해야만 하는 사고 대상이 아닌 것이다. 그렇기 때문에 유마가 '불이'를 '침묵'으로서 보인 것은 이치의 당연함이었다고 말할 수 있다.

7.
『유마경』에 보이는 타방정토 건립 사상 – 『아촉불국경 阿閦佛國經』의 영향

'예토즉정토穢土卽淨土'를 설하는 『유마경』에 타방정토他方淨土를 설하는 것처럼 보이는 부분이 있다. 그것은 유마의 신변神變에 의해 아촉여래가 통치하는 아름답고 매혹적인 –아비라띠 Abhirati 세계–를 본 사람들이 "사바세계에서 멸한 뒤에 그와 같은 세계에 도달하기 위해서는 어떻게 하면 좋은가"라고 묻고, 그것에 대해 세존이 대답하는 장면이다.

[세존이] 말씀하셨다. "제군이여, 이와 같은 불국토를 손에 넣기를 원하는 보살

은 아끄쇼브야 Akṣobhya 여래의 보살행을 따라야만 한다." … 모든 사람들은 아비라띠 Abhirati 세계에 태어나고 싶다고 서원을 세웠다. 세존은 그들 모두에게 아비라띠 세계에 태어날 것이라고 예언하셨다.

(āha: īdṛśaṃ mārṣāḥ buddhakṣetraṃ parigrahītukāmena bodhisatvenākṣobhayasya tathāgatasya bodhisatvacaryāyām anuśikṣitavyam / … sarvaiś cābhiratyāṃ lokadhātau praṇidhānam utapāditam upapattaye / te sarve bhagavatā vyākṛtā abhiratyāṃ lokadhātāv upapattaye / XI-7)

현세정토 건설을 설하는 『유마경』에 타방정토 지향志向이 제시되고 있는 것처럼 보이는 부분이 있다. 그러나 여기에서 아촉불국 阿閦佛國에 태어나기 위해서는 '아촉여래의 보살행을 따라야 하는 것'이 조건이 되어 있는 점에 주목하지 않으면 안 된다. 유마도 고국에서 행했을 것으로 보는 아촉여래의 보살행은 어떠한 것이었던가, 『아촉불국경 阿閦佛國經』에 비추어 본다면, 비구로서의 서원("일체의 중생, 벌레에게도 진에 瞋恚를 일으키지 않는다"로 시작하는 9항목), 아촉보살로서의 서원("염불 및 일체지 一切智에 상응하지 않는 말을 발하지 않는다" 이하의 12항목), 성도 成道가 예언된 아촉보살의 서원-"이 나라의 비구·비구니·우바새 優婆塞·우바이 優婆夷 가운데 죄악을 범하는 자는 없다" 이하의 5항목-으로 통산 20유예 猶豫의 원[16]이 제시되고 있다. 이와 같은 엄격한 보살의 행원의 성취가 통상적인 형태로서, 이행도 易行道와는 거리가 있다.

더구나 『아촉불국경』과 「소품반야 小品般若」의 성립연대에 대해서는, 아카누마 치젠 赤沼智善 설, 시즈타니 마사오 静谷正雄 설, 또는 히라카와 아키라 平川彰 설에 따르면 모두 『아촉불국경』은 「소품반야」에 선행하는 것으로 확인되고 있으며,[17]

또한 이들 두 경전이 사상적으로 동일한 체계를 따르고 있는 것이 분명하다. 그렇다고 한다면, 『아축불국경』 → 「소품반야」 → 『유마경』이라는 흐름이 예상된다. 유마의 고향이 묘희세계 妙喜世界라는 경전 속의 '사실 事實'은 경전 성립의 선후와도 일치하게 된다.

위에서 언급한 선행 연구의 결과에 비추어 『유마경』은 『아축불국경』을 요람으로 하여 「소품반야」에 의해 키워지고 탄생된 경전이라고 할 수 있을 것이다. 따라서 『유마경』에는 최고 最古의 정토경전으로 알려진 『아축불국경』과 공空을 설하는 『반야경』 양자의 영향이 보인다. 『유마경』의 각 장에 대한 양 경전의 영향을 대충 보게 되면 표 4에 제시하는 것과 같다.

표 4

품명 品名	주요 테마	『아축불국경』의 영향	『반야경』의 영향
불국품 佛國品	보살의 정토 淨佛國土	○	
방편품 方便品·문질품 問疾品	보살의 방편	○	
제자품 弟子品·보살품 菩薩品	소승과 대승 菩薩의 정신	○	○
문질품·관중생품 觀衆生品	중생의 육체와 여래의 법신	△	○
불도품 佛道品	진정한 불도 非道의 道		○
입불이법문품 入不二法門品	불이 不二사상·중도관		○
보살행품 菩薩行品· 견아축불품 見阿閦佛品	불국의 행 行·불국의 과 果	○	

참고: 구마라집 역 『유마힐소설경 維摩詰所說經』, 나가오 가진 長尾雅人 역 『개정 改訂 유마경 維摩經』, 『불설아축불국경 佛說阿閦佛國經』, 가지야마 유우이치 梶山雄一 역 『8천송반야경 八千頌般若經』

또한 아축불국에로의 왕생 往生을 설하는 세존의 말로부터 '『유마경』은 아축불국에 대한 안내서였다'라는 견해도 가능할지 모른다. 적어도 『유마경』의 작자가 『아축불국경』에 정통하였다는 것은 분명하다. 또한 포탈라궁Potala Palace에서 범문사본梵文寫本이 발견될 때에 붙어 있던 표제가 Abhiratiyogabhātvana-yanākṣobhyotothāgatarśana 如來得不動妙樂光明瑜伽星曜經이었다는 점에도 주의를 기울이지 않으면 안 된다.[18] 『유마경』 제11장의 타이틀인 Abhiratiloka-dhātvānayanākṣobhyatathāgatadarśanaparivarta ekādaśaḥ(아비라띠 세계를 시현하여 아끄쇼브하여래를 드러내는 장 제11)가 오기誤記된 것인가, 또는 제11장의 제목에 의해 경전 전체를 나타낸 것인가 판단하기 어려운 부분이다.

아촉불국에의 왕생의 단락은, 「불국품」에서 붓다의 신변 등과 같이 중생을 인도하는 하나의 수단으로써 취급된 것으로 보는 것이 적당할 것이다. 어쩌면 또한 유마를 아촉여래 나라 출신이라고 설정함으로써 『유마경』의 가치를 끌어올리는 상황이 있었던 것일지도 모른다.

8.
마무리하며

『유마경』의 제1장 '불국토 청정의 유래(「불국품 제1」)'를 중심으로 『유마경』의 불국토에 대해서 그 성격과 건립 방법 등을 살펴보았다. 그런데 그 불국토의 공성空性에 대해 라모트는 다음과 같이 언급하고 있다.

『유마경』의 몇 장면에서 불국토는 완전히 공空이라고 설해지고 있다. 허공과 같으며 ākāśasama, 자성을 결하며 svabhāvaśūnya, 정적이며 śānta, 비실재며 asiddha, 불변avikāra이다. 제불이 불국토를 드러내는 것은 오로지 중생구제를 위한 것이며, 어느 불국토도 기본적으로는 청정하며, 구별할 수 없다. 제 불국토를 순회하는 보살들은 그것을 텅 빈 공간으로 간주한다. 『대보적경』의 정형구定型句에 의하면 "모든 붓다는 오직 하나의 붓다이다. … 모든 불국토는 오직 하나의 불국토이다(一切諸佛唯是一佛. … 一切佛土唯一佛土)" (『大正藏』11, 493b).

불국토에 관한 이론은 세계의 공성과 절대불이絕待不二라는 틀로 파악된다. 불국토를 통치하는 여래들은 무언가 있는 것something으로서가 아니라, '봐야 할 것은 어떤 것도 없는 것처럼' 보이지 않으면 안 되는 것이며(XI-1), 그 불국토에서 '성숙하는' 중생들도 마찬가지로 존재하지 않는 것이다(VI-1). 마지막으로, 모든 존재는 허공과 같은ākāśasama 것이기 때문에 불국토 건설에 사용되는 자재資材는 전혀 존재하지 않는 것이며, 텅 빈 허공에서는 어떤 것도 세워질 수 없다(I-12).

따라서 불국토는 교화해야만 하는 중생들의 마음속에 세워지는 정신적 건조물에 지나지 않는다.[19]

또한 라모트는 불국토의 정화에 관한 보적보살과 그 동료들의 물음은, 『반야경』에서 제시되고 해결되어 있는 것으로서 『방광반야경放光般若經』(『大正藏』8, 136a20), 『마하반야바라밀경摩訶般若波羅蜜經』(『大正藏』8, 408b21), 『대반야바라밀다경大般若波羅蜜多經』(『大正藏』5, 411c14, 749c20) 등을 들어 다음과 같이 요약하여 보여주고 있다.

수부띠Subhūti가 붓다에게 여쭌다. "보살들은 어떻게 해서 불국토를 정화시켜야만 합니까?"

붓다가 대답하신다. "보살들은 처음부터 보리의 마음을 발할bodhicittotpāda 때부터 스스스로의 신체 kāya, 말 vāc, 마음 citta의 사악한 행위 duṣṭhulakarman를 제거하고, 그것에 의해 다른 사람의 같은 행위도 정화한다. 그 사악한 행위라는 것은 살생 prāṇātipāta으로부터 사견(邪見 mithyādṛṣṭi)에 이르는 10불선도업(十不善道業 akuśalakarmapatha)이다. 따라서 불국토를 정화한다는 것은 스스로의 마음을 정화하는 것에 다름이 아니고, 그것이 바뀌어 다른 사람들의 마음도 정화하는 것이다. 그 결과를 얻기 위해서 보살은 보살의 모든 미덕 guṇa을 모으는 것만이 아니고, 커다란 서원 mahāpraṇidhāna을 세우지 않으면 안 된다. 또한 보살은 그 서원에 의해 무량한 불국토를 취한다 apramāṇabuddhakṣetrapraṇidhānaparigṛhīta고도 이야기한다.[20]

『유마경』은 앞에서와 같이, 『반야경』에서도 설해지고 있는 '불국토의 정화'에 대해서 보살의 이상형으로서의 비말라끼르띠(Vimalakīrti 維摩)를 세워 매력적인 하나의 희곡 양식으로 다시 제시되고 있다고 말할 수 있을 것이다. 경 가운데 보살은 공성(空性 śūnyatā), 무상(無相 ānimitta), 무원(無願 apraṇihita)이라는 세 가지의 해탈문 vimokṣamukha을 행하고, 어떠한 불국토도 취하지 않는다. 그러나 그 지혜는 대비(大悲 mahākaruṇā)에 의해 완성되고, 중생구제의 방법에 숙달하고 있다 upāyakauśalya. 그와 같은 보살의 모습을 잘 나타내고 있는 한 문장을 제시하여 마지막을 장식하고자 한다.

모든 불국토는 궁극적으로 성겁 成劫도 괴겁 壞劫도 없는 허공을 자성으로 하고 있다고 관찰하는 것을 행경 行境이라고 하지만, 가지가지의 장엄이나 무량한 장엄을 가지고 불국토의 장엄을 시현 示現하는 것을 행경이라 하고 있다. 그것도 또한 보살의 행경이다.

(yad atyantāsaṃvartavivartākāśasvabhāvasarvabuddhakṣetrapratyavekṣaṇagocaraś ca nānāvyūhānekavyūhabuddhakṣetraguṇavyūhasaṃdarśanagocaraś ca, ayaṃ bodhisatvasya gocaraḥ / IV-20 ㉞)

---

1 tienne Lamotte (1962), AVANYT-PROPOS, p.v, '*Frémissant de vie et rempli d'humour, il n'a ni la prolixité des autres Mahāyānasūtra ni la technicité des Śāstra bouddhiques dont il partage cependant la science et l'information.*'

2 '정불국토 淨佛國土' 사상은 회신멸지 灰身滅智의 무여열반 無餘涅槃을 최고 이상으로서 추구하고 있던 원시불교나 부파불교의 시대에는 보이지 않고, 대승불교가 출현하면서 나타난 것이다. 후지타 코오타츠 藤田宏達(1970)의 연구에서는 "정불국토라는 것은 대승의 보살들이 각각 미래에 붓다가 될 때, 자신이 마땅히 출현할 국토를 청정화하는 것을 말한다. 국토를 청정화한다는 것은 그 국토를 형성하고 있는 중생을 안온하게 정청한 길로 들어가게 하는 것, 즉 불도를 완성시키는 것을 의미한다. 결국 대승보살이 자리이타 自利利他의 서원을 달성하는 것이며, 보살도의 이상을 실현하는 것을 의미한다. 따라서 이는 대승불교의 근본정신을 드러낸 것에 다름이 아니다(p. 509).

3 '欲於空地造立宮室'에 대해, 범문 梵文 텍스트에 의해 검토를 가한 니시노 西野의 개요를 다음과 같이 제시하고자 한다. 먼저 해당 부분의 한역 3본은 다음과 같다.
≪지겸≫ "譬如有人欲度空中造立宮室終不能成. 如是童子. 菩薩欲度人民故願取佛國. 願取佛國者非於空也(가령 사람이 있어, **공중을 건너 궁실을 만들어 세우고자** 하여도 끝내 이룰 수 없는 것과 같다. 이와 같이, 동자여, 보살은 인민을 제도하고자 하기 때문에 원해서 불국토를 취한다. 원해서 불국토를 취한다는 것은 **허공에서 하는 것이** 아닌 것이다)."
≪구마라집≫ "譬如有人欲於空地造立宮室隨意無礙. 若於虛空終不能成. 菩薩如是. 爲成就衆生故願取佛國. 願取佛國者非於空也(가령 사람이 있어, **공지(空地)에 궁실을 만들어 세우고자** 하는 것에는 뜻을 따라 장애가 없지만, 만약 허공에서는 끝내 이룰 수 없는 것과 같다. 보살도 이와 같다. 중생을 성취하게 하고자 하는 까닭에, 원해서 불국을 취한다. 원해서 불국을 취하는 것은 **허공에서 하는 것이** 아닌 것이다)."
≪현장≫ "譬如有人欲於空地造立宮室. 或復莊嚴隨意無礙. 若於虛空終不能成. 菩薩如是. 知一切法皆如虛空. 唯爲有情增長饒益生淨功德. 即便攝受如是佛土. 攝受如是淨佛土者非於空也(가령 사람이 있어, **공지(空地)에서 궁실을 만들어 세우고자** 함에, 혹은 또한 장엄하는 것에는 뜻을 따라 장애가 없지만, 만약 허공에서는 끝내 이룰 수 없는 것과 같다. 보살도 이와 같다. 일체법은 모두 허공과 같다는 것을 알아도, 오직 유정을 증장요익하고, 정공덕(淨功德)이 생기도록 하기 위해서 지체 없이 이처럼

불토를 섭취한다. 이와 같이 정불국토를 섭취하는 것은 **허공에서는** 아닌 것이다)."
문장의 길이에서는 지겸 역과 구마라집 역은 거의 같지만, 현장 역은 배에 가깝게 되어 있다. 그러나 기본적인 의미 내용에서는 크게 다른 점은 없고, "궁실의 건설은 허공에서는 아니고, 공지 空地에서야말로 방해 없이 생각대로 된다"라고 하고 있다. 그 주된 내용은 '중생요익 衆生饒益을 위해 그야말로 불국토는 건설되는 것이며, 중생이 존재하지 않는 허공에 세우는 것은 아니다'라는 뜻일 것이다. 그러나 「방편품」의 10유 喩나 「관중생품」에서는 수많은 비유를 통해 '중생은 존재하지 않는 것'이라고 설하고, 일체법공 一切法空을 주장한다. 그곳의 산스끄리뜨문을 보면, 구마라집 역에 있는 '궁실'이라는 말은 없고, '공지'라는 말도 발견되지 않는다. 전체의 주지 主旨는 '허공을 건설하고자 해도 만드는 것은 불가능하다. 이와 같이 중생을 위해서 불국토를 건설하고자 해도 불국토는 허공이기 때문에 건설될 수 없으며, 장식하는 것도 불가능하다'라는 것이다. 말하자면, '불국토라는 것은 어떠한 것이며, 그것이 건설되었을 때에는 어떠한 중생이 와서 태어나는가'라는 것을 18항목에 걸쳐 언급하기에 앞서 '실은 그 불국토라는 것은 허공이어서 건설할 수 없는 것이다'고 미리 이야기하고 있는 것이다.
티베트 역과 한역 대조하여 티베트 역에는 없는 '궁실'이라는 말이 왜 한역에 들어와 있는가에 대해서 야스이 코사이 安井広済(1970)는 다음과 같이 논하고 있다. 즉, '궁실'의 비유는 한역이 '허공'을 '공중'으로 이해하고, 불국토 건설의 장소가 아니라고 이해했기 때문에 생긴 것으로서, 이에 따라 이 말이 부가 附加된 것으로 보아야 할 것은 아닐까. 그러나 동사 mā는 영어의 build에 해당하고, 분명히 '무엇인가의 건조물'이라는 목적어가 함의 含意되어 있기 때문에 '궁실'은 부가되었다는 것보다도 동사에 포함되는 의미를 나타낸 것이라고 이해할 수 있는 것은 아닐까.
한편, '공지'라는 말에 대해서는 문제는 조금 더 복잡하다. 구마라집 역은 '譬如有人欲於空地造立宮室隨意無礙'가 되고, 실은 '空地·宮室·隨意無礙'의 어느 것도 범문 텍스트에는 없다. 그러나 구마라집은 『주유마힐경 注維摩詰經』에서 "범본에서 말한다"고 분명히 밝히고 있다. 구마라집이 저본 底本으로서 사용한 범문 텍스트가 오늘날 발견된 것과는 다른 것이라는 점도 고려할 필요가 있다. 그렇다고 한다면, 앞에서 언급한 것처럼 『유마경』의 주된 뜻에 합치되지 않고 의미가 명료하지 않게 된다.
현재 우리들이 손에 들고 있는 범문 텍스트에 비추어서 생각해본다면, ākāśam(m., sg., Ac.)의 대격 對格인 것을 '어허공 於虛空'의 처격 處格으로 읽어 '若於虛空終不能成'이 되며, 그 의미에 대응시키기 위해 '造立宮室隨意無礙'라는 번역이 되고, 그 조립의 장소로서 '공지'를 보완한 것으로도 고려된다. 현장 역도 기본적으로는 구마라집 역과는 다르지 않다. 그렇다면, 역시 범문 텍스트 자체가 달랐던 것일까. 혹은 전적으로 상상이지만, '허공의 조영은 불가능'이라는 점은 바르게 읽었지만 한역을 할 때에 '허공 → 아무것도 없는 곳 → 허공'이라고 의역하고, 이를 위해 무리하게 '隨意無礙'를 보충했다는 것도 하나의 가능성으로서 고려된다.
4 『대지도론 大智度論』에서 '정불국토'의 설명에도 '십선계 十善戒'가 포함되어 있다. "世尊이시여, 무엇을 菩薩摩訶薩의 淨佛國土라고 말합니까. 붓다께서 말씀하셨다. 菩薩은 初發意로부터 스

스로 몸의 麁業을 제거하고, 입의 麁業을 제거하고, 뜻의 麁業을 제거한다. 또한 타인의 身口意의 麁業을 깨끗하게 한다. 세존이시여. 무엇이 이 菩薩摩訶薩의 身麁業, 口麁業, 意麁業이 됩니까. 붓다께서 須菩提에게 말씀하셨다. 不善業은 殺生처럼, 邪見에 이르기까지 이를 菩薩摩訶薩의 身口意麁業이라고 이름 짓는다." (『大正藏』25, 706c2-7: 世尊. 云何菩薩摩訶薩淨佛國土. 佛言. 有菩薩從初發意已來. 自除身麁業除口麁業除意麁業. 亦淨他人身口意麁業. 世尊. 何等是菩薩摩訶薩身麁業口麁業意麁業. 佛告須菩提. 不善業若殺生乃至邪見. 是名菩薩摩訶薩身口意麁業.)

5 이 '불국토 건설의 행의 순서'에 대해서는 야마구치 스스무(山口益, 1950)의 연구에 탁견이 제시되어 있다. "범문의 완본은 아직 발견되고 있지 않은" 상황에서, "그 원의 原意가 있는 곳"을 충분히 또한 적절히 장악하고 있는 것에 경탄할 뿐이다.

6 불국토 건설의 차례를 지겸, 구마라집, 현장, 그리고 티베트 역과 비교해보면, 항목의 순서에 차이가 보인다. 범문 텍스트 자체가 다르게 되어 있었던 것인지, 아니면 번역자의 사상적 차이가 반영된 까닭이든지 어느 쪽이라도 흥미 깊은 부분이다.

7 에티엔 라모트는 『유마경』의 프랑스어 역 출판 후 얼마 안 되었을 무렵, "『유마경』의 그 부분이 『아함경』을 계승하고 있는 점을 깨닫지 못한 점이 거듭거듭 유감이지 않을 수 없었다"라고 하며, 야마구치 스스무 박사에게 사신 私信을 전했다고 한다. 야마구치 스스무 박사에 의하면, 심정(心淨 citta-vyavadāna)의 사상은 원시경전-'마음을 깨끗하게 하면, 중생도 세간도 깨끗해진다'라는 『아함경』 제10권이나 『법구경』 제1게 등-에서 『유마경』을 경유하여 세친 世親의 유식의 문류 門流인 안혜 安慧에 이르기까지-안혜가 지은 『중변분별론석소 中邊分別論釋疏』에는 "어느 경의 말"로서 "유연심 柔軟心을 얻어 정토를 획득한다"라는 언급이 보인다-면면 綿綿히 불교의 전통적 정신이었다(山口益, 1973: 427).

8 "진여법성 眞如法性이, 유한한 有なる 세상에 접근하여 도달하고, 그것에 의해, 유한한 有なる 세상은 진여법성을 향해 가는 길·방법을 얻는 것이다. 그것이 방편인 것이다. 국토의 구석구석에 보살의 진여법성의 공지가 미치게 되면, 그곳에 있는 중생도 또한 청정하게 된다(山口益, 1950下: 52)".

9 "청정세간지 淸靜世間智의 활동에 의해, 능소 能所에 걸쳐 있는 유정 有情의 집착을 부수고, 유정이 청정화되기 때문이다(같은 책, p.51)".

10 "우리들이 설법을 청문 聽聞하고, 우리들 중생의 능소, 아 我와 아소 我所가 파괴되는 것이다. 설법이 우리들을 청정하게 하는 작용인 것이다(같은 책, p.52)".

11 '불국토 건설의 차례'에 대해, 구마라집은 『주유마힐경 注維摩詰經』에서 전체적으로 다음과 같은 해석을 하고 있다. "직심 直心이라는 것은 청신 淸新을 가지고 불법을 믿는 것이다. 신심을 이미 세웠다면, 즉 능히 여러 선 善을 발하여 행한다 발행 發行한다. 여러 선이 이미 쌓이고, 이 마음은 한층 더 깊어진다. 더욱 깊어지게 되면, 즉 여러 악 惡을 따르지 않는다. 악을 버리고 선을 따르는 것, 이것을 조복 調伏이라고 이름 한다. 마음을 이미 조복하게 되면, 즉 선을 만나서 이를 행한다. 선을 만나 이를 행하게 되면, 즉 어려운 행도 능히 행한다. 어려운 행도 능히 행하기 때문에 능히 설한 것과 같이 행한다. 설한 것과 같이 행하게 되면, 즉 만

선萬善을 더불어서 갖추게 된다. 만선을 더불어 갖추기 때문에 능히 불도에 회향한다. 회향하여 점점 나아가는 것, 이것이 방편력方便力이다. 방편의 대요大要에는 세 가지가 있다. 이 세 가지를 다 구비하게 되면, 즉 능히 중생을 성취한다. 중생을 성취하게 되면, 즉 세 가지 인因을 구족한다. 즉, 정토를 얻는다. 국토가 청정해지면, 즉 중생은 한결같이 깨끗하게 된다. 중생이 한결같이 깨끗하게 되면, 즉 잡교雜敎를 설하지 않는다. 따라서 설청정說淸淨이라고 하는 것이다. 법을 받게 되면, 즉 아래의 삼정三淨을 갖춘다. 아래의 삼정을 갖추게 되면, 즉 화주化主와 덕이 같게 된다. 그러한 까닭에 일체정一切淨이라고 한다. 위의 장에서 널리 정국淨國의 행을 설함에도 불구하고 아직 행의 단계와 점차를 밝히지 않았다. 이 장은, 지극至極히 깊고 넓어서 갑자기 뛰어 넘어서서는 안 됨을 밝힌다. 아무쪼록 이를 잘 살피는 것에 길이 있다. 이것을 밟는 것에 순서가 있다. 그러므로 발적發迹의 처음에는 직심으로 시작하고, 이루는 것의 아름다움은, 즉 일체정으로 끝난다는 것을 설한다(『대역(對譯) 주유마힐경(注維摩詰經)』, pp.80-81). (역자 첨부: 『大正藏』38, 337a14-29: 心信佛法也. 信心既立則能發行衆善. 衆善既積其心轉深. 轉深則不隨衆惡. 棄惡從善是名調伏. 心既調伏則遇善斯行. 遇善斯行則難行能行. 難行能行故能如所說行. 如所說行則萬善兼具. 萬善兼具故能迴向佛道. 向而彌進是方便力也. 方便大要有三. 一善於自行而不取相. 二不取證. 画像三善化衆生. 具此三已則能成就衆生. 成就衆生則三因具足. 三因具足則得淨土. 土既清淨則衆生純淨. 衆生純淨則不說雜教. 故言說清淨. 受法則具下三淨. 具下三淨則與化主同德. 故曰一切淨也. 上章雖廣說淨國行. 而未明行之階漸. 此章明至極深廣不可頓超宜尋之有途履之有序. 故說發迹之始始於直心終成之美則一切淨也.)

12 지겸 역은 "菩薩以意淨故得佛國淨(大正藏14, 520b)", 현장 역은 "隨諸菩薩自心嚴淨. 即得如是嚴淨佛土(大正藏14, 599c)"로 되어 있다.

13 Etienne Lamotte (1962: 56-60).

14 山口 益 (1968: 144).

15 같은 책.

16 望月信亨 (1964: 554-555)는 20원願을, 또한 藤田宏達 (1970: 426)은 21원을 제시하고 있다.

17 赤沼智善 (1998)은 『아촉불국경』이 「소품반야」에 선행하는 판단근거로써 다음과 같은 점들을 들고 있다.

① 『아촉불국경』은 2권이며, 「소품반야」는 10권이다. 「소품반야」와 같은 대부大部의 경전은 대승경전의 최초의 것으로서는 나타날 수 없다.

② 대승이라는 말이 「소품반야」에서는 나오고 있으며, 『아촉불국경』에서는 나오지 않는다.

③ 『아촉불국경』에서는 경전의 서사書寫가 권장되고 있는 정도로서 아직 경전 숭배가 왕성하게 이루어지고 있지 않지만, 「소품반야」에는 매우 과대誇大한 문자로써 기록되어 있다.

④ '공空'을 설하는 것을 한결같이 하고 있는 「소품반야」에 비하여 『아촉불국경』에서 '공'에 대한 기술은 "諦住於空"(「不動如來會」에서는 "安住眞實空性")의 부분에서만 나오며 그 외에는 없다. 만약 『아촉불국경』이 「소품반야」보다 후에 제작되었다든가, 또는 후의 찬입(竄入, 역자 주: 잘못되어 섞여 들어가는 것)을 받은 것이라면, 「소품반야」를 모방하여 이것만으로 끝날 리가 없다.

⑤『아촉불국경』에는 그 국토에 여인이 있어, 오직 고통 없이 분만 分娩한다는 것을 기록하고 있는데, 「소품반야」에는 "不作女人身(不受女人身)"이라든가 "捨女身生阿閦佛刹(今轉女身得爲男子生阿閦佛土)"로 되어 있으며, 분명히 「소품반야」가 연등불 이야기와 『아촉불국경』을 섞어서 합친 것을 알 수 있다. 변성남자 變成男子의 사상은 후에 대승경전 공통의 사상이 되었으며, 이것이 없음으로써 『아촉불국경』이 오래된 것임을 알 수 있다.

⑥『아촉불국경』은 보살의 불퇴전 不退轉에 무게의 중심을 놓고 있지만, 「소품반야」는 불퇴전을 말하자마자 무생법인 無生法忍을 얻는 것을 설하는 것에 노력하고, 이후의 대승경전의 득인 得忍의 원류가 되고 있다.

⑦『반야경』의 "成就衆生淨佛國土" 및 "常樂欲生他方淸淨佛土"의 사상은, 『아촉불국경』이나 『대아미타경』 등 타방정토 건립사상의 영향이다.

⑧ 보당보살 寶幢菩薩은 양 경전 모두 의의가 불분명하지만, 『아촉불국경』에 보당보살에 대한 사항이 나오고 있는 것이 자연스럽기 때문에, 자연히 나오고 있는 쪽의 『아촉불국경』이 오래된 것이라는 점에는 틀림이 없다. 말하자면, 『아촉불국경』 쪽에서는 부동여래 不動如來의 정진은 보당보살의 그것보다 뛰어나다고 하는 것이 나오고 있으며, 「소품반야」 쪽에서는 우리 보당보살의 반야바라밀의 수행을 칭찬하는 것처럼 타방의 붓다도 우리나라 보살의 반야바라밀을 수행하는 것을 칭찬한다고 하는 의미로 나오고 있다. 그리고 시호 施護역 소품 小品(『佛說佛母出生三法藏般若波羅蜜多經』, 『大正藏』8, 228번)에서는, 이 보살을 아촉불국의 보살로서, 『아촉불국경』에서는 보당 寶英이 아촉불을 따라서 학행 學行하고 있는 것을 전하고 있기 때문에 아촉불국의 보살에 틀림이 없다.

⑨「소품반야」에 나오는 "犍陀訶尼菩薩阿閦佛刹中最尊第一"이라고 하는 부분은, 『아촉불국경』의 「불반니원품 佛般泥洹品」을 기반으로 하고 것으로 보는 쪽이 좋다.

18 高橋尚夫 (2002: 83).

19 tienne Lamotte (1976: 280-281), Appendix, Note 1.

20 tienne Lamotte (1976: 281-282), Appendix, Note 1. 또한 Kimura Takayasu (2006: 124-130)에서 해당 부분의 산스끄리뜨문을 확인할 수 있다.

텍스트

다이쇼 대학 종합불교연구소 편(大正大学綜合佛教研究所 編)

2004 『梵蔵漢対照「維摩経」』, 大正大学綜合佛教研究所 梵語佛典研究会.

2006 『梵文維摩経』, 大正大学綜合佛教研究所 梵語佛典研究会.

참고문헌

가지야마 유우이치(梶山雄一)

1993 「浄土の所在」, 『渡邊文麿博士追悼記念論集: 原始仏教と大乗仏教』, 京都: 永田文昌堂.

2001 『八千頌般若經 I』(『大乘仏典 2』), 東京: 中央公論社.

2001 『八千頌般若經 II』(『大乘仏典 3』), 東京: 中央公論社.

나가이 마코토(長井真琴)

1932 『大宝積経 不動如来会 第6』(『国訳一切経・印度撰述部・宝積部7』), 東京: 大東出版社.

나가오 가진(長尾雅人)

1986 『「維摩経」を読む』, 東京: 岩波書店.

1995 『改訂 維摩経』, 東京: 中央文庫.

나가오 가진・단지 테르요시(長尾雅人・丹治昭義)

2002 『大乘仏典7: 維摩経・首楞厳三昧経』, 東京: 中央公論社.

니시노 미도리(西野 翠)

2010 「『維摩経』における'虚空造立宮室'の喩えについて」, 『大正大学綜合佛教研究所年報』 第32号.

노무라 요우쇼(野村耀昌)

1960 『維摩経』, 東京: 宝文館.

다가미 타이슈(田上太秀)

1994 『禅の思想: インド源流から道元まで』, 東京: 東京書籍.

다무라 요시로(田村芳朗)

1997 「三種の浄土観」, 坂本要 編 『極楽の世界』, 東京: 北振堂.

다이쇼 대학 종합불교연구소 편(大正大学綜合佛教研究所 編)

2000 『対訳 注維摩詰経』, 大正大学綜合佛教研究所 注維摩詰経研究会.

다카오카 레이운(田岡嶺雲)

1913 『和訳 維摩経』(第3版), 東京: 玄黄社.

다카하시 히사오(高橋尚夫)

2002 「チベット所蔵仏教文献調査研究報告」, 『大正大学年報』 第77号.

다카하시 히사오 / 니시노 미도리(高橋尚夫 / 西野 翠)

2011 『梵文和訳「維摩経」』, 東京: 春秋社.

모치즈키 신코(望月信亨)

1930 『浄土教の起源及び発達』, 東京: 山喜房佛書林

1964 『中国浄土教理史』, 京都: 法蔵館.

미야모토 쇼손(宮本正尊)

1944 『仏教学の根本問題 第3: 大乗と小乗』, 東京: 八雲書店.

사이구사 미츠요시(三枝充悳)

2001 『大乗とは何か』, 京都: 法蔵館.

사쿠라베 하지메(桜部建)

1974　「取意訳 阿閦仏国経」, 山口益 編『佛教聖典』, 京都: 平楽寺書店.

사토 나오미(佐藤直美)

2004　「阿閦仏国土の声聞と菩薩の修行」,『種智院大学研究紀要』第5号.

시즈타니 마사오(静谷正雄)

1974　『初期大乗仏教の成立過程』, 京都: 百華苑.

아카누마 치젠(赤沼智善)

1998　『仏教経典史論』(『赤沼智善著作選集』第3巻), 東京: うしお書店/京都: 法蔵館.

야마구치 스스무(山口益)

1950　『維摩経 仏国品の原典的解釈』上・下,『大谷学報』30-2.

1967　『空の世界』, 東京: 理想社.

1968　『仏教思想入門』, 東京: 理想社.

1973　『山口益 仏教学文集』, 東京: 春秋社.

야스이 코사이(安井広済)

1970　「維摩経の研究」, 横超慧日 編『北魏仏教の研究』, 京都: 平楽寺書店.

오오시카 짓슈(大鹿實秋)

1970　「月上女経と維摩経」,『印度学仏教学研究』18-2.

1985　成田山仏教研究所 編『維摩経の研究』, 京都: 平楽寺書店.

와타나베 바이유(渡邊楳雄)

1940　「維摩居士と質多羅長者」,『佛教研究』第4巻 第4号, 東京: 大東出版社.

우류주 류신(瓜生津隆真)

1992　「浄仏国土の菩薩道」,『日仏年報』58号.

이와모토 유타카(岩本 裕)

1997　「浄土教の起源とその本質」, 坂本要 編『極楽の世界』, 東京: 北振堂.

카츠자키 유우겐(勝崎裕彦)

2004　「小品系般若経 '隨順品' の位相」,『印度学仏教学研究』53-1.

하시모토 호케이(橋本芳契)

1954　「維摩経の原型について」,『印度学仏教学研究』3-1.

1966　「維摩経における仏性思想の特質」,『印度学仏教学研究』14-2.

1967　「浄土表象の原初形態について」,『印度学仏教学研究』15-2.

1973　"Concerning the Philosophic Influence of Vimalakīrtinirdeśa sūtra upon Chinese Culture",『印度学仏教学研究』22-1.

1985　『維摩経の浄土思想序説』, 北西弘先生還暦記念会 編『中世仏教と真宗』, 東京: 吉川弘文館.

1988　『維摩経による仏教』, 大阪: 東方出版.

1990　「維摩経における浄土系思想」,『印度学仏教学研究』38-2.

1992　　早川博信 編 『維摩経講話ー浄土の経への解説』, 東京: 山喜房佛書林

하스자와 세이쥰(蓮澤成淳)

1932　　『仏説阿閦仏国経』(『国訳一切経・印度撰述部・宝積部7』), 東京: 大東出版社.

후지타 코오타츠(藤田宏達)

1970　　『初期浄土思想の研究』, 東京: 岩波書店.

히라카와 아키라(平川 彰)

1989　　『初期大乗仏教の研究』I, 東京: 春秋社.

Étienne Lamotte

1962　　"*L'Enseignement de Vimalakīrti*", Louvain; rendered into English "*The Teaching of Vimalakīrti*" by Sara Boin-Webb, The Pali Text Society, London, 1976.

Kimura, Takayasu

2006　　"Pañcaviṃśatisāhāsrikā Prajñāpāramitā"(VI～VIII), SANKIBO Busshorin Publishing Co., Ltd.

제5장

아촉불과 그 불국토

사토 나오미

1.
시작하면서

대승불교의 특징 중 하나는 '현재타방불국토 現在他方佛國土' 혹은 '현재타방불 現在他方佛'이라는 생각 방식이다. 우리들이 살고 있는 이 사바세계와는 다른 세계가 모든 방향에 존재하고, 석가모니불 이외에도 무수한 붓다 – 혹은 여래 – 가 있다는 생각이다. 일본에서는 아미타불 阿彌陀佛의 극락세계 極樂世界나 약사유리광불 藥師瑠璃光佛의 유리광세계 瑠璃光世界가 잘 알려져 있다. 그 외에도 많은 붓다나 불국토가 대승경전에 기록되어 있다.

대승불교 여명기의 것으로서 특히 중요한 것이 아촉불 阿閦佛과 묘희세계 妙喜世界이다. 지금까지도 갖가지 연구가 진행되어왔지만, 신앙으로서 불교도에게 돈독히 지지되어온 일이 없었기 때문에 일반에게는 잘 알려져 있지 않다. 그래서 본 장에서는 아촉 不動불, 또는 묘희세계에 대해 『아촉불국경』에 기반을 두고 그 개요를 밝히고자 한다. 『아촉불국경』에는 한역의 두 본과 티베트어 역 도합 두 종류가 현존하고, 산스끄리뜨 원전은 발견되고 있지 않다.

아촉불에는 대승과 밀교의 두 종류가 있다. 본 장에서는 주로 전자에 대해서 언급한다. 아촉불은 아미타불과 거의 같은 시기에 나타난 최초기의 현재타방불로서 묘희 – 아비라제 abhirati 阿比羅提 – 세계의 교주 主宰者이다. 전 교주 대목여래 大目如來 – 광목여래 廣目如來 – 의 곁에서 6바라밀의 수행과 금욕수행에 매진하여 성불했다.

아촉불의 나라인 묘희세계는 사바세계로부터 동방에 천불의 국토 정도 떨어진 장소에 있다. 사바세계와 비교해서 수행하기 쉬운 환경으로 되어 있다. 가령 나무에 손을 펼치면 원하는 의복이나 장신구가 손에 들어오고, 연못의 물을 마시면, 자신이 좋아하는 맛이 된다. 또한 악한 마음을 가진 사람이 없으며, 마魔의 장애도 없다.

거기에서 태어난 성문승 수행자들은 이제는 윤회전생하는 일이 없이 그 생존 중에 반드시 아라한과를 얻을 수 있다. 보살승 수행자들도 모두 불퇴전이 되며, 일생보처一生補處와 동등하고, 무상정등각無上正等覺을 얻는 것이 확약되어 있다. 또한 귀가 들리지 않는 등의 신체적 장애는 소멸하고, 여성의 생리적인 고통도 존재하지 않는다. 이와 같이 수행하기 쉬운 환경은 아촉불이 수행 시기에 세운 서원의 결과이다.

아촉불의 세계에 태어나기 위해서는 이 세계에서 보살이 되고, 아촉불과 같은 수행, 즉 금욕행에 종사하는 것이 긴요하다.

2.
자료

아촉불을 주역으로 저술된 경전은 한 종류뿐으로 한역과 티베트어 역이 있다. 본 장에서는 이들을 총칭하여『아촉불국경』이라고 부른다. 이 경이 아촉불을 기록한 가장 오래된 문헌이며,『반야경』,『유마경』,『법화경』,『대반열반경』,『비화경』에도 기록되어 있다. 또한 그 외에 많은 대승경전이나 밀교경전에도 등장하고, 티베트인에 의한 주석서도 확인되고 있어 널리 알려진 존재임을 엿볼 수 있다.[1]

1) 원전

산스끄리뜨 원전은 미발견이지만, 최근『아촉불국경』과 매우 닮은 내용을 지닌 것으로 카로슈티 Kharoṣṭhī 문자로 기록된 간다라 Gandhara어 사본이 발견되어 연구가 진행되고 있다.[2]

산스끄리뜨의 원제 原題는 티베트어 역의 서두나 간기 刊記로부터『*Akṣobhya tathāgatasya vyūha*(아촉여래의 장엄)』으로 판단된다.[3]

2) 한역

가장 오래된 번역은, 2세기 중엽에 지루가참 支婁迦讖이 번역한 것으로 전해지는『아촉불국경』 전 2권 5품(=支讖 역)이다. 이어서 지도근 支道根 역『아촉불찰제보살학성품경 阿閦佛刹諸菩薩學成品經』 전 2권이 335년에 번역되었지만 결본이다. 706년에는 보리류지 菩提流志에 의해『부동여래회 不動如來會』 전 2권6품(=流志 역)이 번역되어『대보적경』 속에 포함되었다. 지참 역은 전5장의 구성으로 되어 있으며, 내용은 류지 역 제6장의 도중에서 끝나고 있다.[4]

3) 티베트어 역

티베트어 역에는 부분적인 것과 완본의 두 종류가 있다. 전자에는 돈황 敦煌 사본 두 종류, 타보 Tabo 사본 네 종류가 있으며, 라다크 Ladakh의 알치 Alchi 승원에는 비문이 현존한다.[5] 후자는 티베트 대장경 캉규르 Kangyur에 집장되어 있는 것(=大藏經系)이다. 대장경계는 사본이 5종류, 목판인쇄본이 7종류 현존하고, 9세기 초엽에 지나미트라 Jinamitra, 슈렌드라보디 Surendrabodhi, 예세데 Ye shes sde 등에 의해 번역된 것으로 생각된다.[6] 한역의 류지 역과 같이 『보적부(寶積部 tib. dkon brtsegs)』에 포함되어 있으며, 전6장이다.

대장경계 티베트어 역과 한역의 두 역본은 장 구성이나 내용에서 대요는 일치한다. 그렇지만 순서가 엇갈리고 있는 부분이나 표현방법 등에서 미세한 차이가 있으며, 전체적으로 한역보다는 대장경계 쪽이 상세하고, 문장에 적합한 내용으로 되어 있다.

4) 현대어 역

한역은 지참 역, 류지 역 모두 현대어 역의 간행본이 몇 가지 있으나, 티베트어 역의 완역은 필자에 의한 박사논문뿐이다.

(1) 지참 역의 번역서

① 하스자와 세이쥰 蓮澤成淳 역, 후지타 코오타츠 藤田宏達 교정 校訂, 『불설아촉불국경』(『국역일체경(國譯一切經)』 보적부7, 1972, 초판; 1932)

하스자와 세이쥰이 가키쿠다시문 書き下し文[1] 으로 작성하고, 그것을 후지타가 교정한 것이다. 류지 역과 차이가 현저한 경우는 주기 注記을 넣었지만, 완전한 비교는 되어 있지 않다.

② 유우키 요시후미 由木義文, 니시모토 테르마 西本照眞 교주 校注, 『아촉불국경』(『신국역대장경(新國譯大藏經)』 정토부3, 2007)

1) 원전이 한문인 문장을 일본의 가나 仮名 문자를 사용하여 일본어의 어순으로 고쳐 쓴 문장.

유우키 요시후미가 가키쿠다시문을 작성하고, 그것에 대해 니시모토 테르마가 교주를 넣은 것이다. 주注는 전자보다는 간소하고, 새로운 정보도 있으며, 대응하는 산스끄리뜨나 빨리어를 제시하고 있는 점 등 편리하다. 류지 역과의 비교는 행하고 있지 않다.

(2) 류지 역의 번역서

③ 나가이 마코토 長井眞琴 역, 아라이 케이요 新井慧譽 교정 『부동여래회』, 『대보적경』19 · 20(『국역일체경』 보적부1, 1971, 초판; 1930)
나가이 마코토가 가키쿠다시문을 작성하고, 그것을 아라이 케이요가 개정한 것이다. 지참 역과의 차이가 현저한 경우에는 주기를 넣고 있지만, 완전한 비교는 되어 있지 않다.

④ 가르마 창 Garma C. C. Chang ed., *A Treasury of Mahāyāna Sūtra, London*, 1983.
본 서는 『대보적경』 전46 작품 가운데에서도 대표적인 22작품을 영역한 것으로, 그중 하나를 류지 역을 제시하여 다루고 있다. 티베트어 역을 참조하여 번역되어 있다. 반복되는 것이나 장황한 표현은 생략하고, 주기도 최소한으로 하고 있다.

⑤ 장 단틴 Jean Dantinne tr., *La splendeur de l'Inébranlable*, Tome I, Louvain-la-neuve, 1983.
류지 역 제1장부터 제3장의 프랑스어 역. 차이가 나는 부분에 대해서는 지참

역도 번역되어 있다. 또한 대응하는 티베트어 역의 원본 및 프랑스어 역에 주기가 있고, 정형 표현을 중심으로 가능한 한 범어를 제시하고 있다. 또한 『유마경』이나 『팔천송반야경』 등의 초기 대승경전과의 평행구平行句도 제시되어 있어 유익한 연구서이다. 아쉬운 부분이지만, 속권은 출판되지 못하고 유고가 되었다.

⑥ 야마구치 스스무山口益 역, 『아촉불국경』(『불교성전(佛教聖典)』, 1974)
한역의 두 역본을 기반으로 티베트어 역도 참조하면서 일반인을 대상으로 만들어진 초역抄譯이다. 평이한 일본어로 쓰여 있으며, 개요를 알기에 편리하다.

(3) 대장경계 티베트어 역의 번역서

⑦ 쿠르트 트로퍼Kurt Tropper tr., *Die Akṣobhyavyūhasūtra-Inschrift in Alchi* (Diplomarbeit zur Erlangung des Magistergrades an der Geisteswissenschaftlichen Fakultät Universität der Wien), 1996.
본 서는 알치Alchi 승원의 벽면에 기록되어 있는 아촉에 관한 우메dbu med체 티베트어[2] 비문의 연구서이다. 해당 부분을 대장경계 제본諸本과 타보Tabo 사본을 사용하여 교정하고, 독일어로 번역한 것이다.

---

2) 불교경전을 티베트어로 번역하기 위해 7세기경에 인도의 문자를 기반으로 만들어진 표의문자表意文字이다.

⑧ 오카모토 요시유키 岡本嘉之 역, 「아촉불국경 시역試譯－부附, 아촉불에 대해 언급하는 경전의 일람표」(『동양대학대학원 기요(紀要)』 제16호, 1974)
티베트어 역 서두에 대해 상세한 일본어 역이 이루어져 있다. 또한 아촉에 대해 언급하는 경전이 망라되어 제시되어 있어 유용하다.

5) 내용

왕사성의 영축산에서 석가모니불이 사리불과 아난, 수보리를 필두로 천2백50인의 비구와 보살, 제석천 등의 제천, 천룡8부중을 상대로 설법을 하고 있는 장면으로부터 시작한다. 사리불이 '과거 보살의 발심과 수행, 그리고 그 특성'에 대해 묻고, 그것에 대해 석가모니불이 아촉불의 이야기를 설하는 형태로 전개된다.

제1장은 아촉불의 발심으로부터 정각을 얻기까지의 상황이 기록되어 있으며, 특히 아촉불의 서원에 대해 상세히 언급하고 있다.

제2장부터 제4장에 걸쳐서는 아촉불이 성도 후, 그의 서원에 의해 묘희세계가 어떻게 장엄되었는가에 대해 기록되어 있다. 제2장에서는 묘희세계의 자연이나 사람들의 생활상 등이 이야기되고, 제3장에서는 성문승의 수행, 제4장에서는 보살승의 수행의 특성에 대해 기록하고 있다.

제5장에서는 아촉불의 최후에 대해 기록하고 있다. 후계자에 대한 수기授記, 그것에 동반되는 기적, 아촉불 자신의 반열반般涅槃의 모습, 불탑의 건립, 그리고 그 후의 묘희세계의 상황 등이다.

제6장에서는 묘희세계에서 태어나는 방법이 기술되어 있다. 지참 역에서는 제5장에 그 내용의 일부가 기록되어 있다.

3.
아촉불과 그 서원

아촉불에는 대승불교와 밀교의 두 종류가 있으며, 본 장에서 다루고자 하는 것은 전자이다. 아촉불의 불국토는 묘희세계로 부르고, 이 세상보다도 훨씬 수행하기 쉬운 환경이다.

1) 대승과 밀교의 아촉불

'아촉'이라는 것은 산스끄리뜨어 Akṣobhya의 음사어이며, '동요하지 않는다'라는 의미이다. '아촉'으로 쓴 것은 지참 역이며, 류지 역에서는 '부동'으로 쓰이고 있다. 또한 '아촉비 阿閦鞞', '아촉바 阿閦婆', '아추바 阿蒭婆' 등으로 음사되어 '무동 無動', '무진에 無瞋恚 등으로 의역된 것도 있다.[7] 티베트어 역에서는 mi 'khrugs pa와 mi bskyod ba의 두 가지 표기가 있다. 대장경계에서는 전자로써 철자화되어 있다.

초기 불교경전에서는 '아촉불'의 이름은 나타나지 않고, 대승불교에 이르러 처음으로 등장한다. 『아촉불국경』에 처음으로 나타나고, 그 후 많은 대승경전에 기록되어 중기 대승에서는 사방불의 동방불로서 정착한다. 그러나 동방의 약사불이 등장하자 그 모습은 희미해져 간다. 아미타불이나 약사불, 미륵보살, 관음보살 등과 같이 신앙의 대상이 된 사실도 확인되고 있지 않다.

그런데 밀교의 시대가 되면, 금강계만다라에서 동방여래로서 다시 중요한 역할을 맡게 된다. 특히 후기의 티베트 불교에서는 대일여래를 대신할 정도의 존재가 되고, 현재도 열심히 신앙되고 있다. 일본에서는 13불사 佛事 가운데 7회기 回忌 법요를 관장하는 붓다로서 알려져 있다. 그렇기는 하지만 대승불교의 아촉불과의 관련에 대해서는 아직 해명되어 있지 않다.

2) 아촉불의 생애

『아촉불국경』에 의하면, 아촉불은 원래 대목大目－광목(廣目 tib. spyan can po)－여래[8]가 주재主宰하는 묘희세계에 사는 일개 비구였다. 대목여래의 6바라밀에 관한 설법을 듣고, 감명을 받은 그는 6바라밀을 수행하여 무상정등각자無上正等覺者가 되리라 결의한다. 그리고 보살이 되기 위한 서원을 세워 실천할 때, 그 자세가 흔들림이 없고, 확고한 것이었기 때문에 대목여래로부터 '동요하지 않는 자阿閦'라고 명명命名되었으며, 아촉보살이 된다.

보살이 된 아촉은 이어 정각자가 되기 위한 서원을 세운다. 그리고 진실한 말의 힘에 의해 손가락으로 대지를 진동시키고, 서원이 올바른 것이라는 점을 실지로 증명한다. 대지에 가져다 댄 손가락은 지참 역에서는 '오른 손가락右指', 류지 역에서는 '발가락足指', 티베트어 역에서는 '오른 발가락의 엄지'라고 기록되어 있어 일치하지 않는다. 밀교에서 아촉불의 인상印相은 오른손을 대지에 대는 촉지인觸地印인데, 이 대승『아촉불국경』을 원형으로 하고 있음을 엿볼 수 있다.

촉지인은 석가모니불이 성도의 직전에 보리수 아래에서 마군을 항복시킬 때 행한 모습이 그 원형이다. 아촉불의 촉지인은 이 석가모니불을 의식했을 것이라고 본다.

그 후 아촉보살은 대목여래로부터 수기를 받는다. 그리고 수기를 받은 후, 대지가 진동하고, 세계 속 사람들의 신체적인 장애가 소멸하는 등 여러 기적이 일어난다.

아촉은 성도 후, 대목여래로부터 묘희세계를 승계 받고, 자신이 세운 서원대로 그 불국토를 장엄한다. 이윽고 열반이 다가오자 아촉불은 향상(香象 Gandhahastin, tib. spos kyi glang po)보살에게 계승자로서 수기를 주고, 그 후에 열반에 든다. 그 열반의 모습은 결가부좌結跏趺坐의 상태로 명상에 들어 몸을 공중에 띄우고, 몸 안에서 불을 발산하여 몸을 다 태워버리는 것으로 끝난다. 남은 유해는 금색으로 빛나고, 곳곳으로 흩어져 7개의 탑이 세워졌다고 기록되어 있다.

3) 아촉불의 서원

아촉불이 서원은 '보살이 되기 위해'라는 것과 '정각자佛陀가 되기 위해'라는 두 단계로 나누어져 있는 점이 특징이다.

제1단계는 비구의 시절에 보살이 되기 위해 세운 서원이다. 세 역본에 나타난 서원의 내용은 세세한 점에서는 차이가 있다. 여기에서 공통의 내용만을 제시하자면 다음과 같다.

- 성내는 마음을 내지 않는다.
- 성문의 마음을 내지 않는다.
- 독각의 마음을 내지 않는다.
- 애욕의 마음을 내지 않는다.
- 해를 주는 행위를 하지 않는다.
- 의혹을 품지 않는다.
- 살생을 하지 않는다.

- 도둑질을 하지 않는다.
- 금욕행을 행한다.
- 망어妄語를 내지 않는다.
- 악구惡口를 내지 않는다.
- 기어綺語를 내지 않는다.
- 사견을 내지 않는다.

어느 것이든 율장에 규정된 자계自戒적인 내용이다. 아촉은 이 서원을 부동심으로 일관하였기 때문에 대목여래로부터 '요동이 없는 자阿閦'라고 명명된다.

그리고 보살이 된 후, 그 위에 제2단계의 서원을 세운다. 상세한 차이는 생략하고, 세 역본의 공통적인 내용만을 정리하면 다음과 같다.

〈자신에 관한 건〉

- 말한 대로 행한다.
- 다시 태어나는 즉시 출가한다.
- 두타행을 한다.
- 삼위의三威儀-행行, 주住, 좌座-를 실천한다.
- 망어를 내지 않는다.
- 타인을 비방하지 않는다.
- 여래를 만났을 때에 공경한다.
- 보살을 만났을 때에 공경한다.

- 외교도에게 귀의하지 않는다.
- 여성을 유혹하는 태도로서 설법을 하지 않는다.
- 보시하는 상대를 고르지 않는다.
- 죄인을 위해 몸을 던져서 구한다.
- 죄인을 책망하지 않는다.
- 몽정을 하지 않는다.

〈타인에 관한 것〉

- 다른 사람에게 몽정하게 하지 않는다.
- 묘희세계에 태어난 여성에게는 여성 특유의 결점이 없어진다.

이타적인 내용으로서 제1단계와 같이 자계적인 내용이 많다.

아촉불의 서원은 종종 아미타불과 비교된다. 아미타불은 성도 전에 준수해야만 하는 사항만이 아니고, 성도 후에 자신의 불국토에 태어나는 사람들에 관한 사항이나 그 불국토－극락세계－의 복리에 대해서도 언급하고 있다. 그것에 대해 아촉불의 경우에는 성도 전의 사항이 눈에 띄며, 성도 후의 내용은 많지 않다. 이러한 차이로부터 아미타불의 이타성 利他性과 아촉불의 자리성 自利性이 지적되고 있다. 또한 이것은 성도 후와 성도 전의 석존의 모습과도 중첩된다.

앞에서 아촉불의 촉지인에 대해 논했는데, 아미타불의 경우에는 좌상 座像의 인상 印相은 정인 定印이든 설법인 說法印－전법륜 轉法輪－이든 일반적이다. 촉지인은 성도 직전의 석가모니불의 모습을 상징적으로 하고 있으며, 정인은 성도 후,

설법 중의 석존을 나타내고 있다. 필자는 이들의 인상의 차이와 서원의 특징으로부터 아촉불은 석가모니불의 성도 전을, 아미타불은 성도 후를 구현시킨 것은 아닐까 추측하고 있다. 그러나 이 점에 대해서는 더욱 깊은 연구가 필요하다.

4.
아촉불의 나라

1) 명칭과 위치

아촉불의 나라는 산스끄리뜨에서는 Abhirati로 기록되어 있다. 지참 역에서는 '아비라제 阿比羅提'로 음사되고, 류지 역에서는 '묘희', 티베트어 역에서는 mngon par dga' ba로 의역된다.

사바세계로부터 동방으로 천불국토 정도 떨어져 있는 장소에 있으며, 원래는 대목여래의 불국토였다. 불국토를 계승하는 점은 석가모니불의 경우와 같으며, 극락세계처럼 아미타불의 성도에 의해 새롭게 탄생한 세계는 아니다.

2) 자연

산이나 계곡, 바위나 돌, 모래 등이 없으며, 대지는 매우 평평하고 부드럽다. 그리고 나무들은 항상 꽃을 피우고, 과실을 맺게 한다. 사람들이 원하면, 8종류의 공덕을 갖춘 물-8공덕수 八功德水-로 채워진 연못이나 기분이 좋은 바람이 그 곳에서 생긴다. 세계는 항상 아촉불의 광명이 비추어지고 있기 때문에 일월의 빛남은 거의 없고, 또한 어둠도 없다.

7보로 만들어진 누각과 신목神木으로 둘러싸인 8공덕수를 채운 연못이 있으며, 사람들이 앉는 장소는 반드시 7보로 되어 있다.

지상과 33천은 금·은·유리의 3보로 만들어진 계단으로 이어져 있으며, 신들과 사람들이 자유롭게 왕래할 수 있는 상태에 있다. 사바세계에서 인간은 마음대로 천계에 오를 수는 없지만, 묘희세계의 주인은 신들과 같은 덕의 힘을 갖추고 있기 때문에 그것이 가능하다.

아촉불이 성도 후에 앉은 보리수는 7보로 만들어진 거목으로서 바람이 불면 가지나 잎이 가지가지의 묘음을 연주한다.

3) 거주자

묘희세계의 거주자는 남녀의 인간과 천룡8부중 天龍八部衆이다. 여기에는 사바세계와 같은 3악취 三惡趣, 즉 지옥·아귀·축생이 없다. '삼악취'라고 기록되어 있는 까닭에 『아촉불국경』은 6도설 六道說이 아니라, 아수라 阿修羅를 포함하지 않는 5도설에 기반하고 있다고 생각된다.

인간에는 일반인과 수행자가 있다. 죄인이나 외도, 게으른 자가 없는 점은 극락이나 정유리세계와 같지만 여성이 있는 점이 크게 다르다. 묘희세계의 여성에는 월경이나 임신, 출산할 때에 사바세계의 여성이 가지는 신체적 고통이 없다. 이것은 신들이 사는 6욕천 六欲天과 닮아 있다.

아촉불이 있기 때문에 법왕은 없고, 또한 주인·노예라는 주종관계나 신분의 차별이 없다. 상업이나 농업이 없고, 그 대신 나무들 쪽으로 손을 펼치면 아름답고

향기가 좋은 의복이나 장식품이 자유롭게 손에 들어오고, 원하는 음식물이 자연스럽게 주발로부터 생긴다.

또한 신체적으로는 나쁜 색의 피부를 한 자가 없으며, 몸으로부터 불쾌한 냄새도 나지 않는다. 대변, 소변, 타액이나 콧물 등의 부정한 것이 생기는 일도 없다. 또한 눈에 보이지 않고, 귀에 들리지 않으며, 말할 수 없는 등의 장애인도 없다. 내면적으로는 탐진치가 적고, 10선十善을 갖추고 있다.

4) 여성

아촉불국토의 여성은 이 세상의 여성보다도 이점이 많다. 가장 큰 이점은 생리현상에 의한 고통이 없는 점이다. 초기불교에서 정의된, 이 세상 여성의 대표적인 고통으로 '젊어서 시집가고, 친척이 없어진다'는 것, '남자를 떠받든다'는 것, '월경', '임신', '출산'의 다섯 가지가 있는데, 아촉불국토의 여성에게는 후자의 세 가지 '월경', '임신', '출산'의 고통이 없는 것이다. 또한 용모와 자태가 단아하고 수려하며, 마음이 깨끗하다.

5) 수행자

성문승과 보살승의 두 종류의 수행자가 있으며, 어느 쪽이든 출가자와 재가자 양쪽이 있다.

성문승

성문승에는 4향4과四向四果의 단계가 설정되어 있다. 예류預流·일래一來·불환不還은 명칭에 지나지 않으며, 어떠한 단계에 있는 자라도 바로 아라한과阿羅漢果를 얻을 수 있다. 또한 아라한은 3종류의 방법으로 반열반般涅槃을 얻는다. 말하자면, '스스로 발화하여 사라진다', '바람과 같이 사라진다', '몸이 물이 되어 흐르며 사라진다'고 한다. 어느 것이나 선정에 들어 공중에 떠 있는 상태에서 행한다.

보살승

보살승의 사람들은 모두 불퇴전이며, 일생보처一生補處의 보살이나 수기된 보살과 동등하다. 사바세계에서는 보살의 수행단계에 10지十地나 4주四住 등의 단계가 설정되어 있다. 묘희세계에서는 단계가 설정되어 있지 않고, 모두 다음의 한 걸음으로 정각을 얻을 수 있다고 제시되고 있다. 이들의 내용으로부터 묘희세계에서는 단계적인 향상이 아니라, 차례를 밟지 않고 건너뜀으로써 깨달음을 얻을 수 있다는 것을 알 수 있다.

5.
타 경전에 기록된 아촉불과 묘희妙喜 세계

『대정신수대장경大正新脩大藏經』에 '아촉', '부동' 등, Akṣobhya의 번역어가 기록된 대승경전이 백을 넘고 있음을 볼 때, 대승불교 속에 아촉불이 널리 알려져 있었다는 것을 알 수 있다. 그렇지만 상세하게 그 작용이나 불국토의 정경이 기록되어 있는 것은 많지 않다. 본 절에서는 특히 정보량이 많은 다섯 경전을 소개한다.

여기에서 자료로는 기본적으로 산스끄리뜨 문헌을 사용하고, 현존하지 않는 경우는 티베트어 역이나 한역의 가장 오래된 번역본을 사용하는 것으로 한다.

1) 소품계 小品系 반야경

반야경군의 최고역 最古譯은 지루가참 역의 『도행반야경 道行般若經』이며, 이 계통을 소품계 『반야경』으로 총칭한다. 산스끄리뜨 원전이 현존하고, 『8천송반야경(八千頌般若經 *Aṣṭāsāhasrikā Prajñāpāramitā*)』이라고 부른다.

소품계 『반야경』은 최초로 '대승'의 용어를 사용한 경전으로 알려져 있으며, 주로 '지혜 prajñāpāramitā'의 중요성이나 공성을 설하고 있다. 『대아미타경』과 어깨를 견주는 대표적인 초기의 대승경전이다. 소품계에는 아미타불이 등장하지 않으며, 반대로 『대아미타경』에는 반야바라밀이나 아촉불이 등장하지 않는다. 따라서 원래 양자는 별도의 체계 속에 있었다고 추정된다.

산스끄리뜨 문헌은 교정본이 공간되어 있으며, 한역 7종류, 티베트어 역 1종류가 현존한다.

아촉불에 관한 기술은 제19장, 제27장, 제28장에 나타나고 있다.

묘희세계는 불퇴전보살들이 살며, 두려움 없이 금욕수행에 적합한, 마 魔를 극복할 수 있는 세계로 그려져 있다. 항가천녀(恒伽天女 Gaṅgadevī)라는 여성이 일체중생을 위해서 무외 無畏의 마음으로 반야바라밀을 완성시킬 것을 서원하자, 석가모니불은 그녀에게 성수겁 星宿劫의 시대에 금색연화불(蓮花佛 Suvarṇapuṣpa)이 될 것이라고 수기한다. 금색연화불은 아촉불의 후계자이다.

금욕수행에 전념하고 있는 이상적인 불퇴전보살로서는 묘희세계의 보당(寶幢

Ratnaketu) 보살과 향상보살이 소개되고 있다. 또한 석가모니불이 신통력으로 자신의 손바닥 위에, 아난에게 설법하고 있는 아촉불을 출현시킨다는 에피소드도 있다.[9]

2) 『유마경』

『유마경』은 소품계 『반야경』의 연장선 위에 만들어진 것으로 추정되고 있으며, 공사상의 진수를 기술한 것으로서 일본에서도 친숙해져 있다. 릿차비 Licchavi족의 자산가 유마 Vimalakīrti가 자신의 병문안을 위해 온 석가모니불의 제자들을 차례차례로 논파하고, 최후의 질문에는 침묵을 지키며 말하지 않는다는 일화로 유명하다.

산스끄리뜨 문헌이 최근 발견되었으며, 다이쇼 대학 大正大學에서 교정본을 출판했다. 한역 3종류, 티베트어 역 1종류가 현존한다.

묘희세계에 대해서는 제11장에 유마가 원래 있던 청정한 세계로 기록되어 있다. 유마는 중생들을 정화하고, 일체중생의 번뇌의 어둠을 제거하기 위해 일부러 사바세계에 태어났다. 또한 『반야경』의 석가모니불처럼 유마도 신통력으로 묘희세계를 가져다 오른손에 놓는 현상을 보인다.[10]

『아촉불국경』에도 석가모니불이 손바닥 위에 묘희세계를 보여준다는 신통력이 제4장에 기록되어 있지만, 유마에 대한 언급은 없다.

3) 『법화경』

『법화경』은 '제경의 왕'이라고 부르는 초기 대승경전으로 2세기 전반에 성립된 것으로 추측하고 있다. 『법화경 *Saddharmapuṇḍarīkasūtra*』이 매우 훌륭하다는 점을 강조하는 경전이다.

수많은 산스끄리뜨 사본이 발견되었으며, 교정본도 많다. 한역은 3종류, 티베트어 역은 1종류가 현존한다.

아촉불이 등장하는 것은 제7장으로 석가모니불의 본생담本生譚과 관련지어져 있다. 아촉불은 3천진점겁三千塵点劫이나 과거에 존재한 대통지승(大通智勝 Mahābhijñājñānābhibhū)여래의 이야기 가운데 등장한다. 대통지승여래에게는 16명의 왕자가 있었다. 그들은 아버지 대통지승여래로부터 『법화경』의 가르침을 듣자마자 출가하여 설법자가 되었다. 그리고 정각을 얻자, 첫 번째 왕자인 지적(智積 Jñānākara)은 동방 묘희세계에서 아촉불이 되고, 아홉 번째 왕자는 서방에서 아미타불, 열여섯 번째 왕자는 중앙에서 석가모니불이 되어 각각 설법을 행한다.[11]

이 에피소드는 『아촉불국경』에는 나타나지 않는다. 아촉불과 아미타불 양자가 기록되어 있다는 것은 『법화경』이 만들어졌을 시점에 이미 양 붓다는 현재타방불로서 정착하고 있었다고 생각된다.

4) 『비화경』

『비화경 悲華經』은 4세기에 성립되었다고 추측되며, 중기 대승에 해당한다. 깨끗한 불국토와 오염된 불국토 가운데 왜 석가모니불은 일부러 오염된 사바세계를 선택했는가를 그 5백의 서원과 함께 설명하는 경전이다.

산스끄리뜨 문헌이 현존하며, 교정본 두 본이 출판되어 있다. 한역은 2종류, 티베트어 역은 1종류가 현존한다.

아촉불은 정토성불을 선택한 붓다로서 제4장에 소개된다. 과거세에 아미타불의 전신인 무쟁념(無諍念 Araṇemin) 전륜성왕轉輪聖王과 그 천명의 자식들 및 보해(寶海 Samudrareṇu)대신—석가모니불의 전신—이 보장(寶藏 Ratnagarbha)여래의 설법을 듣고, 각자가 서원을 세운다. 그리고 무쟁념 전륜성왕의 아홉 번째 자식인 아미구(阿彌具 Amiṣa, Amigha)가 성불해서 아촉불이 된다는 것이다. 열 번째의 자식인 향상보살은 아촉불의 후계자가 되고, 열한 번째의 자식인 보당보살은 향상보살의 후계자가 된다고 기록되어 있다.[12]

본 경에 기록된 아촉불의 서원 내용이나 금색 연화불—향상보살—에 대해서는 『아촉불국경』에 매우 일치하지만, 보당보살에 대해서는 정보에 엇갈리는 점이 있다. 『아촉불국경』에서는 보당은 묘희국을 계승하지 않는다.

5) 『대반열반경』

『열반경』에는 대승과 소승의 두 종류가 있다. 아촉불에 대한 언급은 대승 쪽에만 있다. 4세기 후반에는 성립되었다고 추정되며, 중기 대승경전으로 분류된다.

산스끄리뜨 문헌은 단편만이 발견되었으며, 한역 3종류, 티베트어 역 2종류가 남아 있다.

아촉불에 관한 기술은 제2장 「금강신품 金剛身品」에 보인다. 본 장에서는 여래의 몸이 상주하며 파괴되지 않는다는 것을 제시하고, 정법 획득의 중요성이 설해지고 있다.

석가모니불이 상주법신 常住法身을 얻은 것은 과거세에 무기 武器를 가지고 법을 지켰기 때문이며, 그 과거 이야기에 아촉불과 묘희세계가 등장한다. 말법의 시대에 파계비구들에 대해 무기를 가지고 대적한 정법보호자가 태어나는 나라야말로 묘희세계인 것이다. 그들을 이끈 성스러운 비구는 아촉불의 제1제자-석가모니불의 전신-로 다시 태어나고, 그 비구를 보호한 왕-아미타불의 전신-은 제2제자로서 다시 태어난다고 기록하고 있다.[13]

정법이 멸한다는 이야기는 『아촉불국경』 제5장에 기록되어 있다. 그렇지만 앞의 일화는 발견되지 않는다. 『아촉불국경』에서는 "아촉불 입멸 후, 그가 이야기한 정법은 십억 대겁大劫 동안 머무르지만, 이윽고 매몰된다. 그러나 그것은 악마의 탓도 아니고, 성문의 탓도 아니며, 사람들에게 가르침을 청문聽聞하는 욕망이 없어지고, 그것을 알고 있는 법사가 가르침을 설하지 않게 되기 때문이다"고 기록한다. 한편, 『열반경』에서는 "파괴비구의 횡포에 의해 법이 멸한다"고 기록되어 있어 정법 멸망의 이유가 변화하고 있다.

6) 특징

이들 경전의 내용을 살펴보면, 『아촉불국경』을 답습한 것은 적고, 어느 것이든 경 자신의 훌륭함을 강조하기 위해 아촉불이나 묘희세계를 이용하고 있다고 할 수 있다.

또한 앞에서 언급한 경전 이외에도 『대무량수경』, 『대집경』 등에 아촉불이나 묘희세계의 명칭이 등장하지만, 명칭만 제시하고 상세한 내용은 설명하고 있지 않다.[14] 이들 특징으로부터 아촉불 자체는 널리 알려져 있던 붓다였다고 생각된다. 그렇지만 『아촉불국경』의 내용은 그다지 알려져 있지 않았던 것 같다.

6.
연구 상황

『아촉불국경』은 불국토를 설하는 『아미타경阿彌陀經』이나 아촉불과 묘희세계를 많이 인용하는 『반야경』과 비교하여 연구하는 것이 많다. 전자에서는 주로 각각의 불국토의 양상이나 붓다의 서원 내용에 초점이 맞추어지고 있으며, 후자에서는 『반야경』의 중요성이나 기원을 설명하기 위해 이용되는 경향이 있다.

『아촉불국경』에 초점을 맞춘 연구서에는 아카누마 치젠赤沼智善(1939)으로부터 시작하여 히라카와 아키라平川彰(1989), 후지타 코오타츠藤田宏達(1970), 시즈타니 마사오靜谷正雄(1974), 장 단틴Jean Dantinne(1983), 그리고 필자佐藤直美(2008)의 것이 있으며, 또한 논문도 다수가 있다. 어느 연구이든 대승불교의 기원 설명에도 도움이 되고 있다. 다음에는 현재까지의 연구 상황을 제시하고 한다.

1) 아촉불의 기원

일본에서 최초로 아촉불에 대해 주목한 학자는 시이오 벤쿄椎尾辨匡(1933: 582, 601-602)와 모치즈키 신코望月信亨(1930: 433-449, 664-675)이다.

시이오 벤쿄는 빨리어의 pubba라는 말이 '과거' 및 '동방'을 의미한다는 점에 주목하고, 『증일아함경』 제29에 등장하는 현재동방불인 기광여래奇光如來와 과거불인 시기불尸棄佛을 동일한 것으로 상정하여, 그 위에 시기불이 '시기광무동尸棄光無動'이라고 기록되어 있는 예를 들어 '무동'을 의미하는 '아촉불'과의 관계를 지적하고 있다.

이에 대해 모치즈키 신코는 아촉불이 무진에 無瞋恚를 표방한 붓다이기 때문에, 대승불교 특유의 실천의 하나인 인욕바라밀을 구상화한 붓다인 것은 아닐까라고 추정하고, 기광여래와의 관련을 부정하고 있다.[15]

2) 『아촉불국경』의 성립지 成立地

모치즈키 신코는 아촉불의 불국토가 동방에 있다고 하는 것으로부터 성스러운 땅 인도를 동방으로 보는 페르시아 등의 제국에서 『아촉불국경』이 만들어졌다고 지적한다. 『아촉불국경』과의 관계가 깊은 소품계 『반야경』에서는 상제(常啼 Sadāprarudita)보살의 동방 구법 이야기가 기술되어 있다. 여기에 상제가 목표로 하는 건타월국 揵陀越國의 묘사가 묘희세계와 유사하다는 점에서 볼 때, 서방에서 열심히 신앙하는 불교도의 사이에 인도 숭배가 일어나고, 동방 불국토의 사상이 발생하였으며, 마침내 『아촉불국경』에 다다른 것이 아닌가 하고 추측하고 있다.

요시오카 료온 芳岡良音은 중인도로부터 코탄 Khotan으로 이주한 호족들이 석존의 고향을 그리워하며 만들어낸 것은 아닐까하고 언급하고 있다.[16]

벨기에의 장 단틴은 지참 역의 음 音 분석에 의해 인도 원전이 파미르 Pamir 동방 지역의 간다라 Gandhara어로 쓰인 것을 밝히고, 성립지가 인도 서북 지역일 가능성을 지적하고 있다.

『아촉불국경』의 성립지에 대해서는, 향후 『법현전』이나 『대당서역기』 등의 역사 자료와의 비교를 통해 지역을 특정 特定할 필요가 있다.

3) 『아촉불국경』에 선행하는 사상

아카누마 치젠(1939: 216-247)은 『아촉불국경』이 의거한 자료 또는 사상에 대해서 다음의 네 가지를 제시했다. 연등불 수기授記의 일화, 미래불·미륵보살의 존재, 현겁천불賢劫千佛의 존재, 그리고 새로운 수행방법인 6바라밀이다.[17] 전자의 두 가지는 초기불교의 사상을 답습한 것이며, 후자의 두 가지는 대승불교 특유의 사상이다. 한편, 『대아미타경』에는 연등불, 미륵보살, 6바라밀은 기록되어 있지만, 현겁천불은 나타나지 않는다. 이러한 것을 통해 특히, 현겁천불 사상과 『아촉불국경』의 관계가 깊다는 것이 예상된다.

4) 『대아미타경』과의 관계

아카누마 치젠은 대승불교 성립의 교량에 '연등불 이야기'와 '보살사상의 발전과 미륵경전의 성립'의 두 가지를 가정하고 있으며, 전자가 『아촉불국경』이나 『대아미타경』과 같은 정토경전으로 발전했다고 언급하고 있다. 『대아미타경』은 붓다를 중시하고, 일체중생에 관한 서원이 많으며, 정토의 모습이 정비되어 있어 왕생이 용이하다. 이에 대해 『아촉불국경』은 보살을 중시하고, 계율이나 자기 자신에 관한 서원이 많으며, 정토의 모습이 유치하다고 지적하고, 『아촉불국경』의 성립이 빠르다고 결론짓고 있다.

이에 대해 시즈타니 마사오는 지참 역에 나타나는 '이승二乘 비판', '일체지一切智', '회향', '발보리심', '법사', '반야바라밀', '승나승열僧那僧涅'의 용어나 공관空觀적 정토, 경권經卷 서사가 지겸 역의 『대아미타경』에는 발견되지 않는 까닭에, 『아촉불국경』이 성립이 약간 늦다고 언급하고 있다. 그렇기는 하지만, 양 경전이 서로의 불명佛名을 언급하지 않는 것을 볼 때, 서로를 알지 못한 상태에서 별도의 지역에서 생겨났을 가능성을 지적하고 있다.

시즈타니 마사오와 같이 아촉불 신앙과 아미타불 신앙을 별도의 계통으로 보는 견해는 이미 히라카와 아키라(1989: 195)가 지적하고 있으며, 후지타 코오타츠(1970: 232-233)도 그것을 따르고 있다. 현존 상태로는 선후 관계가 보인다고 간주하더라도 원초의 형태로 소급해서 보면, 양자 함께 현존타방불에 관심을 가진 별도의 집단에 의해 만들어진 경전으로 생각하는 것이 타당할 것이다.

5) 소품계 『반야경』과의 관계

소품계 『반야경』과의 관계에 대해서는 시이오 벤쿄나 모치츠키 신코도 지적하고 있지만, 이에 대해 처음으로 상세하게 비교 검토한 것은 아카누마 치젠(1939: 224, 227-228)이다.[18] '아촉불국', '보당보살', "승나승열'이라는 말, 재가보살을 설하고 있는 것, 삼승을 설하면서 이승을 비판하고 있는 것 등 22가지의 공통점을 들어 최초기 반야경과의 밀접한 관계를 보여주고 있다. 그리고 『소품반야경』 전10권과 『아촉불국경』과의 비교를 통해 전자가 대부大部인 점과 『아촉불국경』에 '대승', '무생법인無生法忍'의 말이 없는 점, 변성남자變成男子의 사상이 없는 점 등의 아홉 가지 이유를 들어 『아촉불국경』의 성립이 소품계 『반야경』보다도 빠르다고 결론짓고 있다.

히라카와 아키라(1989: 195, 202-203)도 그것을 이어서, 대승불교의 초기단계에서는 소품계 『반야경』·『아촉불국경』과 『반주삼매경』·『아미타경』의 두 계통이 있었던 것은 아닌가 추정하고 있다.

6) 일본 외의 해외 연구

일본 이외의 지역에서 행해진 본격적인 연구는, 1983년에 장 단틴에 의해 한역을 기반으로 하여 프랑스어 역이 이루어진 것이 처음이다. 아쉽게도 본 연구는 전반 제1장에서 제3장까지만 이루어졌으며, 아직 미완의 상태이다. 그 후, 1985년에 콴 타이우Kwan Tai-wo가 초기 대승불교의 아촉불의 정토에 관한 연구 성과를 박사학위 논문으로 제출하고,[19] 1996년에는 쿠르트 트로퍼Kurt Tropper가 라다크 지방의 승원에 새겨진 아촉불의 티베트어 비문의 연구 성과를 석사학위 논문으로 제출하였다(주 5 참조). 이 논문은 비문을 연구한 것으로서 고문서학적인 고찰이 중심이어서 사상적 내용의 고찰은 이루어져 있지 않다. 2000년에는 장 나티에Jan Nattier에 의해 『아촉불국경』의 개요가 소개되었다.[20] 이 글은 타방불국토나 타방불을 설하는 경전으로 『무량수경』만이 주목되고 있으나, 『아촉불국경』이라는 중요한 문헌도 존재한다는 점을 강조한 것이다.

7) 금후의 과제

이처럼 여러 나라 사람들의 연구에 기반하여, 2008년에 티베트어 역을 중심으로 한 종합적인 『아촉불국경』 연구가 필자에 의해 출판되었으며, 젊은 연구자를 중심으로 연구가 진행되고 있다.[21]

아촉불의 연구는 이제 시작 단계에 불과하다. 아촉불에 관한 간다라어 사본의 발견에 의해 『아촉불국경』의 해명이 한층 진전될 것으로 기대하고 있다. 밀교의 아촉불과의 관계나 부동명왕과의 연계성 등 『아촉불국경』 내부에 머물지 않는 연구도 필요하다.

1 티베트인의 저작에는 초네 다크파세두프(ダクパシェードゥプ, Co ne Grags pa bshad sgrub, 1675-1748)와 게르켄포 타크파겔쬔 rGyal mkhan po Grags pa rgyal mthsan(1762-1837)이 있으며, 전자에 대해서는 후지나카 타카시 藤仲孝司, 나카미카도 케이쿄 中御門敬教 양 연구자에 의해 공표되어 있다(藤仲孝司·中御門敬教, 「아촉불에 관한 초네 다크파세두프의 신앙과 실천(阿閦仏に関するチョネ·ダクパシェドゥプの信仰と実践)」, 『佛教大学総合研究所紀要』 14号, 京都: 佛教大学総合研究所, 2007: 19-43). 후자에 대해서는 후지나카 타카시에 의해 두 작품이 채취되어 있다.

2 바죠르 컬렉션 Bajaur Collection에 보존되어 있다. 베를린 대학의 인고 슈트라흐 Ingo Strauch에 의해 상세한 연구가 발표되고, 현재에도 이에 관한 연구가 진행되고 있다. Ingo Strauch, "More missing pieces of Early Pure Land Buddhism: New evidence for Akṣobhya and Abhirati in an Early Mahāyāna Sutra from Gandhāra," *The Eastern Buddhist*, vol. 41, No.1 (2010: 23-66).

3 제명 題-에 -tasya(屬格)와 같은 격변화가 남아 있다는 것은 희귀한 일이다. vyūha가 Tathāgata와 합성어가 되는 것도 희귀한 일이며, Buddhakṣetra와 결합하는 것이 일반적인 점에서, 필자는 'Akṣobhyatathāgatasya Buddhakṣetra-vyūha(아촉불국토의 장엄)'라는 제명을 추정하고 있다.

4 지참 支讖 역은 『大正新脩大藏經』 11권, 313번이며, 보리류지 菩提流志 역은 같은 권, 310(6)번.

5 알치 Alchi 승원의 벽면에 『아촉불국경』 제2장의 일부가 우메 dbu med체 티베트 문자로 기록되어 있다. 해당 비문 연구에는 쿠르트 트로퍼 Kurt Tropper의 *Die Akṣobhyavyūhasūtra-Inschrift in Alchi*(Diplomarbeit zur Erlangung des Magistergrades an der Geisteswissenschaftlichen Fakultät der Universität Wien, 1996) 또는 돈황 敦煌이나 타보 Tabo 사본에 대해서는 사토 나오미 佐藤直美의 『蔵漢訳「阿閦仏国経」研究』(東京: 山喜房佛書林, 2008, 4-5, pp.71-76)를 참조할 것.

6 단지 현존하는 판본 사본은 모두 13세기 이후의 것이며, 원형이 그대로 전승되고 있는지 없는지는 불문명하다. 대장경계의 제명 題名은 'Phags pa de bzhin gshegs pa mi 'khrugs pa'i bkod pa zhes bya ba theg pa chen po'i mdo이다. 사본은 푸닥 Phug drag 사본, 런던 사본, 톡펠리스 Tog Palace 사본, 도쿄 東京 사본 河口慧海 将来, 울란바토르 사본의 5본이 있다. 판본에는 북경판, 데르게판, 장사탐판, 나르탕판, 초네판, 라사판, 우르가판의 7본이 있다. 상세한 것은 사토 나오미 佐藤直美의 『蔵漢訳『阿閦仏国経』研究』(東京: 山喜房佛書林, 2008: 71-92)를 참조할 것.

7 아비다르마 Abhidharma나 불교설화 등의 불교 문헌에서는 매우 큰 수를 보여주는 단위로도 사용되고 있다.

8 산스끄리뜨 원어는 불분명하다. 장 단틴 Jean Dantinne은 Mahānetra 장 나티에 Jan Nattier는 Viśālanetra는 범어로 환원하고 있다. Jean Dantinne(1983: 78)의 연구 및 Jan Nattier의 "The Realm of Akṣobhya: A Missing Pieces in the History of Pure Land Buddhism"(*Journal of the International of Buddhist Studies*, Vol.23(1), 2000: 85)을 참조할 것.

9 ed. P. L. Vaidya, *Aṣṭāsāhasrikā Prajñāpāramitā*(Buddhist Sanskrit Texts 4), Darbhanga (1960: 181, 222-224, 234).

10 大正大学綜合仏教研究所 梵語仏典研究会 編, 『梵蔵漢対照『維摩経』, 『智光明荘厳経』 *Vimalakīrtinirdeśa and Jñānālokālaṃkāra: transliterated Sanskrit text collated with Tibetan and Chinese translation*』 제2부, 大正大学綜合佛教研究所 (2004: 448-458).

11 ed. P. L. Vaidya, *Saddharmapuṇḍarīkasūtra*(Buddhist Sanskrit Texts 6), Darbhanga (1960: 106, 119, 219).

12 Isshi Yamada, *Kruṇāpuṇḍarīka*, II vols, London (1968: 165-173).

13 『大正藏』11, pp.383-384.

14 '아촉'이 등장하는 경전 일람은 오카모토 요시유키 岡本嘉之 역의 「아촉불국경 시역 試譯-부 附, 아촉불에 대해 언급하는 경전의 일람표(阿閦仏国経試訳-附, 阿閦仏に言及する経典一覧表)」(『東洋大学大学院紀要』 第16号, 1974: 33-51)를 참조할 것.

15 아카누마 치젠 赤沼智善은 아촉불의 기원에 대해서는 직접 다루지 않고, 현재타방불의 기원에 대해 고찰하고 있다. 불멸 후, 연등(燃燈 Dīpaṃkara)불 佛을 시초로 하는 다양한 과거불이 고안되어, 지속적으로 미륵보살 등의 미래불이 기록되었다고 생각했다. 그리고 붓다에 대한 사람들의 추모의 정이 높아져 가면서 시간축 상에 무한히 상정된 붓다가 현재에서도 다른 불국토에서 무한히 존재한다는 것은 아닐까라고 새로운 사상 '현재타방불 現在他方佛'이 형성되었던 것이 아닐까라고 주장한다.

16 요시오카 료온 芳岡良音 「아촉불정토의 기원 阿閦仏浄土の起源」, 『印度学仏教学研究』 제7권(2) (1959: 555-556).

17 '연등불사 燃燈佛事'라는 것은 *Mahāvastu* 안의 *Dīpaṃkaravastu*, 혹은 그것과 유사한 모든 것을 가리킨다. 미륵경전 彌勒經典은 *Cakkavattisīhanāda-suttanta*(Dīgha Nikāya 제2권)를 필두로 하는 초기 불교경전 속에서 보이는 미륵관련의 전 경전을 가리킨다. 현겁천불 賢劫千佛에 대해서는 축법호 竺法護 역의 『현겁경 賢劫經』(『大正藏』4卷)이 유명하다. 여기서는 현존하지 않은 원형 경전을 가리킨다. 6바라밀을 설하는 최고 最古의 자료는 『6바라밀경』이라고 고려되고 있다. 이 경전은 『대아미타경 大阿彌陀經』(『大正藏』12, 301b, 309c)나 시즈타니 마사오 静谷正雄의 연구에서는 최초기의 대승경전에 위치 지어져 있다. 그 외에도 최초기의 대승경전으로서 존재하지 않는 『삼품경 三品經』, 『보살장경 菩薩藏經』이 추측되고 있다. 히라카와 아키라 平川彰(1989: 216-222)의 연구를 참조할 것.

18 가토 치가쿠 加藤智学, 「아촉불과 반야바라밀경 阿閦仏と般若波羅蜜経」, 『仏教研究』 第6号(1925: 207-216). 히라카와 아키라(1989: 195-202)의 연구에도 상세히 나와 있다.

19 Kwan Tai-wo, *A Study of the Teaching Regarding the Pure Land of Akṣobhya Buddha in Early Mahāyāna*, unpublished dissertation, University of California Los Angeles, Department of East Asian Languages and Cultures, 1986.

20 장 나티에 Jan Nattier의 연구 논문에 대해서는 주 8)을 참조할 것.

21 최근의 연구에는 주2)의 인고 슈트라흐 Ingo Strauch의 것 이외에도 다음의 2편이 있다. 佐々木閑의 「아촉불경의 스피드감 阿閦仏経のスピード感」(『印度学仏教学研究』 第24号), 金子大輔의 「비화경의 아촉불사상의 형식 非華経における阿閦仏思想の形式」, 『龍谷大学大学院文学研究紀要』 第3

集 (2009: 35-48).

참고문헌

모치츠키 신코(望月信亨)

1930 『浄土教の起原及発達』, 東京: 共立社.

사토 나오미(佐藤直美)

2008 『蔵漢訳『阿閦仏国経』研究』, 東京: 山喜房佛書林.

시이오 벤쿄(椎尾辨匡)

1933 『佛教経典概説』, 東京: 甲子社書房.

시즈타니 마사오(静谷正雄)

1974 『初期大乗仏教の成立過程』, 京都: 百華苑.

아카누마 치젠(赤沼智善)

1939 『仏教経典史論』, 東京: 破塵閣書房.

장 단틴(Jean Dantinne)

1983 La splendeur de l'Inébranlable, Tome I, Louvain-la-neuve.

후지타 코오타츠(藤田宏達)

1970 『原始浄土思想の研究』, 東京: 岩波書店.

히라카와 아키라(平川彰)

1989 『初期大乗仏教研究』I(『平川彰著作集』 第3集, 東京: 春秋社).

제6장

아미타불 정토의 탄생

스에키 후미히코

1.
정토교와 아미타불 신앙

본 장의 과제는 아미타불 정토사상의 기원에 대해 논하는 것이다. 그런데 이 타이틀에서 상상되는 것과 같이 아미타불 정토가 인도 기원인지 아니면 서방 기원인지 등에 대해 논하고자 하는 것은 아니다. 이것은 확실히 흥미로운 과제이긴 하지만, 필자의 능력을 넘어서고 있고, 너무나도 장대하여 검증할 수 없는 이야기를 짜맞춰가게 되고 말 것이다. 그러한 까닭에 여기서는 문제를 한정하여 가장 초기의 정토경전이라 할 수 있는『대아미타경 大阿彌陀經』–『무량수경』의 옛 형태–의 내용을 검토하여, 후대의 상식화된 정토교에 다 흡수되지 못한 원형을 살펴보고자 한다.

그 전에 정토라고 하는 것에 대해 개관해둘 필요가 있다. 오늘날 정토라고 하면 대부분 아미타불의 극락정토로 특화되고, 정토교라고 하면 아미타불 신앙과 동일시되어 아미타불의 극락정토에 왕생하는 것을 바라는 신앙을 의미하는 것으로 이해되고 있다. 그러나 원래부터 말하자면, 이는 아미타불의 정토에 한정되는 것이 아니라, 현재타방불사상이 진전하는 가운데 형성된 것이므로, 이 사바세계 이외에도 시방에 무수한 불국토가 있으며, 그것이 각각 다른 붓다에 의해 지도되고 있다는 것이 되어야만 할 것이다. 다만, 그 가운데 실제로 어느 정도의 신앙 확장이 발견되는 것은, 아미타정도 외에 아촉불 阿閦佛의 묘희세계 妙喜世界, 약사불 藥師佛의 정유리 淨瑠璃세계 등으로 한정되어 있다.

그중에서도 일본에서는 정토개념이 널리 응용적으로 이해되어, 대일여래의 밀

엄정토密嚴淨土, 석가불의 영산정토靈山淨土 등이 신앙되었다. 또한 미륵불이 이 세계에 출현하기 전에 대기하고 있는 도솔천兜率天도 도솔정토, 미륵정토라고 불리며 극락정토와 어깨를 나란히 하여 신앙되었다. 관음보살의 보타락산補陀落山도 보타락정토라고 불리기도 하였다. 고야高野 정토와 같이, 실재實在하는 성지가 사후의 정토로 생각되는 경우도 있었다.

애초에 '정토'라는 말이 그대로 인도까지 거슬러 올라가는 것이 아니라, 중국에서 만들어진 말이라는 것은 널리 알려진 사실이다. 감히 말하자면, '정토'라고 번역된 말의 원어原語는 불국토(佛國土 buddha-kṣetra)로 생각된다. 시아오 위에肖越는 '정토'라는 말은 『평등각경平等覺經』의 '무량청정불국토無量清淨佛國土'에서 왔다고 하였다(肖越, 2012). 다무라 요시로田村芳朗에 따르면, 이러한 정토에는 세 종류가 생각될 수 있다고 한다. 곧, 있는 정토常寂光土·되는 정토淨佛國土·가는 정토來世淨土가 그것이다(田村, 1976).

'있는 정토'라는 것은 '지금 이곳에서 파악할 수 있는 피차상대彼此相對를 넘어선 절대의 정토'로, 사바娑婆, 즉 적광寂光이라고 이야기되는 것처럼, 이 이 세계가 그대로 절대시되는 것이다. 이것은 언뜻 보더라도 동아시아에서 상당히 진행된 단계에서 나타난 사상처럼 보인다. 그 바탕은 '마음이 붓다를 만든다'고 하는 『화엄경』이나 『반주삼매경般舟三昧經』의 계통에서 나타나는 것으로, 그러한 점에서 본다면 인도에서 그 원류를 찾을 수 있다.

법신설의 입장에서 본다면, 인격적인 붓다나 실재하는 정토는 방편이고, 그것을 통해 편재하는 법신에 심화되지 않으면 안 될 것이다. 삼매=선정禪定에 의해 공을 체득하는 입장은, 인격적인 붓다, 실재하는 정토를 밖에 세우는 입장과 반드시 합치하지는 않는다. 유식계唯識系에서 설해지는 별시의설別時意說도 이와 같은 방향에서 정토를 방편적으로 보고 있다.

'되는 정토'라고 하는 것은, '현재의 사회에 정토를 현성現成시키는 것을 말하는 것으로, 세계의 정토화를 의미하는 것'이다. 근대에는 현세에 이상적인 세계를 건설하는 불교사회주의와 연결되기도 하였다. 물론 원래는 정신적인 수준의 문제였다. 보살이 불국토를 정화한다고 하는 정불국토淨佛國土 사상은 반야경전이나 『유마경』 불국품 등에 전형적으로 보이고 있다. 아미타 정토라고 하더라도 미타의 측면에서 본다면, 발원 성취하여 정토를 실현한 것이 되므로, '되는 정토'에 해당한다.

정식화定式化된 대승의 이론에서는, 성불하는 것이 곧 동시에 불국토를 가지는 것이고, 중생을 구제하는 것이 되므로 보살은 정토의 실현을 지향하는 것이 가능하다. 정토사상이라고 하면 구제되는 측으로부터 '가는 정토'가 강조되지만, 대승불교 보살의 이념에서 본다면 '되는 정토' – 혹은 '만드는 정토' – 의 측면이 정토의 본질이라고도 할 수 있을 것이다. 다만 『대아미타경』 등 정토사상의 옛 형태의 경우 정불국토사상의 영향은 받고 있지 않다(辛嶋, 2010).

'가는 정토'는, '사후에 향해서 가야만 하는 내세에 건설된 정토'이며, 이른바 정토사상은 이 '가는 정토'를 중심으로 전개되었다. 이것은 '되는 정토'를 구제받는 중생의 측면에서 본 것이다. '있는 정토'는 법신적인 것으로서 개별성을 가지지 않으며, '되는 정토'는 각각의 보살이 각자 다르게 만드는 것이지만, '가는 정토'에 관해서는 아미타불의 극락정토가 가장 전형적으로 간주된다. 무엇보다도 원래 윤회설을 세우는 불교의 사후관에서 본다면, 정토에 왕생하는 것은 설명하기 어려운 것이 된다. 그러한 까닭에 '가는 정토'를 중심으로 한 정토사상은, 반드시 불교의 정통적인 흐름 속에서 형성되었다고는 생각하기 어렵다.

천태의 사토설四土說은 불국토·정토를 체계적으로 이해하기에 적절한 것이라고 할 수 있는데, 그에 따르면 불국토는 다음의 네 종류로 나눌 수 있다(『유마경문소維摩經文疏』 권1 등).

범성동거토凡聖同居土 : 범부와 성자가 동거한다. 사바세계와 같은 예토穢土와 극락과 같은 정토가 있다.

방편유여토方便有余土 : 이승二乘 및 별교別敎의 십주十住·십행十行·십회향十廻向의 보살이 머물고 있다. 방편도를 닦은 과보이지만, 아직 무명의 미혹이 잔존한다.

실보무장애토實報無障礙土 : 무명의 미혹을 끊은 별교의 초지初地 이상, 원교圓敎의 초주初住 이상의 보살이 머물고 있다.

상적광토常寂光土 : 상주常住가 되는 붓다의 불토.

불토는 실재적인 것이 아니라, 수행자의 경지가 진전함에 따라 감득되는 것이기 때문에 경지에 따라서 다르게 나타나는 것은 당연하다. 삼종三種의 정토를 사토四土와 대응시키고, 또한 불신佛身과 대응시킨다면 다음과 같다.

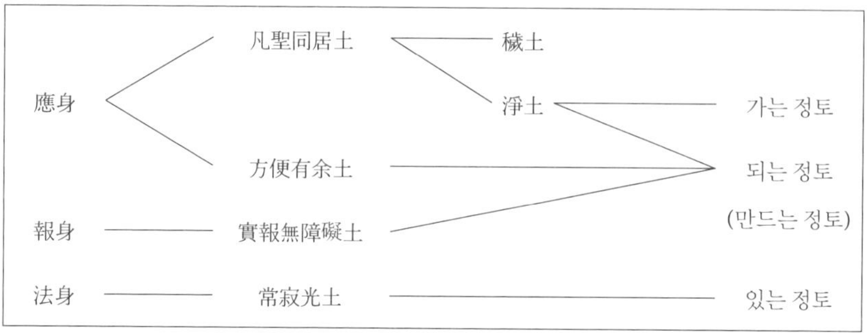

'가는 정토'는 범부가 범부인 채로 가게 되는 정토이로, 그곳에서는 보살로서의 수행이 진전함에 따라 감득하는 세계도 점차로 깊어간다. 그것이 '되는 정토－만드는 정토－'이다. 그 최후에 도달하는 붓다의 세계는 인과를 초월하는 것이 되므로, '되는 정토'를 넘어선 '있는 정토'이다. 그러한 까닭에 이 천태의 불토론은 무척 납득하기 쉬운 이론이다. 아미타불의 극락정토는 중생이 그곳에 가고, 그곳에서 수행이 진전하여, 경지를 돈독히 할 수 있는 초보적인 장場으로 자리매김한다. 물론 현세에서도 수행자의 경지가 심화됨에 따라 정토관은 발전되어갈 것이다.

중국에서 많이 수용되고 있는 정토관은 이와 같은 것이다. 그것은 통상 선정일치禪定一致라고도 부른다. 곧 염불도 정신집중의 방법으로 사용되고, 선정에 의해 경지를 심화하는 것이며, 더욱이 내세에 정토에 왕생하여 그 수행을 계속해간다고 하는 것이다. 『반주삼매경』부터 『관무량수경』으로 연결되는 정토사상은, 이와 같이 해석해도 결코 부당하지는 않다. 애초에 중국 정토교 창시자로 여겨지는 혜원慧遠은, 다른 무엇보다도 『반주삼매경』을 주된 근거로 삼고 있다.

그런데 일본에서 높게 평가되고 있는 선도善導의 설은, 이와는 다르게 아미타불을 보불報佛, 그 정토를 보토報土라고 인정하고 있다. 그리고 '지방입상指方立相'을 말하고, 그 정토가 서방에 실재하는 것이라고 생각하였다. 곧 범부의 '가는 정토'를 가장 높은 위치로 끌어올려, 십주 이상의 보살과 같은 경지라고 해석하고 있는 것이다. 이것은 범부와 성인의 구별을 없애고, 단계적인 경지로 나아간다는 것을 부정하는 것이다. 범부가 단 한 번에 높은 경지에 이를 수 있다고 인정하는 것은, 선禪의 돈오설頓悟說에 가깝다고 할 수 있으나, 중국에서 일반적으로 수용되고 있는 선정일치적인 시각과는 차이가 있다.

중국에서는 이와 같은 선도의 설이 결코 널리 수용되는 것은 아니었는데, 일본에서는 호넨法然이 그 설을 전면적으로 수용하면서 널리 받아들여지게 되었다. 더욱이 선도는 '염칭시일念稱是一'을 주장하고, 염불이란 칭명염불稱名念佛이라고 규정하였는데, 그것도 또한 호넨에 의해 수용되었다. 이와 같이 중국에서도 특이한 설을 중핵적으로 받아들이는 것에 의해, 일본의 정토교는 상당히 변질되었다.

그런데 아미타불의 극락정토를 말하는 경전이라고 한다면, 바로 '정토삼부경'이 떠오르게 된다. 곧 『무량수경』, 『관무량수경』, 『아미타경』의 한 세트이다. 하지만 이 세트는 사실 호넨에 의해 처음으로 제창된 것으로, 그 이전으로 거슬러 올라가는 것은 불가능하다. 따라서 '정토삼부경'을 기준으로 정토교를 논의하는 것은 불가능한 것이다.

다만 그것을 인지한 위에서 '정토삼부경'이라는 조합을 유효하게 연구하는 것도 가능하다. 예를 들면, 오늘날 가장 새로우면서도 동시에 상세한 정토교 연구는 후지타 코오타츠藤田宏達의 『정토삼부경의 연구』(2007)라고 할 수 있을 것이다. 여기에서는 '정토삼부경'이라고 하는 전통적인 체계를 계승하면서도 인도로부터 일본에 이르는 정토교의 전개를 광범위하게 논하고 있다. 위에 서술한 것과 같이, 정토교가 일본에서 크게 변용되어 정착되었다는 실상을 출발점으로, 그 원류를 인도로부터 해명하고자 하는 것이라면, 이와 같은 논술방식도 가능할 것이다.

'정토삼부경'이라고 하는 체계에 집착하지 않는다면, 오히려 정토사상의 전개는 ①초기 아미타불 신앙(『무량수경』, 『아미타경』의 원형), ②아미타불 신앙과 공사상 및 삼매 실천의 결합(『반주삼매경』), ③정토사상의 종합(『관무량수경』)이라고 하는 삼단계로 이해하는 것이 적당할 것이다(末木, 1992). 물론 이것도 또한 동아시아로의 전개라는 것을 염두에 둔 이해이며, 인도라는 틀 속에서 본다면 『관무량수경』은 제외되어야 할 것이다.

본 장에서는 우선 이와 같은 전개를 전제로 하면서, 그 가운데서도 정토교의 가장 원초형태를 보이는 『대아미타경』을 중심으로 정토교의 원형을 찾아보고자 한다.

2.
원시 대승불교와 『대아미타경』

『무량수경』과 『아미타경』은 초기 대승경전으로 분류되며, 대체로 같은 시기에 다른 사정에 의해 편찬되었을 것으로 생각되고 있다. 다만 현행본은 모두가 원형 그대로가 아니며, 증광增廣되어 있다. 그중에서도 『무량수경』은 한역된 것도 다수이며, 그러한 가운데 증광의 과정을 상당히 확실하게 찾아볼 수 있다. 『무량수경』의 한역은 '오존칠궐 五存七闕'이라고 하지만, 실제로 칠궐의 경우 문헌 목록상의 혼란에 의한 것으로, 한역된 것은 다섯 종류로 판단되고 있다.

① 『아미타삼야삼불살루불단과도인도경 阿彌陀三耶三佛薩樓佛檀過度人道經』(통칭 『대아미타경』) 2권, 오 吳의 지겸 支謙 역
② 『무량청정평등각경 無量淸淨平等覺經』(통칭 『평등각경』) 2권, 후한 後漢의 지루가참 支婁迦讖 역
③ 『무량수경』 2권, 조위 曹魏의 강승개 康僧鎧 역
④ 『무량수여래회 無量壽如來會』 2권(『대보적경 大寶積經』 제5회), 당 唐의 보리류지 菩提流志 역
⑤ 『대승무량수장엄경 大乘無量壽莊嚴經』 3권, 송 宋의 법현 法賢 역

이들 제 번역본 가운데 앞의 세 번역의 역자에 관해서는 문제가 있다. 이에 대해서는 후지타의 상세한 검토가 있다(藤田, 2007).

①은 지겸 역이라는 설 이외에도 지루가참 역이라는 설도 유력하다. 어쨌거나 기원후 2-3세기라는 매우 오래전 번역이라는 사실에는 틀림이 없다. ②는 지루가참 역이라는 설 이외에도 축법호 竺法護 역 혹은 백연(帛延: 白延) 역 등의 설이 있다. 시대로 본다면 3-4세기에 해당한다.

따라서 ①이 가장 오래 되었고, ②는 그보다 조금 뒤처졌다는 것이 확실하다. ③의 경우, 강승개 역이라는 설 외에 축법호 역, 붓다발타라 佛陀跋陀羅·보운 寶雲 공역 共譯 등의 설이 있다. 후지타는 붓다발타라·법운 法雲 공역의 설을 취하고 있

고, 번역 연대를 412년으로 보고 있다. 어쨌거나 번역 순서를 보면 ①→②→③의 순이라는 점에는 틀림이 없다. 이 가운데 ③이 동아시아에서는 가장 널리 수용되고 있다.

범본梵本·티베트어 역도 있는데, 범본은 현재까지 39종 이상의 사본이 확인되고 있고, 교정본校訂本도 다섯 종류가 간행되어왔다(藤田, 2007). 그 가운데 가장 신뢰할 만하다고 여겨지고 있는 것이, 아시카가 아츠우지 足利惇氏(1901-1983)의 교정본-足利本, Ashikaga, 1965-인데, 후지타 코오타츠는 더 나아가 거기에 보정補訂을 가하고 일본어 역을 한 뒤(藤田, 1975), 결정판이라고도 할 수 있는 교정본을 출판하였다(藤田, 2011).

이들 제본諸本은 아미타불의 본원本願의 수數로 분류되는 경우가 많다. 아미타불의 본원은 통상 48원願으로 되어 있지만, 이것은 『무량수경』에 의한 것이다. 『대아미타경』과 『평등각경』에는 24원으로 되어 있다. 이들은 24원계系라고 불린다. 범본은 47원, 티베트어 역은 49원으로 『무량수경』의 48원에 가까우므로 48원계라고 부를 수 있다. 『무량수여래회』도 48원이다. 이에 대해 『무량수장엄경』은 36원이다. 상식적으로 생각해보면, 24원계→36원계→48원계로 발전했다고 생각할 수도 있는데, 『무량수장엄경』은 특수한 경우이므로 따로 취급된다. 하지만 24원계→48원계로 발전된 것은 확실하다. 24원계를 '초기 무량수경', 48원계와 36원계를 '후기 무량수경'이라고 부르는 경우도 있다.

이와 같이 보면, 『대아미타경』이 『무량수경』의 가장 오래된 형태를 전하고 있다는 것을 알 수 있다. 그것뿐만이 아니라, 『아미타경』의 오랜 형태가 결코 확실하지 않다는 점을 생각한다면, 다양한 정토경전이나 그 이본異本 가운데 『대아미타경』이 가장 오래된 것이라고 생각해도 좋을 것이다. 따라서 지금부터는 우선『대아미타경』에 의해 정토신앙의 가장 오래된 형태를 찾아보고자 한다.

『대아미타경』을 역사적 위치에 대해 기준이 되는 설을 제시한 것이 시즈타니 마사오靜谷正雄의 연구이다(靜谷, 1974). 시즈타니는 이른바 고역古譯 경전의 검토에 의해 초기 대승경전보다 훨씬 더 고층古層의 경전이 현존하고 있다는 것을 논증하고, 이를 '원시대승'이라 불렀다. 시즈타니는 '원시대승'에 대해 다음과 같은 특징을 지적하고 있다(같은 책, pp. 47-48).

1. 일반적으로 초기 대승불교라고 불리고 있는 것은,『소품반야小品般若』이전과 이후로 나누어서 생각할 필요가 있다.
2. 『소품반야』에 처음으로 '대승'이라는 말이 나타나고 있고, 부파소승에 대한 비판이 명시되고 있다.『소품반야』이전에는 불과佛果를 이루겠다는 뜻을 세우고, 보살도를 행해야만 한다는 것을 강조하면서도, 아라한의 성자가 되는 것을 이상으로 하는 부파불교의 입장을 비난하지 않는 단계가 앞서 존재하고 있다. 붓다가 되는 것－작불作佛－을 이상으로 하는 '보살'의 불교라고 하는 점에서는 이미 '대승'이라고 불러도 좋을 것이나,『소품반야』와 더불어 이후의 대승불교에 일관되게 흐르고 있는 '공空'의 사상이 아직은 명확하지 않고, 불탑신앙에 대한 비판도 철저하지 못하였다. …….
3. 붓다가 되는 것을 이상으로 하면서 사무량심四無量心이나 육바라밀六波羅蜜의 실천을 설하고, 서원을 중시하며, 아미타불과 같은 현재타방불 신앙을 설하고, 불탑공양을 중시하며, 약간의 삼매를 설하거나 혹은 보살의 계위階位를 생각하고, 더불어 예불참회禮佛懺悔의 법을 보이는 등 상당히 다양한 것들이

있었다고 생각한다. … 이 '원시대승'은 『소품반야』에서 시작되는 '초기대승'이라기보다는 연대적으로 볼 때, 적어도 그보다 50년 이상 더 이전에 출현하였다고 생각된다. …….

4. 기원후 2세기 후반부터 3세기 초반에 걸쳐 … '초기대승'은 그 풍부한 살붙이기가 끝나는데, 이 시기까지 지역에 따라서는 '초기대승'과 병행하여 '원시대승'이 여명餘命을 보전하고 있었던 것으로 보인다.

연대에 관한 점 등 면밀히 검토해야 할 여지는 남아 있지만, 기본적으로 시즈타니의 견해는 오늘날에도 지지할 수 있는 것이 아닌가 생각한다. 그는 구체적으로 원시대승경전으로 『대아미타경』, 『아촉불국경 阿閦佛國經』, 『사리불회과경 舍利佛悔過經』 등을 들고 있다. 즉, 『대아미타경』은 원시대승경전을 대표하는 하나의 경전으로 볼 수 있는 것이다.

실제로 『대아미타경』에는 공空을 설하고 있지 않고, 아라한을 비롯한 사과四果를 인정하는 등 원초적이라고 볼 수 있는 요소가 많다는 점에서 시즈타니가 말하는 '원시대승'의 특징을 갖추고 있다. 이와 같은 관점에서 본다면 『대아미타경』은 정토신앙의 원초적인 형태를 전하고 있음과 동시에, 대승으로서도 매우 오래된 층의 형태를 남기고 있다는 점에서도 주목하지 않으면 안 된다.

다만, 『대아미타경』은 현존하는 범본에 직접 대응되지 않고, 한역漢譯도 고역古譯이기 때문에 무척 읽고 이해하기가 어렵다. 따라서 연구 논문이 적지 않음에도 불구하고, 그것을 다루기가 결코 쉽지 않았다. 그런데, 가라시마 세이시 辛嶋靜志에 의해 어학적인 절차를 밟은 역주譯注가 진행되고 있으며(辛嶋, 1999-), 이 연구는 새로운 단계를 향해 가고 있다. 그렇다 할지라도 한역 당시의 가필加筆이나 변용이 현저하다고 생각되며, 곧바로 범본의 원형을 찾아보기는 어렵다. 내용적으로도 구성이 뒤얽혀 있으며, 반드시 일관되고 있다고는 말하기 어렵다. 이른바 삼독三毒·오악五惡의 단락에 중국적 요소가 강하다는 점은 이미 널리 알려진 사실인데, 다른 부분도 신중하게 다룰 필요가 있다.

하지만 그러한 것을 인정한다 하더라도 이 경전으로부터 정토신앙의 원형을 찾는 것이 불가능하지는 않다. 구성의 복잡함을 해소하는 하나의 방법으로 삼독·오욕 단락만이 아니라 전체로서 이 경전의 성립단계를 세우고, 『대아미타경』에서 또한 원초형태를 찾는다는 것을 생각해볼 수 있다. 후지타 코오타츠는 '대고자對告者'가 도중에 아난阿難에서 아지따(阿逸 Ajita)=미륵으로 바뀌고 있는 것에 주목하고, 전자 쪽이 더 오래되었다고 추정하였다(藤田, 1970). 시즈타니 마사오는 아사세왕阿闍世王 수기授記의 단락을 기점으로 전후를 나누고, 그 앞쪽을 『아미타이십사원경阿弥陀二十四願經』이라고 보고, 애초에 그곳에서 경이 끝나고 있었던 것에 대해 뒤쪽에는 『극락장엄경極樂莊嚴經』이 부가되어 있다고 생각하였다(靜谷, 1974).

그 후 『대아미타경』의 성립단계에 대해서는 제설諸說의 주장이 나오고 있으며(色井, 1976 등), 가가와 타카오香川孝雄가 이를 정리하면서 또한 자신의 설을 전개하고 있다(香川, 1997). 필자도 또한 '대고자'를 단서로 하여 시안試案을 제출한 적이 있다(末木, 1980). 최근에는 시아오 위에가 종래의 연구사를 정리하면서 새로운 시점을 제공하고 있다(肖越, 2011a).

성립단계는 어디까지나 추측에 지나지 않으며, 실증 불가능하므로 너무 그 점에 집착하는 것은 좋지 않다. 하지만 '대고자'를 단서로 단락을 나누어 『대아미타경』의 내용을 분석하는 것이 반드시 부적절하다고는 할 수 없다. 실제로 아난을 '대고자'로 하는 부분과 아지따를 '대고자'로 하는 부분은 그 성격이 상당히 다르다는 것을 인식할 수 있다. 그러한 까닭에 지금부터는 앞에서 기술한 졸고를 바탕으로 '대고자'에 주목하고, 단락을 나누어 그 내용을 살펴보면서 경전 성립 문제에도 다소의 추정을 가해보고자 한다.

3.
『대아미타경』 상권의 검토

『대아미타경』 상권은 서분序分에 이어서 24원을 포함한 아미타불의 본생담을 기술하고 있고, 이어서 원을 성취한 불국토 수마제(須摩提 Sukhāvatī)의 정경情景을 기술하고 있다. 대부분은 아난을 '대고자'로 하고 있지만, 최후의 부분에서는 한 차례 아지따로 바뀌며, 재차 아난으로 되돌아간 후 끝난다.

1) 서분

무대는 나열기(羅閱祈 Rājagṛha)의 기사굴산耆闍崛山으로, 이것은 48원계에 이를 때까지 변하지 않는다. '대고자'로 『대아미타경』에서는 현자—아라한·성문—만을 들고 있다. 최후에 "이와 같이 모든 비구승, 심히 많은 무리가 되어 수천억만 인이 된다. 모두가 제 보살·아라한으로 그 수가 무한하여 다시 헤아릴 수 없다"(『大正藏』12, 300a. 이하, 동경同經의 인용은 쪽 수만 표시한다)고 되어 있다. 즉, 비구승으로 보살과 아라한이 있다는 것이며, 재가자는 들어 있지 않다. 『대아미타경』이 출가자 우위의 교단에서 형성되었다는 것을 암시하는 것이다. 한편 『평등각경』에서는 모든 제자중 弟子衆·보살의 뒤에 비구니·청신사 淸信士·청신녀 淸信女를 들고 있다는 점이 독특하다. 『무량수경』에서는 성문 다음에 보살의 이름을 들고 있다.

재가와 출가의 문제는 본 경전에서 주목되는 부분이다. 아미타불의 전생인 담마가(曇摩迦, Dharmākara, 法藏)보살은 출가보살로, 그것은 이후 48원계에 이를 때까지 유지된다. 왕생의 방법을 설하는 삼배 三輩 단락도 상배 上輩는 출가자이다. 이와 같이 본 경전에서는 출가우위가 일관되고 있다. 최근 대승불교의 성립에 관하여 종래의 재가집단설에 대해 출가교단성립설이 유력하게 제기되고 있는데(下田, 1997), 본 경전에서 보이는 출가자 중심의 입장은 그러한 논리를 보강하는 것이 된다. 물론 이것이 출가자들 중심으로 폐쇄되어 있다는 것이 아니라, 재가자가 교화의 대상으로 되어 있다고 생각한다.

2) 아난을 '대고자'로 하는 부분

a. 원문 願文

아난의 물음에 대답하는 형태로 담마가보살의 발원과 그 성취를 설한다. 이곳에서 24원이 기술되며, 그것이 성취되어 아미타불이 되고, 그 국토는 수마제(須摩提 Sukhāvatī 극락)로 불린다. 24원에 대해서는 많은 사람들이 다른 번역으로 대조 對照하고 있으므로 이곳에서 다시 제시할 필요도 없지만, 일단 후지타 코오타츠가 붙인 원명 願名을 제시하고(藤田, 2007: 305-306), 이에 대응하는 『무량수경』의 원의 번호를 제시해둔다. [ ] 안에 들어가는 것은 반드시 정확하게 일치하지 않는 것을 의미한다.

1. 무삼악도 無三惡道 (1)
2. 전녀성남 轉女成男 · 연화화생 蓮華化生 (35)
3. 국토칠보 國土七寶 · 자구자연 資具自然
4. 제불찬탄 諸佛讚歎 · 문명환희래생 聞名歡喜來生 (17 · 18)
5. 회과작선원생 悔過作善願生 (20)
6. 작선단욕원생 作善斷欲願生
7. 작보살도원생 作菩薩道願生 – 臨終來迎 – (19)
8. 불갱악도 不更惡道 (2)
9. 면목주호 面目姝好 · 실동일색 悉同一色 [3 · 4]
10. 예상지의 豫想知意 (8)
11. 무음진치 無淫瞋癡 [10]
12. 경애무질 敬愛無嫉
13. 공양제불 供養諸佛 · 공물재전 供物在前 (23 · 24)
14. 음식자연 飮食自然
15. 자마금색 紫摩金色 · 삼십이상 三十二相 (3 · 21)
16. 설경여불 說經如佛 [25]
17. 통시 洞視 · 철청 徹聽 · 비행 飛行 [6 · 7 · 9]
18. 설경수승 說經殊勝

19. 수명무량 壽命無量 (13)

20. 보살아라한무수 菩薩阿羅漢無數 (14)

21. 보살아라한장수 菩薩阿羅漢長壽 (15)

22. 숙명철지 宿命徹知 (5)

23. 보살아라한광명 菩薩阿羅漢光明

24. 광명절승 光明絕勝· 견광명래생 見光明來生 (12)

이들 원은 붓다 자신의 광명에 관한 원-제24원-이외에 대부분은 불토와 그곳 중생의 모습에 관한 것인데, 더욱이 그 불토에 내생하는 중생의 조건에 대해 기술한 원인 제4-7원이 있다. 원의 배열은 반드시 체계적이라 할 수 없고, 확고한 구성에 의해 만들어진 것이라고는 생각되지 않는다.

이러한 점에서 생각되는 것은, 24원을 기술하기 전에 간략하게 원의 개요를 기술하고 있는 부분이다. 그곳에서는 다음의 네 가지를 맹세하고 있다(300c-301a).

① 만약 내가 후에 붓다를 이루게 될 때, 팔방· 상하의 무수한 모든 붓다 가운데, 그 모든 붓다 가운데 최고로 존귀하고, 지혜 용맹하여, 머릿속의 광명은-누이긍 樓夷亘-붓다의 광명과 같고, 불꽃이 비치는 焰照 곳은 끝이 없게 될 것이다.

② 머무는 곳의 국토는 자연의 칠보 七寶이며, 매우 부드럽고 좋을 것이다.

③ 만약 내가 나중에 붓다가 될 때, 이름을 가르쳐 주어 모든 팔방· 상하에 무수한 수의 불국에 들리고, 내 이름을 들어 알지 못함이 없을 것이다.

④ 무수한 모든 천天· 인민人民 및 연비연동 蜎飛蠕動하는 무리, 모든 나의 나라

> 에 태어나는 자, 모두가 다 보살·아라한이 될 것이니, 그 끝없는 수가 되어 모든 불국보다 수승할 것이다.

①은 붓다 자신에 관한 것으로, 제24원에 해당하고, ②는 불국토에 관한 것으로, 제3원에 해당한다. ③은 타방불국토의 중생에 관한 것으로, 제4원에 해당하고, ④는 불국에 내생한 중생에 관한 것으로, 특정한 원에 해당한다기보다는 원 가운데 수마제－극락－에 내생한 자는 보살·아라한이 된다는 것이 전제로 되어 있으므로, 그것들을 총괄한 것이라고 할 수 있다. 문맥상 ③과 ④는 연속하는 것이므로, 그 이름을 들으면 왕생할 수 있다－문명왕생 聞名往生－는 것을 설한 것이라고 이해할 수 있다.

이러한 원을 설한 후, 원의 성취에 해당하는 문장이 있다.

> 그 담마가보살, 그러한 뒤에 이르러 스스로 붓다가 되는 것에 이르게 되니 아미타불이라고 이름 하였다. 최고로 존승할 만한 지혜와 용맹을 지니고 있고, 광명이 비할 것이 없다. 지금 현재 머물고 있는 국토, 지극히 명쾌한 선善의 나라이다. 한편으로는 다른 불국이 있으니 팔방 상하의 모든 한없는 수의 천天·인민人民 및 연비연동의 무리를 가르쳐서 근심과 걱정을 건너게 하고, 해탈을 얻게 하지 않음이 없다(p.310a).

위에 기술한 원과 비교해보면 대응관계는 바로 알 수 있고, 그 성취문이라고 이해해도 좋을 것이다. 그 후 24원을 설하고 있으므로 그 전에 원과 그 성취가 약설

略說되어 있는 것이 된다. 이곳에서 들고 있는 원은 성립사적으로 볼 때 원의 가장 오래 된 형태일 가능성도 있다(末木, 1980 외 苅谷, 2003 등 참조). 다만 그에 대해서는 비판도 있으며(肖越, 2012), 더 검토가 요구된다.

이곳에서 우선 주목되는 것은, 아미타불의 광명이 비할 바 없다는 것은 설해지고 있지만, 수명에 대해서는 설해지지 않고 있다는 점이다. 수명에 대해서는 24원 가운데에도 없는데, 아지따를 '대고자'로 하는 부분에서 처음으로 나타나고 있다. 더욱이 아미타불의 수명에는 한정이 있고, 그 후 관음·대세지보살이 인계한다고 되어 있으므로 단순히 수명이 무한하다고는 말할 수 없다. 아미타불의 어원은 Amitābha(무량광)과 Amitāyus(무량수)의 두 가지가 있다. 『무량수경』 계통은 Amitābha, 『아미타경』에서는 Amitāyus가 중심이 되고 있는 것으로 알려져 있다. 이는 범본에서 확인할 수 있는 것인데, 『대아미타경』에서 광명이 중시되고, 수명의 전개가 늦어지게 된 것은 확실히 그 성립으로부터 확인할 수 있는 점이다.

다음 ③의 부분으로, 무수한 불국에 그 이름이 알려진다는 것인데, 동시에 그 이름이 구제의 작용을 지닌다고 말하여진다. 이것은 24원 중 제4원에 해당한다.

> 혹시 어떠한 붓다가 될 때, 모든 팔방 상하 무수한 불국에서 나의 이름을 듣게 될 것이며, 모든 제불 諸佛이 각각 비구승의 대좌 大座 가운데에서 나의 공덕·국토의 선을 설할 것이다. 제천 諸天·인민·연비연동의 무리, 나의 이름을 듣고 자비심이 환희 약동하지 않음이 없을 것이다. 모두 나의 나라에 내생하게 할 것이다. 이 원을 얻는다면 곧 붓다를 이룰 것이다. 이 원을 얻지 못한다면 마침내 붓다가 되지 못할 것이다(p.301b).

이것은 이름을 들으면 왕생할 수 있다聞名往生는 것이 가능하다는 것인데, 왕생의 원은 이것 외에 제5-7원이 있다. 제5원은 '전생에 악을 지었으되, 나의 이름을 듣고 나의 나라에 내생하기를 바라는 자'이며, 삼배三輩 단락의 하배下輩에 해당한다. 다만 하배 단락에서는 전생의 악에 대해서는 설하고 있지 않다. 제6원은 재가의 사람이 선을 행하는 경우로서 중배中輩에 해당한다. 제7원은 출가하는 경우로서 상배에 해당한다. 그 까닭에 제5-7원은 한 무리로 되어 있지만, 그에 비해 제4원은 반드시 그 무리 가운데 포함되지 않는다.

이 원은 『평등각경』에서는 제17원에 해당하는데, 48원계에서는 원래의 형태가 없어지고, 『무량수경』에서는 제17원과 제18원으로 나뉜다(268a).

> [제17원] 만약 내가 붓다를 이룸에, 시방세계의 무량한 모든 붓다들이 나의 이름을 부르지 않으면 정각을 얻지 못할 것이다.
> [제18원] 만약 내가 붓다를 이룸에, 시방의 중생이 지극한 마음으로 믿음을 즐겨하고, 나의 나라에 왕생하기를 바라고, 내지 십념十念을 하였는데, 만일 정토에 태어나지 못하면 정각을 얻지 않을 것이다. 다만 오역五逆과 정법을 비방한 자는 제외한다.

이 제18원이 염불중생의 왕생을 서원한 본원으로 일본 정토교에서는 48원의 중심적인 것으로 이해되고 있다는 것은 잘 알려진 사실이다. 다만 범본에서는 원래의 형태가 아니라 제18원과 제19원으로 나뉘어 있다. 그 두 가지 원은 모두가 '나의 이름을 듣고 mama nāmadheyaṃ śrutvā'이며, 이름을 듣는 중요성이 말하여지고 있다는 점이 주목된다.

이름을 들으면 왕생할 수 있다는 것에 대해서는 부정적으로 보는 시각도 있지만, 이와 같이 48원계에 이르기까지 중시되고 있는 것을 보면 그 정도로 가볍게 다룰 수는 없을 것이다. 물론 이름을 듣는다는 것은 단순히 청각적으로 이름을 듣는다는 것만을 의미하는 것이 아니다. 이름은 붓다를 부르는 소리로, 그 부르는 소리를 듣고 응답하는 것이 모든 것의 출발이 된다. 그러한 까닭에 『대아미타경』의 제4원은 제5-7원의 기초가 되는 것이다. 제5원에도 '나의 이름을 듣는다 聞我名字'가 나오는데, 제6원과 제7원도 그것이 전제가 되고 있다고 생각해야만 할 것이다.

제4원에서 '나의 공덕·국토의 선을 설하리라'고 말하여지고 있는 것과 같이, 제불이 아미타와 그 국토를 찬탄하는 것도 그 근본에는 붓다를 부르는 것이 있고, 그 부르는 것에 대한 제불의 호응이 찬탄이라고 하는 형태로 나타나고 있다고 생각한다. 제4원의 성취문은 확실히는 보이지 않는데, 다음의 아미타불의 광명을 설하는 가운데에 해당한다고 생각되는 부분이 있다. 삼배 단락이 아지따를 '대고자'로 하는 것에 대해, 아난을 '대고자'로 하는 부분에서 나오고 있고, 이것이 보다 오랜 형태일 가능성이 있다고도 생각된다.

b. 원성취문 願成就文

24원을 설한 후, 그 원을 성취하여 아미타가 붓다가 된 것을 설하고 있다. 이하는 그 구체적인 양상이 설하여진 이른바 원성취문에 들어가게 된다. 우선 제24원의 성취에 해당하는 붓다광명의 절대성이 장문 長文에 걸쳐 설해지고 있다(p. 302b-303b). 표현법상 주목되는 것이 아미타불 광명의 절대성을 기술하기 위해 다른 제불의 광명을 적은 부분이다.

즉, 그곳에는 "붓다의 정수리 속의 광명, 7장丈을 비추는 것이 있고, 붓다의 정수리 속의 광명, 1리里를 비추는 것이 있다"(302b) 등으로 이어지고 있다. 그 광명이 비추는 거리가 이후로 2리·5리·10리·20리 … 300리·600리·일불국一佛國·양불국兩佛國 … 26만 불국·50만 불국으로 점점 늘어나고 있다. 이 숫자를 보면 4로 되어야 할 곳이 5로, 1,280으로 되어야 할 곳이 1,300으로 되어 부분이 있기는 하지만 대체로 앞의 숫자가 2배로 증가하고 있다.

이와 같이 숫자를 증가시키는 방식은 아난을 '대고자'로 하는 부분의 특징으로, 그 외에도 욕지浴池의 크기를 기술하고 있는 부분이나 아미타불국토의 보살이 다른 불국의 모든 붓다를 공양하는 데 사용하는 꽃의 크기를 기술하고 있는 부분에서도 찾아볼 수 있다.

앞에 기술한 제4원의 성취문은 반드시 꼭 들어맞는 것은 아니지만, 이 광명을 기술하는 중에서 이하의 부분이 여기에 해당된다고 생각한다.

> 그 인민, 선남자·선여인, 아미타불의 목소리를 듣고 광명을 칭예稱譽하고, 아침저녁으로 항상 그 광명을 좋아함을 칭예하고, 지극한 마음으로 이를 끊지 아니하면, 마음이 원하는 바대로 아미타불국에 왕생하고, 많은 보살·아라한으로부터 존경을 얻을 수 있을 것이다(p.303a).

여기서는 이름을 듣는 것은 아니지만, 아미타불의 목소리를 듣는다는 것이 확실하게 기술되어 있다. 그에 대한 응답으로 붓다의 광명에 대한 찬탄이 저절로 나오고 있는 것이다.

c. 아사세왕태자수기 阿闍世王太子授記 단락

광명찬탄에 이어서 아사세왕태자수기의 한 단락이 들어 있다(p. 303b). 붓다가 24원을 설할 때, 아사세왕태자와 5백 명의 장자 長者의 아들들이 크게 환희하고, 장래에 아미타불과 같이 되고자 한다는 원력을 세우자 붓다는 과거세의 인연을 밝히고, 그 원이 실현될 것임을 설하며 수기를 주고 있다. 이것은 『평등각경』에는 보이지만, 48원계에서는 삭제된다.

이 부분에 대한 해석에는 이설 異說이 있다. 유통분적인 기술방식이라는 점에서 이곳에서 '이십사원경 二十四願經'이라고도 할 만한 것이 끝났다고 하는 설도 있다. 한편 이 한 단락은 문맥상 느닷없이 나오고 있다는 점이나 『태자쇄호경 太子刷護經』, 『태자화휴경 太子和休經』 등과 유사한 이야기가 보이고 있는 점 등으로부터 부수적으로 삽입된 것으로 보는 관점도 있다. 하지만 그 전후로 특별히 이야기가 단절되는 것이 아니므로, 이곳에서 성립사적인 단계를 구분하지 않으면 안 될 필연성은 없다. 또한 다른 경전과 유사하다는 점에서 곧바로 삽입된 것이라고 단정하는 것도 곤란하다.

이곳에서 주목되는 것은 본 경전이 기본적으로 아미타불에 의한 구제를 설한다고 하는 성격이 강한 가운데, 이곳에서는 거꾸로 아사세왕태자 등이 아미타불과 같은 양태로 중생구제에 대한 서원을 세우고, 이것이 붓다에 의해 인정되고 있다는 점이다. 곧 이곳에서 아미타불은 중생을 구제하는 존재 救濟者라기보다는 보살의 모범으로 되어 있다. 오히려 이것이 보살 본래의 존재양태일 것이다.

본 경전에서도 물론 상배上輩에서는 보살도를 이루고, 육바라밀을 실천하는 것이 권해지고 있다. 하지만 24원에서 서원된 불국토 중생의 존재양태를 보면, 확실히 그들이 보살 혹은 아라한으로서의 이상을 실현하고 있음을 기술하고는 있지만, 그들이 중생구제의 활동을 보이는지에 대해서 표면적으로는 설해지지 않고 있다. 보살이 중생을 구제하는 존재로 나타나는 것은 아미타불에만 집약되어 있고, 중생은 구제를 받는 존재被救濟者라는 성질로 일원화一元化되어 있다. 그 가운데에서 아사세왕태자수기의 한 단락은 아미타불과 동질의 구제자적인 보살을 지향하고 있다는 점에서 특이하다. 하지만 그와 같은 요소가 본 경전 가운데 포함되면 안 되는 이유도 없다. 굳이 삽입설을 채택하지 않고, 애초에 그와 같이 있었다고 생각해도 이상하지는 않을 것이다.

d. 원성취문願成就文의 계속

아사세왕태자수기의 단락에 이어서, 분명히 원문願文을 의식해서 쓰였다고 생각되는 종종의 원성취를 열거한 부분이 있고, 그곳으로부터 발전하여 불국토의 모습을 생생하게 묘사하고 있다. 그것에 대해서 상세하게 기술하는 것은 약하겠다.

3) 아지따를 '대고자'로 하는 부분

아미타불국을 찬미하고 마하목건련을 증인으로 내세워 아미타불국의 보살·아라한이 목건련보다 훨씬 뛰어나다는 것을 기술한 뒤, 갑자기 아지따보살이 일어나서 "아미타불국 가운데 모든 아라한이 반니원(般泥洹, 般涅槃)을 얻어 영원히 가버린 자가 있는가. 원컨대 이것을 듣기 바라노라"(p. 307c)라고 질문한다. 여기서부터 한

동안은 아지따를 '대고자'로 하는 설법이 이어지게 된다.

이곳에서는 먼저 아지따의 물음에 대한 답변으로, 불국토의 아라한이 반열반을 얻은 사람은 있지만, 그와 동일한 만큼 새롭게 아라한이 되고 있으므로 그 수에는 변화가 없다고 말하고, 다음으로 불국토의 집 舍宅이 훨씬 뛰어나다는 것을 기술하고 있다. 여기서 주목되는 것은, 그곳에서의 대표적인 보살로 합루긍 廅樓亘보살과 마하나발 摩訶那鉢보살의 이름이 거론되고 있다는 점이다. 전자는 Avalokiteśvara 觀音이고, 후자는 Mahāsthāmaprāpta 勢至로, 여기서 아미타삼존 阿弥陀三尊의 가장 이른 형태를 찾아볼 수 있다. 한편 합루긍은 『대정신수대장경』에는 『고려대장경』의 기술을 수용하여 '개루긍 蓋樓亘'으로 되어 있는데, 이는 부적절한 것이라고 지적되고 있다(辛嶋, 1999-, 제5회, 주79).

이어서 아미타불의 광명이 끝이 없다는 것으로부터, 그 근거로서 아미타불의 수명이 끝없이 길다는 것으로 이야기가 옮겨간다. "아미타의 수명은 지극히 장구 長久하고 호호조조 浩浩照照하며, 선 善을 밝힘에서 지극히 깊고, 다함이 없고 無極 바닥이 없다 無底. 누가 마땅히 그것을 알아 믿을 자가 있겠는가. 홀로 붓다 스스로가 믿어 알 수 있을 따름이다"(p.309a)라고 기술하여 아미타불의 수명이 거의 한이 없다고 말하여지고 있다. 광명무극으로부터 수명으로 발전하고 있는 것은 본 경전이 어디까지나 무량광에서 출발하고 있다는 것에 대응한다.

이곳에서 흥미로운 것은 아미타불의 수명도 이윽고 마지막에 이르러 반열반을 이루고, 그 다음을 합루긍보살이 이어받으며, 또한 그 이후를 마하나발보살이 이어받는 것으로 되어 있다는 것이다. 즉, "아미타불, 그러한 뒤에 이르러 반니원을 이루니, 저 합루긍보살이 바로 붓다를 이루고, … 즉, 반니원을 이루니, 그 다음으로 마하나발보살이 다시 붓다를 이루고 …”(p. 309a)라고 기술되어 있다.

아미타불의 반열반은 『평등각경』에는 보이고 있지만, 48원계에 이르면 보이지 않게 된다. 수명무량의 아미타불의 수명에 제한이 있다고 하는 것은 이상하게 보이지만, 애초에 한 없이 영원하다고 하는 것은 추상적으로 사고하기 어려운 것이었을 것이므로 까마득히 먼 미래라고는 할지라도 끝나는 시점을 생각하는 것이 부자연스러운 것은 아니다. 또한 석존을 모델로 하여 붓다에게 반열반이 있다고 하는 전제가 있는 이상, 아미타불도 그것을 면할 수 없다는 것은 당연한 것이 될 것이다.

그와 같은 붓다의 반열반은 법신설法身說에 의해 넘어서게 되는데, 본 경전은 그러한 영향을 받고 있지 않다. 따라서 아미타불이 반열반 한다는 것이 그렇게 이상한 것은 아니다. 48원계에서 이 한 단락이 삭제되는 것은 발전된 불신관佛身觀을 받아들였기 때문인 것으로 생각한다.

다만, 아난을 ‘대고자’로 하는 부분에 대해 아지따를 ‘대고자’로 하는 부분에는 원문願文과 대응되지 않는 부분이 많고, 경전의 흐름상 부수적인 문제를 다루고 있다. 아미타불의 수명에 한정이 있다는 것, 합루긍보살과 마하나발보살의 등장 등 원문에는 나오지 않는 것들이다. 아난의 부분과 비교하자면, 이치를 추구하는 설명 부분이 많고, 논의가 복잡하게 얽혀 있다. 아난의 부분에는 보이지 않았던 ‘까닭은 무엇인가’라는 표현이 이 짧은 단락에 네 차례나 등장하고 있다. 또한 아난의 부분에서는 숫자의 표현을 두 배씩 배가하며 늘려가는 데 대해, 이곳에서는 1일·2일·5일·10일·15일·1월·5월·10월·5세歲·10세·100세라는 방식으로 늘어나고 있다. 이러한 모든 점을 종합하여 생각할 때, 아난의 부분과 성립사적으로 다른 단계에 속한다고 볼 수 있는 가능성도 충분하다고 생각한다.

4) 다시 아난을 '대고자'로 하는 부분

상권의 마지막 부분에서는 다시 아난이 등장하고, 아미타불국에 수미산이 없다고 한다면, 사천왕四天王이나 도리천忉利天은 어디에 의지해서 존재할 것인가를 묻는다. 수미산 문답이라고 말하여지는 부분으로, 원성취문에 "그 나라 가운데에 수미산은 있지 않다. 일월성신, 제1천왕, 제2도리천, 모두가 허공 중에 있다"(303b)라고 기술되어 있는 것을 근거로 하고 있다.

이에 대해 붓다는 "그대는 붓다에게 의심을 품고 있는 것인가"라고 반문한 후, 붓다의 지혜가 끝이 없다는 것을 기술하고 있다. 마지막 부분에 이르러 드디어 이 세계에도 제3염천(焰天=夜摩天)보다 위쪽은 허공 중에 있는 것이 아닌가라고 하여 붓다의 위신威神은 무척 높으므로 원하는 대로 천天을 허공 중에 둘 수 있다고 대답하고 있다.

이 부분은 48원계에서도 간략화해서 이어받고 있고, 위치도 원성취문의 바로 뒤쪽에 옮겨져 있는데, 그렇게 하는 것이 문맥상 이해하기 쉽다. 아마도 원래는 『대아미타경』의 형태가 원형이고, 그것이 뒤에 합리적인 장소로 옮겨간 것이 아닐까 생각한다. 앞의 아지따 부분과 같은 양태로 부수적인 의문을 다루고 있는 것처럼 생각된다.

이곳에서도 수를 증가시키는 방식이 1·10·100·천·만·억으로 되어 있어, 아난 부분과 다르고 아지따 부분과 일치한다. 이러한 점에서 생각하면, 아난이 '대고자'가 되어 있지만, 아지따 부분과 연속으로 이어져 부가된 것이라고 보는 것이 적절하다고 생각한다.

4.
『대아미타경』 하권의 검토

1) 아지따를 '대고자'로 하는 부분-삼배단락-

하권의 첫 부분은 삼배단 三輩段인데, 왕생의 방법을 기술한 한 단락으로 제5-7원에 대응하는 부분이다. 본 경전 가운데에서도 중요한 의미를 가지는 부분이라 할 것이다. 우선 상배 上輩는 제7원에 대응하는 것으로, 출가해서 사문이 되고 보살행을 행하는 사람이며, 목숨이 끝날 때에는 아미타불이 모든 보살·아라한과 함께 이를 맞이하고, 아미타불국의 칠보수지 七寶水池의 연꽃 속에 화생 化生한다. 이는 대략 제7원에 가깝다.

중배 中輩는 제6원에 대응한다. 출가는 하지 않지만, 보시를 행하고 사문에게 먹을 것을 제공하며, 불사리탑을 세우는 등 선행을 행하는 사람으로, 아미타불의 화신이 이를 맞이하여 불국에 태어난다.

하배 下輩는 제5원에 대응한다. 중배와 같은 선행은 불가능하지만, 한 마음이 아미타불국에 왕생하기를 원하여 이를 주야로 10일간 끊임없이 한다면, 수명이 끝난 후 아미타불국에 태어난다. 다만 제5원은 '전생에 악을 지었더라도 나의 이름을 듣고 나의 나라에 태어나기를 원하는 자'로, 악을 뉘우치고 고쳐서 선을 행하는 사람이라고 되어 있다. 일종의 악인왕생설 惡人往生說이다. 그런데 성취문의 하배에는 이러한 것이 기술되어 있지 않다는 점에서 서로 들어맞지 않는다.

하지만 그것 이상으로 큰 문제는 중배와 하배에 '변지왕생 邊地往生'이 부수되어 있다는 점이다. 곧 중배와 하배에 상당하는 행위를 행한 사람이 중도에 의심을 품게 되는 경우로, 비록 그렇다고는 할지라도 임종 시에 죄를 뉘우치게 되면, 아미타불토의 가장자리에 해당하는 칠보성七寶城 가운데에 태어나 도리천과 같은 쾌락을 얻을 수 있으며, 마침내 상배와 같은 깨달음을 얻을 수 있다는 것이다. 이 변지왕생 단락은 중배와 하배의 중심부분보다도 훨씬 분량이 많고, 오히려 이 단락에 역점을 두고 있는 것처럼 보이기도 한다. 이것은 『평등각경』에는 보이지만, 48원계에서는 삭제되어 있는 것으로, 24원계의 특징이라 할 수 있다.

중배와 하배에게만 변지왕생이 있는 것은 이들이 모두 재가자이며, 재가자는 중도에 퇴전退轉하는 사람이 많을 것이므로 그와 같은 사람을 경계한다는 점에서 변지왕생은 설득력을 가지게 될 것이다(佐々木, 2003). 상배가 출가자인 것은 본 경전이 출가자 우위의 입장에서 만들어졌다는 것을 암시한다. 그렇지만, 중배와 하배에서 퇴전하는 사람까지 배려하고 있다는 점은 그 설법의 대상이 재가자였다는 점을 보여주고 있는 것이라 말할 수 있을 것이다.

그러므로 앞의 제5원과의 정합성 문제이기는 하지만, 의심의 뜻을 품었으나 뒤에 죄를 뉘우치고 변지왕생하는 사람을 생각한다면, 완전하지는 않더라도 거의 합당하다고 말할 수 있을 것이다. 그렇게 본다면 변지왕생 단락은 단순히 부가된 것이 아니라 처음부터 삼배 단락의 중요한 요소로 편입되어 있었다고 말할 수 있을 것이다.

2) 아지따보살 등 제천諸天 · 제왕帝王 · 인민人民을 '대고자'로 하는 부분 – 三毒 · 五惡段 –

하배 다음에 붓다는 아지따만이 아니라 '아지따보살 등, 제천 · 제왕 · 인민'을 향해 이야기를 꺼내 10선善을 지키는 것을 설한다. 그 다음에 이른바 삼독三毒 · 오악五惡

단락에 들어간다. 삼독－탐·진·치－이나 오악－살생·투도·사음·망어·음주－에 의한 예토의 고통을 설하고, 그에 대해 선을 행할 것을 권하고 있다. '대고자'는 아지따 한 사람으로 되돌아가거나 '아지따보살 등'으로 되어 있지만, 전체적으로 하나로 통합된 것으로 생각된다. '대고자'가 복잡하게 되어 있는 것은 이 부분이 아지따 단락보다 더 부가적이라는 것을 보여주고 있는 것이다.

이 부분은 『평등각경』으로부터 『무량수경』으로 이어지지만, 범본에는 없다. 따라서 『무량수경』의 해당 부분은 원본에는 없는 것을 선행하는 24원계로부터 끌계승한 것이라고 생각되고 있다. 애초에 『대아미타경』의 이 부분에 관해서도 그것이 인도 찬술인지, 중국 찬술인지에 대해 의견이 나뉘어 있다.

인도 찬술설의 가장 큰 근거는 이 부분이 경전의 구성상 불가결하다는 것이고, 중국 찬술설의 최대 근거는 범본이나 티베트 번역본에는 빠져 있다는 것과 번역이라고는 생각되지 않는 중국적 표현이 많은 것 등이다. 그러한 까닭에 이 부분을 중심으로 해서, 본 경전을 중국종교사상사의 틀로 파악하는 것도 가능하다(丘山, 1990).

현 단계에서는 인도 찬술인지 중국 찬술인지를 단정할 수 있는 확실한 근거는 없다. 단지 본 단락에서 사용하고 있는 번역어를 이전 단락의 것과 비교해보면 보살·아미타불·아지따·비구승·비구니·니원 등, 중복되는 것에 대해서는 동일한 번역어가 사용되고 있어서 어딘가 번역어가 바뀌었다고 할 만한 것은 없다. 그러한 까닭에 한역된 후, 이 부분을 다른 사람이 삽입했다고 하는 것은 생각하기 어렵고, 번역이 성립되는 단계에 이미 들어가 있었던 것이라고 생각해야 할 것이다.

초기의 역경 譯經은 단순히 인도의 원전을 중국어로 치환했다고 할 수는 없고,

번역자에 의한 설명 등이 포함되어 있었으므로, 인도 찬술인가 중국 찬술인가 하는 양자택일의 방식으로 묻는 것은 별로 적합하지 않다(辛嶋, 2010). 애초에 '원시대승'의 단계에서 하나의 뜻으로 확정된 텍스트가 존재했었다고 보는 것이 적당한 것인지 어떤지도 또한 다시 검토할 필요가 있을 것이다.

3) 아난·아지따를 '대고자'로 하는 부분-유통분-

경전의 가장 마지막 부분은 '대고자'가 다소 복잡하게 되어 있다. 곧 아난→아난·아지따보살 등→아난→아지따보살→아난·아지따보살 등으로 변화하고 있다. 아마도 원래는 훨씬 단순한 것이었다고 생각한다. 이 부분에서 중요한 것은 붓다가 아난에게 아미타불국토를 보여주는 부분이다(316b-c). 삼배의 상배 단락에서는 꿈속에서 붓다를 만나는 것이 보이고 있다(310a). 『아촉불국경』에서도 불국토 현견佛國土現見의 한 단락이 있고, 중요한 위치를 차지하고 있다. 뒤에 『반주삼매경』에 이르면 의도적으로 견불見佛을 목적으로 한 삼매법이 전개되기도 한다.

5.
정토교의 전개

이상에서 고찰한 것과 같이 『대아미타경』은 지극히 초기적인 정토교의 형태를 확인할 수 있는 귀중한 자료이다. 그곳에는 아사세왕태자의 수기나 아미타불의 반열반, 삼배 단락의 변토왕생 등, 후대의 정토교에서는 사라져버린 요소를 찾아볼 수 있었다. 그로부터 알 수 있는 것은 다음과 같은 점이다.

1. 아사세왕태자수기에는 아미타불을 모델로 '되는 정토'를 지향하는 보살의 존재 양태가 보였지만, 그 이외의 곳에서는 전체적으로 '가는 정토'를 지향하는 구제적인 요소가 강하다.
2. 출가자 우위이지만, 삼배 단락의 중배·하배에서 볼 수 있는 것처럼, 그곳에는 재가신자를 포함하는 형태로 포교하고자 하는 체제를 찾아볼 수 있다. 변토왕생은 그와 같은 재가자를 향한 것이었다고 생각된다. 삼독·오악 단락도 그 연장선상에서 이해할 수 있다.
3. 무량수와 무량광이라고 하는 아미타불의 두 가지 요소 가운데, '광光', 즉 빛이 중심이 되어 있다. 이러한 것은 범본에서도 붓다의 이름이 무량광Amitābha이라는 것과 대응한다. 중생구제라는 것을 생각한다면 빛 중심이라는 쪽이 이해하기 쉽다.
4. 왕생하기를 원하는 중생의 행업行業은 삼배 단락에서 보여주고 있는데, 그 근저에는 제4원에서 제시된 '이름을 듣는다聞名'는 것이 있다고 생각된다. '이름을 듣는다'는 것은 아미타불을 부르는 소리를 듣는 것이고, 그에 응답하는 곳에 중생과 붓다의 관계가 생성된다. 타자로서의 아미타불과 어떻게 관계를 맺을 것인가라는 것이 정토교의 원점이라 할 수 있다. 그것은 후대의 정토교에서는 '신信'의 문제로 전개되어 간다.

물론 『대아미타경』이 아미타불 신앙을 만들어낸 것이 아니라, 당시 이미 존재하고 있던 아미타불 신앙의 기초를 세우기 위해 본 경전이 만들어졌다고 보는 것이 타당할 것이다. 중배 단락에서는 아미타불이 스스로 '형상形像'으로 되는 것이 기술되어 있는 것과 같이(310c), 이미 불상도 전제되어 있고, 따라서 어느 정도 발전된 신앙이 전제되어 있다고 할 수 있다. 그것이 언어적인 텍스트로 된 것이 '원시대승'의 단계라고 생각된다.

애초에 이론적으로 정비되지 않았던 신앙을 언어화하는 것으로 이론적인 정비를 시도해가는 곳에서 경전의 전개가 이루어졌다고 할 수 있다. 24원계로부터 48원계로 진전해 가는 것은 이러한 점으로부터 고려될 수 있는 것이다. 더욱이 그것을 대승불교의 큰 흐름 속에 올려놓은 것이 『반주삼매경』이었다. 『대아미타경』에서도 견불은 나오지만, 『반주삼매경』은 견불을 목적으로 하는 삼매를 설하고, 그것을 반야의 '공空'으로 기초세우고자 하였다. 그것에 의해 아미타 일불一佛을 단서로 한 견불은, 시방의 일체불一切佛에 대한 견불로까지 확대해 간다. 더욱이 그곳에는 '마음이 붓다를 만든다'고 하는 화엄계의 사상도 계승되고 있다.

이와 같이 『반주삼매경』에서는 정토교를 대승불교 일반 속에서 해소하려는 방향을 취했는데, 그것을 다시 정토사상 쪽으로 되돌려서 종합적인 정토교를 확립한 것이 『관무량수경』이었다. 『관무량수경』에서 전개된 관불삼매觀佛三昧는 반주삼매보다 더욱 방법적으로 세련되었고, 부파불교의 관법을 채용하여 16단계의 관법으로 아미타불과 그 정토의 관상방법을 완성시켰다.

『관무량수경』은 또한 『대아미타경』으로부터 『무량수경』의 계통에서 계승된 삼배 단락을 발전시켜 구품단九品段으로 하였고, 그 하품下品 단락에서는 악인의 왕생을 명백하고 설하고 있다. 또한 관불 외에도 한편으로 『반주삼매경』을 수용하여, '이 마음이 붓다를 만들고, 이 마음이 붓다의 마음(是心作佛, 是心是佛)'이라고 설하였으며, 다른 한편으로는 '구칭염불口稱念佛'을 설하는 등 염불의 실천에서도 다양한 방법이 열려졌다.

『관무량수경』의 성립에 대해서도 인도설과 중국설이 있어서 아직 확정되지 못하였지만, 어쨌거나 그것을 출발점으로 동아시아 정토교의 다양한 전개가 촉진되었던 것이다.

(부기) 본고 탈고 후, 『대아미타경』과 초기 정토교를 둘러싸고 급속히 새로운 연구가 진전되고 있다. 그들 성과를 충분히 활용하지는 못하였다. 금후의 연구 추이를 지켜보고자 한다.

참고문헌

가가와 타카오(香川孝雄)

1993 『浄土教の成立史的研究』, 東京: 山喜房仏書林

1997 「『大阿弥陀経』の成立問題」, 『渡邊隆生教授還暦記念論集: 佛教思想文化史論叢』, 京都: 永田文昌堂.

가라시마 세이시(辛嶋静志)

1990 「『第阿弥陀経』訳注」, 『佛教大学総合研究所紀要』61.

2010 「阿弥陀浄土の原風景」, 『佛教大学総合研究所紀要』17.

가리야 사다히코(苅谷定彦)

1997 「『大阿弥陀経』から『無量寿経』へ」, 『渡邊隆生教授還暦記念論集: 佛教思想文化史論叢』, 京都: 永田文昌堂.

다무라 요시로(田村芳朗)

1976 「三種の浄土観」, 『日本仏教学会年報』42.

사사키 다이고(佐々木大悟)

1976 「<無量寿経>における「疑」について」, 『印度学仏教学研究』29-1.

스에키 후미히코(末木文美士)

1980 「『大阿弥陀経』をめぐって」,『印度学仏教学研究』29-1.

1992 「観無量寿経」,『浄土仏教の思想』2, 講談社.

시모다 마사히로(下田正弘)

1997 『涅槃経の研究』, 東京: 春秋社.

시아오 위에(肖越)

2011a 「『大阿弥陀経』の成立の問題をめぐって」,『佛教大学総合研究所紀要』18.

2011b 「『大阿弥陀経』における特異な「法蔵菩薩説話段」」, 佛教大学仏教学会 編『仏教大学仏教学会紀要』17.

2012 「「五悪段」の成立と「浄土」の話」,『真宗文化』22, 京都光華女子大学.

시즈타니 마사오(静谷正雄)

1974 『初期大乗仏教の成立過程』, 京都: 百華苑.

시키이 슈조(色井秀譲)

1976 「大阿弥陀経疑点若干」,『印度学仏教学研究』29-1.

오오타 토시오(大田利生)

2005 『漢訳五本・梵本蔵訳対照無量寿経』, 京都: 永田文昌堂.

오카야마 하지메(丘山新)

1990 「『大阿弥陀経』の思想史的意義」,『東洋文化』70.

2003 「『大阿弥陀経』法蔵菩薩説話段の異質性」,『仏教学』45.

후지타 코오타츠(藤田宏達)

1970 『原始浄土思想の研究』, 岩波書店.

1975 『梵文和訳無量寿経・阿弥陀経』, 京都: 法蔵館.

2007 『浄土三部経の研究』, 岩波書店.

2011 『梵文無量寿経・梵文阿弥陀経』, 京都: 法蔵館.

A. Ashikaga(ed.)

1965 *Sukhāvatīvyūha*, Kyoto: Hozokan.

제7장

정토와 예토
『비화경 悲華經』 개관

이와가미 카즈노리

1.
시작하면서

중국이나 일본 등 동아시아에서 전개된 불교에서는 어느 시기 이후, 아미타불의 극락정토 등으로 대표되는 정토교가 항상 불교의 유력한 전통 중 하나로 존재해왔다. 그리고 많은 사람들은 그 신앙으로부터 구제받기를 원하였으며, 또한 근대 이후로 그러한 방면의 연구도 착실하게 성과를 쌓아왔다. 그에 비해 불교의 본가인 인도 내 정토사상의 전개와 관련하여서는, 정토사상의 원류를 찾는 측면에서는 훌륭한 연구 성과가 축적되어왔음에도 불구하고, 대표적인 정토경전 성립 이후 전개되어가는 자취를 찾아가 작업에서는 연구의 축적이 결코 충분하다고는 말할 수 없는 실정이다.

이러한 상황이 초래된 가장 큰 이유는, 아마도 인도 정토사상의 전개에 대한 자취를 찾아가는 데에 필요한 관련 자료가 그 분량의 면에서나 내용적 깊이의 면에서나 매우 한정된 것밖에 남아 있지 않다는 것 때문이라고 할 수 있다. 결국, 아미타불이라면 『무량수경』[1]이나 『아미타경』, 아촉불이라면 『아촉불국경』 등의 대표적인 경전 이외에, 그들 제불諸佛의 정토를 어느 정도 관심을 가지고 말하는 경전이나 논서가 인도 성립이 명료한 문헌에만 한정한다면, 그 수가 그렇게 많지는 않다는 것에 기인한다고 볼 수 있을 것이다.

정토사상을 둘러싼 이와 같은 상황 아래, 본고에서 다루고자 하는 『비화경 悲華經』은 앞에서 기술한 의미로 본다면, 정토사상의 전개를 살펴보는 데에 매우 적절한 것으로서 그 수가 매우 한정된 문헌 중 하나이다. 『비화경』에 대해서는 우선 다음의 두 가지 점을 확인해둘 필요가 있다.

첫째,『비화경』에서는 아미타불이나 아촉불을 비롯하여 정토를 선택한 수많은 제불이 각각 보살 단계에 세운 서원문과 함께 등장한다. 이는『무량수경』,『아촉불국경』등 그들 제불을 주인공으로 하는 불전을 제외하고, 인도에서 성립된 확실한 문헌으로서 정토사상에 관해 종합적인 정보를 제공하고 있는 귀중한 문헌의 하나가 된다고 할 수 있다.『비화경』을 통해 아미타불, 아촉불 등에 관해 새로운 견해가 발견될 가능성도 있다.

둘째,『비화경』에서는 아미타불이나 아촉불 등이 정토를 취하는 제불로 일괄되고, 그들 제불과 예토성불穢土成佛을 서원한 석가불을 대비시키는 구성을 취하고 있다. 이는 아미타불이나 아촉불 등의 정토신앙을 전제로 하여『비화경』이 편찬되었다는 것을 반영하고 있다고 생각된다. 그러한 의미에서『비화경』은 아미타불이나 아촉불신앙이 성립한 뒤, 인도 정토사상의 전개라고 하는 자취를 찾아가는 데 귀중한 문헌이 된다고 말할 수 있을 것이다.

이상, 인도에서 정토사상의 전개를 더듬어간다고 하는 관심에서『비화경』이 가진 의의에 대해 정리해보았다. 사실『비화경』자체의 요점은 다른 곳에 있다. 즉,『비화경』은 확실히 아미타불 등의 정토를 취하는 제불에 일정한 평가를 하고 있다고는 하지만, 경전 전체의 주된 요지를 거시적으로 살펴보면, 정토를 선택한 제불보다도 예토에서 더럽혀진 중생을 구제하는 석가불이야말로 대비大悲를 갖춘, 보다 칭찬할 만한 붓다라는 점을 주장한다.

『비화경』에서는 정토와 예토－부정토 不淨土－의 대비가 하나의 기축을 형성하며 전개되고 있는데, 정토의 높은 가치를 인정하려고 하는 정토사상 일반의 의도에 반하여, 예토를 선택한 석가불 쪽에 더 높은 평가를 준다고 하는 무척 흥미로운 주장으로 일관하고 있는 것이다.

본고에서는 『비화경』에 대해 범본과 티베트본, 한역본 등의 자료를 소개하는 등 논의의 전제가 되는 기초정보를 기술한 뒤, 정토의 대표라고 할 수 있는 아미타불의 정토를 들어 그 특징을 논하고자 한다. 그리고 이어서 정토보다 높은 평가를 받고 있는 석가의 예토성불로 논의의 중심을 옮겨가면서 간략히 살펴볼 것이다. 특히 정토와 예토를 대비적으로 고찰하는 방식에 의해 『비화경』 전체의 의의와 개요를 밝히고자 한다.

2.
『비화경』의 자료 개관[2]

내용을 음미하기 전에 『비화경』의 범본과 서장본, 한역본 자료에 대해 간략히 살펴보자.

산스끄리뜨본(범본)

『비화경』의 범본(Karuṇāpuṇḍarīka 전6장)은 지금까지 두 차례에 걸쳐 교정본이 출판되었다. 1898년에 인도 서벵골의 캘커타(Calcutta, Kolkata)－에서 출판된 교정본과

1968년 야마다 잇시山田一止가 런던에서 출판한 교정본[3] – 이하 '야마다본' 또는 KP본으로 표기 – 이다. 현재는 야마다본이 『비화경』 범본의 표준텍스트로 되어 있다.

또한 전편에 걸친 교정은 아니지만, 1956년에 와일러R. Weiler가 제1장과 제2장을, 1969년에 데라카와S. Terakawa가 제5장과 제6장을 각각 펜실베이니아 대학 학위청구논문의 일부로서 교정 – 혹은 영문번역 – 하였다.

범어 사본은 한 편의 중앙아시아 출토 사본을 제외하면, 모두가 네팔계의 사본이며, 모두 합하여 19개의 사본이 존재하고 있다는 것이 밝혀져 있다.

티베트어 역(서장역)

현존하는 『비화경』의 티베트 역 'phag pa sñiṅ rje pad ma dkar po shes bya ba theg pa chen po'i mdo(북경판, 오오타니(大谷) 목록, 第780經)는 8세기 후반부터 9세기 전반 사이에 지나미트라Jinamitra 화상 등에 의해 티베트어로 번역된 것이다. 제1장의 과반을 떼어놓고 본다면, 티베트 역은 범본과 대체로 일치한다(다만 범본의 최종 장은 티베트 역에서는 별립되어 있지 않기 때문에 전5장이다).

『비화경』의 티베트 역은 티베트대장경의 캉규르(Kangyur 佛說部)의 경부經部를 포함하고 있다. 캉규르에 대해서는 최근 많은 판본이나 사본을 이용할 수 있게 되었고, 『비화경』에 대해서도 판본으로는 북경판, 나르탕narthang판을 비롯하여 합계 7개의 판본, 사본으로는 톡팰리스 사본The Tog Palace Manuscript of the Tibetan Kanjur, 동양문고東洋文庫 사본 – 가와구치 에카이河口慧海가 가져온 것 – 을 비롯하여 합계 8개의 사본 등 합계 15개의 판본과 사본을 참조할 수 있다.

한역

『비화경』에 상당하는 한역 경전으로는 담무참曇無讖 역 『비화경』10권-『대정신수대장경』제3권, 第157經. 이하 '담역曇譯'으로 표기-과 역자 불명으로 진대秦代의 역출로 여겨지는 『대승비분타리경大乘悲分陀利經』8권-『대정신수대장경』제3권, 第158經, 이하 '진역秦譯'으로 표기-의 두 개의 판본이 현존하고 있다. 경록經錄 등에 따르면 담역의 역출 연대는 북량北涼의 현시玄始 8년(서력419)이며, 진역에 대해서는 진대의 역출이라는 것 외에 상세한 것은 알 수 없기 때문에, 역출 연대는 4세기 후반부터 5세기 초반에 한역된 것으로 추정하고 있다.

더욱이 현존하는 범본이나 티베트 역과의 대응이라는 관점에서 두 개의 한역본을 비교해보면 진역 쪽은 범본이나 티베트 역과 상당히 일치하고, 담역은 어느 정도 내용이 더해지거나 확대된 인상을 받는다. 또한 티베트 역과 동일하게 두 개의 한역본 모두 제1장의 과반은 범본과 일치하지 않는다.

두 개의 한역본에 대해서도 복수의 판본과 사본을 참조할 수 있게 되어 있다. 자세한 것은 다른 곳에 게재한 필자의 졸고를 참고하면 되지만, '방산석경房山石經'(담역에 한정하여), 돈황사본, 그리고 쇼소인쇼고장正倉院聖語藏 등에도 일부 또는 전체가 포함되어 있다는 것을 지적해둔다.

그 외에 『비화경』에 대해서는 그 내용의 일부를 발췌하여 편집한 '별생경別生經'의 존재가 경록 등에 다수 알려져 있다(예를 들면, 『인수록仁壽錄』, 『정태록靜泰錄』에는 20경經의 별생경이 거론되고 있다). 유감스럽지만 그러한 별생경 자체는 현존하지 않는데, 일부가 다른 문헌에 인용되는 등의 형태로 존재하고 있어 그 내용을 확인할 수 있다. 별생경의 대부분은 담역의 내용을 초록한 것으로 추측되고 있는데, 어쨌거나 많은 별생경이 존재했다고 하는 사실은『비화경』이 중국에서 폭넓게 수용되었다고 하는 한 측면을 보여준다고 생각한다.

또한 일본에서도 원정기 院政期[1] 무렵부터 담역의 석가여래의 서원부분만을 따로 떼어내서『석가여래오백대원 釋迦如來五百大願(經)』이라고 하는 한 종류의 별생경이 유행하였다.[4] 일본의 원정기로부터 가마쿠라 鎌倉 시기에 걸쳐『비화경』의 수용과 전개에 대해서는 해명되지 않은 부분이 많지만, 현재 국문학이나 일본불교학의 분야에서 착실하게 성과를 쌓아가고 있다.

3.
경전의 개요

경제 經題에 대하여

『비화경』 범본의 경 이름은 Karuṇāpuṇḍarīka이다. karuṇā는 일반적으로 '자비'의 '비 悲' – 공감, 불쌍히 여김, 동정 등 – 에 해당하는 말이며, puṇḍarīka는 '연화 蓮華', 특히 '백련 白蓮'을 의미하는 말이다. 이 경 이름의 전체에 대해, '연화 puṇḍarīka' 라고 하는 말이 복합어의 뒤쪽에 놓여 있는 경우, 비유를 나타낸다고 하는 독일 문법학자의 설에 따르자면, '연화와 같은 슬픔 – 동정 –'이라는 해석이 성립된다.[5]

두 한역 경전의 경 이름에 대해 말하자면, 먼저 담무참 역『비화경』은 karuṇā와 puṇḍarīka를 각각 '비 悲'와 '화 華'로 의역한 것이다. 그리고『대승비분타리경』은

1) 천황의 직계존속인 상황 上皇이 현 천황을 대신하여 직접 정무를 보는 정치형태로 헤이안 平安시대 말기인 11세기 후반에서 12세기 말에 행해진다.

karuṇā를 '비'로 의역하고, puṇḍarīka는 '분타리'라고 음사하였으며, 맨 앞쪽에 '대승'이라는 말을 씌운 것이다. 더욱이 『대승비분타리경』에 대해서는 판본이나 사본에 따라 『대승대비분타리경 大乘大悲分陀利經』이나 『대비분타리경 大悲分陀利經』이라는 경전 명칭도 곳곳에서 나타나고 있다.

티베트 역 경전의 명칭은 모든 판본이나 사본이 'phag pa sñiṅ rje pad ma dkar po shes bya ba theg pa chen po'i mdo로 되어 있고, '성스러운 비백련화 悲白蓮華라 불리는 대승의 경'이라는 정도의 의미로, 맨 앞부분에 '성스러운 'phag pa'이 씌어 있는 것 외에는 범본과 거의 일치한다. 다만 아직 티베트 역의 경전 명칭에서 '비'와 '백련화'의 관계를 어떻게 이해했는지에 대해서는 현재 성급하게 판단할 수 없다.

다음으로 '비'와 '백련화'의 관계에 대해 경전의 내용을 바탕으로 생각해보고자 한다. 『비화경』에는 정토를 건립하기를 서원하는 보살들을 '화(華 puṣpa)'에 비유하고, 예토를 선택하기를 서원하는 보해 寶海보살－석가불의 전신－등을 '백련화 puṇḍarīka'에 비유하는 대비가 보이고 있다. 여기서 예토를 선택하기를 서원하는 보해보살은, 이미 대비를 갖추고 있기 때문에 오탁 五濁의 세상에서 더럽혀진 중생들을 구제할 것을 서원하는 보살이다. 『비화경』에서 보해보살은 대비 Mahākāruṇika 보살이라고도 칭해지고 있다. 경전 속에서 보해보살은 다음과 같은 발언을 하고 있다.

> '대비 mahākāruṇā'를 갖춘 보살들은 더럽혀진 불국토 kliṣṭa buddhakṣetra를 선택하고, 더럽혀진 마음 kliṣṭāśāya이나 전도 轉倒된 견해 viparīta-dṛṣṭika를 지닌 교화되어야만 하는 중생들을 치유한다(KP, 180, 5-8).

이와 같이 예토에서 더럽혀진 중생을 구제하는 석가불은, 진흙 속에 뿌리를 박고 있으면서도 꽃을 피우는 청정한 백련화의 이미지와 겹치는 부분도 있을 것이다. 『비화경』에서 karuṇāpuṇḍarīka는 경전의 타이틀임과 동시에 그 주역인 자비를 갖춘 석가불을 가리키는 것이라고도 생각된다.

경전의 골자

『비화경』에는 헤아릴 수 없을 정도로 많은 인물과 불보살들이 등장하고, 더욱이 그들은 시간적으로도 과거세로부터 미래세에 이르기까지 다양한 시점에 배치되는 등 그 등장인물의 인간관계는 복잡하게 얽혀 있으므로, 이곳에서는 골자가 되는 부분만을 정리해보고자 한다.

아주 먼 옛날, 산띠라나[2] 불토에 무쟁념(無諍念 Araṇemin) – 진역은 '이쟁 離諍' – 이라고 하는 왕에게 보해(寶海 Samudra-reṇu) – 진역에서는 '해제海濟' – 라고 하는 대신이 있었고, 그 보해의 아들이 성불해서 보장(寶藏 Ratna-garbha)여래가 되었다. 무쟁념왕이나 그 왕자들은 보장여래 앞에서 정토를 선택하고자 하는 서원을 세웠고, 보장여래로부터 성불의 수기를 받았다. 무쟁념이 성불한 후에 아미타불이 된다는 것이다. 또한 무쟁념의 왕자들은 아촉불이나 관음, 세지, 문수 등이 될 것으로 예언되었다.

한편 보해대신은 예토에서 더럽혀진 중생들을 구제하고자 하는 서원을 세우고(이른바 석가의 오백서원), 보장여래로부터 석가불이 될 것이라는 약속을 받는다. 정토를 선택한 제불과 예토에서 성불할 것을 서원한 석가불의 대조가 본 경전의 핵심 중 하나이다. 그리고 예토에서 성불할 것을 서원한 석가불이야말로 대비를 갖춘 참다

2) 담역에서는 '산리람 刪提嵐'이라고 나온다.

운 보살이라고 칭찬하고 있다.

그 뒤, 보해는 윤회를 반복하면서 때를 기다리는데, 그 과정에서 자기의 희생을 마다하지 않는 등, 대비를 기초로 한 보시행 등을 통해 선근을 쌓아가는 모습이 자따까에 비견되는 형태로 그려진다. 마지막에는 현재의 세상으로 이야기가 돌아와서 석가불의 설법 등으로 대단원의 막을 내린다. 이상이 간단한 개요이다.

4.
정토와 예토

앞에서 기술한 것과 같이, 『비화경』에서는 정토와 예토의 대비가 구성상 큰 특징으로 되어 있다. 그런데 이 예토라는 개념은 일본에서의 경우, 『왕생요집 往生要集』에 보이는 '염리예토 厭離穢土', '흔구정토 欣求淨土'와 같은 어구를 끄집어낼 필요도 없이, 주로 정토에 대칭되는 개념으로 일반에 회자될 정도로 친숙한 용어이다. 하지만 예토의 개념이 인도불교에서는 어떠한 문헌에서 어떠한 배경으로부터 탄생한 것인지, 또한 그 어원의 문제에 대해서도 충분히 해명되어져 왔다고는 말하기 어렵다.

그러한 가운데 『비화경』은 그 주제를 석가의 예토성불로 하는 관계도 있고, 예토를 고찰하는 측면에서는 풍부한 단서를 제공해주는 희유한 경전이라 할 수 있다. 논의에 앞서 예토에 관한 『비화경』의 언설을 정리해두고자 한다.[6]

먼저 정토와 예토의 어원에 대해 살펴보기로 하자. 『비화경』의 두 한역본에서 '정토'나 그 유사어 – 예를 들면 '정불토 淨佛土', '청불토 淸佛土', '청정불토', '정묘불토 淨妙佛土', '엄정불토 嚴淨佛土' 등 – 로 역출되는 원어는 pariśuddha buddhakṣetra와 비슷한 단어가 많고, 또한 buddhakṣetraguṇavyūha와 비슷한 단어에 해당하는 경우도 볼 수 있다.[7]

한편, 예토라고는 하지만 두 한역본에는 '예토'라고 하는 번역어는 찾아볼 수 없는데, 정토와 대비적으로 사용되는 예토에 비유할 만한 개념이라고 할 수 있는 것을 찾아본다면, 다음과 같은 사례가 우선 주목될 수 있을 것이다.

> ① 서원력에 의해 praṇidhāna-vaśena 보살들은 청정한 pariśuddha 불국토 – 진역 '정불토 淨佛土', 담역 '정묘국 淨妙國' – 을 선택하고 또한 서원력에 의해 부정 不淨한 apariśuddha 불국토 – 진역·담역 '부정토 不淨土' – 를 선택하였다. 대비(大悲 mahākaruṇā)를 갖추고 있기 때문에 보살 마하살은 부정한 apariśuddha 불국토 – 진역 '부정불토 不淨佛土', 담역 '폐악부정토 弊惡不淨土' – 를 선택한다 (KP, 51, 16-52, 3).
>
> ② 청정한 pariśuddha 불국토 – 진역 '정토', 담역 '청정' – 를 취할 것인가 아니면 부정한 apariśuddha – 진역 부정, 담역 불청정 不淸淨 – [불국토를 취할 것인가]. (중략). 대비 mahākaruṇā를 갖춘 보살들은 더럽혀진 kliṣṭa 불국토 – 진역 '부정토', 담역 '불청정세계 不淸淨世界' – 를 선택하며, (이하 생략) (KP, 180, 3-8)

이들 사례를 통해 알 수 있는 것처럼,[8] 정토와 예토가 대비적으로 사용되는 경우, 정토 pariśuddha에 대한 예토의 원어는 apariśuddha, 대응 한역으로는 '부정토 不淨土', '부정불토 不淨佛土' 등이 많다. 또한 앞의 예 ②에서도 볼 수 있는 것과 같이 kliṣṭa buddhakṣetra라고 하는 단어도 예토에 비유할 수 있는 표현으로, 『비화경』에 십 수 가지 예가 등장하고, '부정토'나 '예악국토穢惡國土' 등으로도 번역되고 있다(이하, 정토에 대립하는 불국토는 '예토'라고 하는 표현으로 통일한다).

예토에 관한 표현에 대해 그 전후관계를 포함하여 더욱 상세하게 살펴보고자 한다. 다음에 거론하는 것은 역시 정토와 예토를 대극으로 위치 지우는 표현이다.

> 어느 곳에는 더럽혀진 kliṣṭa 오탁 pañcakaṣāya의 불국토가 있고, 어느 곳에는 오탁을 떠난 apagatapañcakaṣāya 청정한 pariśuddha 불국토가 있다(KP, 81, 1-2).

이와 같이, 『비화경』에는 '오탁 pañcakaṣāya'이라고 하는 표현이 정토와 예토를 대비하는 경우에 하나의 핵심어가 되고 있는 사례도 곳곳에서 찾아볼 수 있다. 오탁이라는 단어는 부파불교 문헌에서 이미 찾아볼 수 있는 것과 같이, 원래는 타방불토를 전제로 하지 않는, 한 세계 속에서의 시대관을 나타내는 표현이었을 것으로 추측된다. 그렇지만, 『비화경』에서는 예토를 단순히 '오탁의 불국토'라고 부르고, 정토와 대비시키는 경우도 많다. 또한 오탁 외에도 종종 '악세惡世' 등으로 번역되는 시대구분 kaliyuga의 경우도 정토에 대립하는 불국토의 수식어로 여겨지는 것이 드문 경우는 아니다.

또한 정토와 예토를 대비하는 경우, 그곳에 사는 중생들의 성질에 대해서도 『비화경』에서는 중요시하고 있다. 정토에 살고 있는 중생들은 "청정한 불국토에서 청정한 중생들에게 pariśuddhānāṃ sattvānāṃ 불사佛事를 행한다"(KP, 118, 16-17)고 하는 것처럼, 기본적으로 청정한 중생들이 살고 있는 곳으로 되어 있다.

한편 예토에 살고 있는 중생들에 대해서는 다양한 묘사를 찾아볼 수 있는데, 그중에서도 '무간업 無間業을 짓고, 정법을 비방하고, 성자를 비난하는 ānantayakāraka saddharmapratikṣepa āryāpavāda' 등의 표현은 예토의 중생을 언급하는 데 상투적인 표현의 하나가 된다. 이러한 표현은 『무량수경』에서 아미타불의 서원으로부터 벗어난 중생들을 상기시킨다는 점에서도 주목할 필요가 있다. 이 외에 대승의 입장에서 한 단계 수준이 낮게 평가되는 성문이나 연각 이승 二乘의 존재에 대해서도 정토와 예토를 구분하는 기준으로 『비화경』에서는 초점을 맞추고 있는 부분도 있는데, 이에 대해서는 뒤에 다시 거론하기로 한다.

『비화경』에 보이고 있는 예토의 개념은 아마도 정토에 대항해서 등장하는 후발의 개념이 아닐까 생각되는데, 어쨌거나 중국이나 일본의 정토교에서 친숙하게 말하여지는 정토와 예토의 대비가 『비화경』에서 극히 명료하게 설해지고 있다는 것은 『비화경』의 특징 중 하나라고 할 수 있을 것이다.

5.
정토사상의 전개

『비화경』에서의 제불의 서원

『비화경』에는 정토를 선택하는 제불로 아미타불이나 아축불을 비롯하여 많은 제불이 그 서원과 함께 등장하는데, 본고에서는 정토를 선택한 제불의 대표로 아미타불을 중심으로 다루고자 한다.

『비화경』에 설해지고 있는 제불들의 정토의 특징을 살펴보기 위해서는, 제불이 보살의 단계에서 세운 서원의 내용을 검토하는 것이 가장 적당할 것이다. 『비화경』에 나오는 서원의 중요성에 대해서는 앞에서도 인용하였던 다음의 기술에서 명확하게 알 수 있다.

> 서원력에 의해 보살들은 청정한 불국토를 취하고, 서원력에 의해 부정한 불국토를 취한다. (이하 생략) (KP, 51,16-52,3)

실제 『비화경』에서는 보살마다 열거되는 모든 서원으로 자신의 불국토 내용을 규정해간다고 하는 구성을 취하고 있다. 이 점은 정토를 선택한 제불의 경우에도, 예토성불을 서원한 석가불의 경우에도 모두가 동일하다. 더욱이 아미타불의 정토를 말하는 『무량수경』이나 아촉불의 정토를 말하는 『아촉불국경』 등에서는, 서원문에 이어서 서원이 성취된 뒤의 실제 불국토 모습이 기술되어 있는데, 『비화경』에서는 서원의 성취에 대해서는 기본적으로 언급하지 않고 있기 때문에 어디까지나 서원만을 주시注視해가게 된다.

아미타불의 정토

아미타불의 정토를 설하는 대표적인 경전인 『무량수경』[9]에서는 아미타불의 전신인 법장비구가 세자재왕世自在王이라고 하는 붓다 앞에서 자기의 불국토를 건립하고, 중생들이 불토를 향할 수 있도록 하는 서원을 세운다. 법장비구는 그 뒤, 서원을 성취하였고, 현재는 서방의 안락Sukhāvatī세계에서 아미타불이 되어 중생구제에 힘쓰고 있다고 되어 있다.『무량수경』 속에서 법장비구가 세운 이른바 48원은 붓다가 되었을 당시의 자신의 특징, 자신이 건립한 불국토의 장치, 또 그 불국토에 태어나는 사람들의 모습, 또 그 불국토에 왕생하는 방법 등이 서원문의 형태로 정연하게 설하여지고 있다.

한편,『무량수경』에 설해지고 있는 법장비구의 48원과 그 서원의 수 및 내용에 이르기까지, 지극히 닮아 있는 서원이『비화경』 속에서는 장래 아미타불이 될 무쟁념왕의 서원으로 나타나고 있다. 두 경전의 서원이 어느 정도 닮아 있는가 하는 점에 대해서는 우지타니 유켄 宇治谷祐顯 등의 치밀한 연구에 의해 밝혀져 있다.[10]

그러나『비화경』의 원문에서 유의하지 않으면 안 되는 것은,『무량수경』에서 법장비구의 서원이 위역 魏譯의 경우에서 볼 때, '設我得佛, ～者, 不取正覺'과 같이 각 서원문마다 구분이 명료한 것에 비해,『비화경』의 무쟁념왕의 서원의 경우, 각 서원문의 구분이 명확하지 않다는 점이다. 그렇기 때문에 무쟁념왕의 서원 수에 대해서는 학자에 따라 일치하지 않고 있다.

그렇다면 두 경전의 서원문에 대한 대응 정도에 대해서 확인해보자. 이곳에서는 아미타불의 광명무량과 수명무량의 서원 및 제18원에 대응하는 부분을 살펴보기로 한다. 다만 지면이 한정되어 있으므로『무량수경』의 경우 위역,『비화경』의 경우 진역을 중심으로 대응관계를 살펴보기로 하겠다.

『무량수경』 광명무량원 光明無量願

設我得佛, 光明有能限量, 下至不照百千億那由他諸佛國者, 不取正覺(『大正藏』12, 268a13-14)

『비화경』

使我光明無量照億那由他百千佛土(『大正藏』3, 250a16-17)

『무량수경』 수명무량원 壽命無量願

設我得佛, 壽命有能限量, 下至百千億那由他劫者, 不取正覺(『大正藏』12, 268a15-16)

『비화경』

使我壽命無數億那由他百千劫無能數者, 除薩婆若智(『大正藏』3, 250a17-18)

『무량수경』 제18원('唯除~'를 포함한다는 점에서 제18원과 대응한다고 했는데, 다른 모든 원의 내용과도 관련된다)

設我得佛, 十方衆生至心信樂, 欲生我國乃至十念, 若不生者不取正覺, 唯除五逆誹謗正法(『大正藏』12, 268a26-28)

『비화경』

令我成菩提時, 余無數阿僧祇佛土中, 有衆生聞我名者, 所作善根迴向我國, 命終之後得生我國, 除無間罪謗毀賢聖非正法者. (『大正藏』3, 250a21-24)

이상, 대표적인 서원으로 볼 수 있는 두 경전을 대비시켜 본 것에서도 확인할 수 있는 것과 같이, 『무량수경』의 법장비구 서원과 『비화경』의 무쟁념왕 서원의 유사성은 우연의 일치라고 할 수 있는 수준이 아니며, 한쪽이 다른 한쪽을 참조하면서 편찬했다는 것에 논의의 여지가 없다고 생각한다.[11] 그렇다면 『무량수경』과 『비화경』의 서원문 중 어느 쪽이 선행하는 것인가 하는 문제가 남는데, 그 근거에 대해서는 제설 諸說을 들 수 있겠지만 내가 알기로는, 모든 학자에 의해 『무량수경』의 서원문이『비화경』의 그것에 선행한다고 생각되고 있다.[12] 예를 들면, 나리마츠 요시코成松芳子의 다음과 같은 지적이 가장 명료하다 할 것이다.

~그 대부분-=『비화경』의 아미타불 본원문本願文 등. 필자 주-은, 선행 정토 경전의 답습이다. 하지만, 그곳에는 본 경전의 특질을 드러내는 것과 같은 양태의 변용도 가미되어 있다. 이것에는 정토에서 청정성의 철저한 추진에 의한 간접적인 부정과 변용, 구제대상의 확대, 대비大悲, 이타성利他性의 고조에 의한 직접적이고 적극적인 변용의 두 가지 면을 인정하고 있다고 생각한다(成松芳子, 「비화경 본원문의 일고찰」, 『인도학불교학연구』 제23권 제2호, p.199).

본고에서는 일련의 선행 연구를 따르면서 두 경전의 서원문이 가진 대응관계를 확인하고, 약간 새로운 관점을 제시해보고자 한다.

아미타불 서원문의 검토

두 경전의 서원문을 비교함에 있어 우선은 서원문의 배열 문제부터 지적해 들어가고자 한다. 두 경전은 서원 수에서 대체로 일치하고 있음에도 불구하고 그 배열순서에서는 적지 않은 차이를 보이고 있다. 한 마디로 말하자면, 『무량수경』의 법장비구 서원에 비해 『비화경』의 무쟁념왕의 서원은 보다 내용적으로 정리되어 있다는 인상을 받게 된다. 무쟁념왕의 모든 서원은 다음의 문장을 끼워 넣는 것에 의해 전반부와 후반부로 크게 나뉜다고 할 수 있다.

나는 이와 같은 불국토를 구합니다. 나는, 이와 같은 특징guṇa에 의해 불국토가

> 깨끗해지지 pariśodhayati 않는 동안은, 보살의 난행(難行 duṣkaracaryā)을 행하겠습니다. 이와 같이, 나는 장부 丈夫의 행(行 puruṣakāra)을 실행하겠습니다. 그런 다음에 무상정등각을 얻겠습니다(KP, 109, 12-16).

이 문장보다 앞쪽을 전반부 제 서원, 그 뒤를 후반부 제 서원이라고 한다면, 전반부 제 서원은 무쟁념왕이 아미타불로서 성불한 뒤에 머무는 곳이 되는 불국토(정토)의 모습이나 그곳에 사는 중생들에 관한 내용이 들어 있다(야마다본 山田本 의 제1-35원). 후반부의 제 서원은 아미타불 자신의 특징이나 타방국토의 중생제도 등에 관한 내용이 들어 있다(야마다본의 제36-46원).

이와 같이 『비화경』의 서원문은, 『무량수경』의 그것보다도 서원문 배열에 있어 보다 정리되어 있는 것이라고 말할 수 있다. 이것은 『비화경』의 서원문이 『무량수경』의 그것보다도 늦게 성립되었다는 것을 보여주는 증거의 하나가 되고 있다.

그렇다면 다음으로, 두 경전에서 개개의 서원문에 차이가 있는 사례에 주목해 보자. 우선 선행 연구가 지적하는 제1의 차이점은 정토에서 성문이나 연각 등 이른바 이승의 존재에 대한 것이다. 『비화경』 무쟁념왕의 서원에는 다음과 같이 되어 있다.

> 나의 보살의 승단(僧團 bodhisattva-saṅgha)에는 <u>성문이나 연각은 있지 않고</u> śrāvaka-pratyekabuddha-varjita, [그 보살의 수는] 무량 aprameya하며, 일체의 지혜로운 사람이 지혜에 의지하지 않는 한, 누구도 그 수를 헤아릴 수 없도록(KP, 110, 3-6)
>
> 진역 : 令我菩薩僧衆無數, <u>声聞縁覺無能數者</u>, 除薩婆若智(『大正藏』3, 250a18-19)

담역 : 令我世界無有声聞辟支佛乘, 所有大衆純諸菩薩無量無邊無能數者, 除一切智(『大正藏』3, 184b6-8)(진역이 다른 모든 판본과 일치하지 않기 때문에 본 사례에 한하여 두 한역을 제시한다).

앞에 기술한 범본과 담역에서 분명하게 나타나는 것과 같이(티베트 역도 동일함), 『비화경』 무쟁념왕의 서원에서는 정토에는 대승의 보살뿐이며, 성문이나 연각은 존재하지 않는다고 서원하였다. 이것은 『무량수경』의 법장비구의 서원에서, 자신의 정토에는 성문이 무수하게 존재할 것이라고 서원하는 것과 대조를 이루고 있다(Sukh, 16, 24-17, 1).[13]

두 경전의 이와 같이 비유되는 차이점은, 타방세계의 중생들이 임종 시에 아미타불이 그 눈앞에 나타난다고 하는 서원 – 이른바 임종 내영 臨終來迎 – 에서도 알 수 있다. 『무량수경』에서는 아미타불은 비구승단 bhikṣu-saṅgha에 둘러싸여서 나타난다고 되어 있는 데 비해(Sukh, 17, 21-18, 3), 『비화경』에서는 보살중(菩薩衆 bodhisatva-gaṇa)에 둘러싸여서 나타난다고 서원하고 있다(KP, 110, 16-17)(다만, 두 한역경전에서는 비구라고도 보살이라고도 명시되어 있지 않다).

다음으로 정토에서의 여성의 존재에 대해서도 서로 차이점을 보이고 있다. 『비화경』의 무쟁념왕 서원에는 "여성 mātṛgrāma이라고 하는 명칭 prajñapti조차 존재하지 않는 것처럼"(KP, 107, 9-10)이라고 하여 아미타불의 정토에는 여성이 존재하지 않는 것으로 되어 있다.

한편, 『무량수경』에서는 이른바 여성성불의 서원으로 "혹시라도 세존이시여, 제가 깨달음을 얻었을 때에 널리 무량하고, 무수하며, 불가사의하고, 비할 것이 없으며, 한량없는 모든 불국토에서 여성들이 나의 이름을 듣고, 청정한 믿음을 일으키며, 또한 깨달음으로 향하는 마음을 일으키고, 더불어 여성이라는 것을 싫어하는데도, [이 세상의] 생을 마치고 나서 혹시 다시 여성의 몸을 얻게 된다면, 그 사이에 나는 무상정등각을 얻지 않겠습니다"(Sukh, 22, 8-13)라고 되어 있는 것과 같이 타방불토의 여성에 대한 말을 하고 있다. 아미타불의 정토에서 여성의 부재를 서원하는 『비화경』과 그 느낌이 크게 다르다.[14]

두 경전에서 표현을 달리하는 이상과 같은 사례들을 종합한다면, 먼저 『무량수경』에 설해져 있는 아미타불의 정토에는 성문이 헤아릴 수 없이 많다고 되어 있으며, 여성의 존재 여부에 대해서도 해석하기 애매한 부분이 남아 있는 데 비해, 『비화경』에 설하여져 있는 아미타불의 정토에서는 성문이나 연각의 이승이 배제된 보살만의 정토라고 되어 있으며, 또한 그 정토에는 여성도 존재하지 않는다고 되어 있다.

이러한 점에서 『비화경』을 대승적 견지에서 본다면, 아미타불의 정토가 그 청정 pariśuddha함의 정도를 늘여가고 있다고 할 수 있다. 곧 대승화가 진행되고 있다고 말할 수 있고, 이러한 대승화를 『비화경』이 『무량수경』보다도 훨씬 발전된 단계로서 반영하고 있다고 하는 지적도 찾아볼 수 있다.

하지만, 이와 같은 시각에 대해 우리는 더욱 신중하게 대처하지 않으면 안 된다고 생각한다. 왜냐하면 두 경전의 서원문이 서로 차이를 보이는 부분에 대해, 『비화경』 서원문의 일부가 이른바 '후기무량수경'이라고 불리는 범본과 티베트 역, 48원계의 한역 경전에서는 일치하지 않는다 하더라도 『무량수경』의 가장 원초적인 형태를 반영하고 있다고 여겨지는 『대아미타경』 – 통례적으로 '초기무량수경'이라 부르는 그룹에 속한다 – 에 일치하는 사례가 몇 가지 보이고 있기 때문이다.[15] 그 구체적인 예를 들어보면 다음과 같다.

우선 앞에서 살펴본 것과 같이, 정토에 여성이 존재하지 않는다고 하는 점인데, 『대아미타경』에는 "令我國中, 無有婦人, 女人欲來生我國中者, 即作男子"(『大正藏』12, 301a27-28)라는 내용이 있고,[16] 정토에서 여성의 부재가 『비화경』과 같은 양태로 명확하게 서원되고 있다. 또한 정토에는 성문이나 연각의 이승이 존재하지 않고, 보살이 헤아릴 수 없이 많다고 하는 점도 『대아미타경』의 서원문에 '第二十願者, ~, 令八方上下各千億佛國中, 諸天人民蜎飛蠕動之類, 皆令作辟支佛阿羅漢, 皆坐禪一心, 共欲計數, <u>我國中諸菩薩阿羅漢</u>, <u>知有幾千億万人</u>, <u>皆令無有能知數者</u>, 得是願乃作佛, 不得是願終不作佛'(『大正藏』12, 302a21-26)이라고 되어 있다. 이처럼 이미 정토에 보살–만 있는 것은 아니지만–이 헤아릴 수 없이 많이 있도록 서원하고 있다는 점은 유의해야 할 부분이 아닌가 생각한다.

그 외에도 『무량수경』에는 보이지 않지만, 『대아미타경』과 『비화경』의 서원에 공통적으로 보이는 특징으로서 정토에 화생한다고 하는 표현, 정토의 모습을 제6천 他化自在天에 비유하는 등의 내용을 들 수 있을 것이다.[17] 이상, 『비화경』의 기술 중 일부가 '후기무량수경'보다도 '초기무량수경'의 하나인 『대아미타경』에 가깝다는 사례를 확인하였다.

이에 더하여, 다음의 사례도 우리들의 이러한 시각에 따르는 것일 것이다. 즉, 『비화경』의 무쟁념왕의 서원에서 흥미로운 특징은 아미타불이 열반에 든다고 되어 있는 점이다. 확실히 아미타불의 수명에 관한 서원문 부분에만 주목한다면, 『무량수경』에서도 『비화경』에서도 아미타불의 수명은 헤아려 알 수 있는 것이 아님을 서원하고 있다. 하지만 무쟁념왕의 서원 가운데 '내가 열반에 들어간 후에 parinirvṛtasya came'라고 함으로써 스스로가 열반에 들어가는 것을 상정하고 있는 서원문이 두 군데 발견된다. 뿐만 아니라, 무쟁념왕의 서원문 중에는 없지만, 무쟁념왕의 첫 번째 왕자-장래의 관음보살-와 두 번째 왕자-장래의 대세지보살-의 서원문 가운데에는 아미타불이 반열반에 든 후에 자신들이 그 후계자로서 성불한다고 하는 취지의 내용이 서원되고 있다. 예를 들면, 첫 번째 왕자의 서원에는 "아미타바여래[18]가 열반에 들어간 후에 parinirvṛte cāmitābhe tathāgate, (중략) [나는] 무상정등각을 깨닫고 (이하 생략)"(KP, 119, 19-120, 5)라고 되어 있다.

물론 『무량수경』의 법장비구의 서원에는 열반 후에 관한 언급은 볼 수 없다. 한편 『대아미타경』에서는 서원문 가운데 아미타불의 반열반을 향한 언급은 찾아볼 수 없지만, '대고중 對告衆'을 아지따보살 阿逸菩薩로 하는 부분에서 『비화경』과 같이, 아미타불의 열반 후에 관음과 세지가 성불하고 아미타불의 교화를 이어받는다고 명기되어 있다.[19] 내용은 다음과 같다.

> 阿弥陀佛至其然後, 般泥洹者, 其蓋樓亘(=觀音. 石上 注) 菩薩, 便當作佛. ~其善福德, 當復如大師阿弥陀佛. (『大正藏』12, 309a14-18).
>
> 其次摩訶那鉢(=勢至. 石上 注) 菩薩, 當復作佛. 所過度福德, 當復如大師阿弥陀佛. (『大正藏』12, 309a20-21).

이와 같이, 아미타불이 반열반한다는 것, 그리고 아미타불의 열반 후에 관음에 이어서 세지의 두 보살이 성도하고, 법등 法燈을 계승한다고 하는 점에서 『비화경』과 『대아미타경』은 일치하고 있는 것이다.

이러한 것을 감안할 때, 『비화경』의 아미타불 서원문과 『무량수경』의 서원문을 비교하는 데 다음과 같은 가능성을 검토할 여지가 있는 것이 아닌가 하는 견해를 피력해본다.

그것은 '초기무량수경'에서 '후기무량수경'으로 전개되어 가는 과정 중에 '중기무량수경'과 같은 것을 상정해보는 것이다. 여기에서 말하는 '중기무량수경'이란, '초기무량수경'의 요소를 어느 정도는 계승하면서도 서원의 수에서는 '후기무량수경'에 가까운 서원 수까지 증대되고 있는 것을 말한다. 그리고 이 '중기무량수경'의 서원문을 일부 수용하는 형태로 『비화경』의 서원문이 편찬된 것은 아닐까 생각한다.[20] 그러면서도 또한 본고의 앞부분에서도 확인한 것과 같이, 서원문의 배열 자체는 『무량수경』보다도 『비화경』에서 발전의 흔적이 인정된다는 점을 잊어서는 안 될 것이다.

이상, 『비화경』에 나타나는 아미타불의 정토에 대해 그 유사한 내용이 보이는 『무량수경』과 대비하면서 논해보았다. 앞서 제기한 추정에 대해서는 서둘러 결론을 내릴 문제가 아니라고 생각하지만, 적어도 이러한 견해에 의해 인도정토사상의 전개를 고찰하는 가운데 『비화경』이 빠져서는 안 되는 중요한 문헌이라는 것을 제시할 수 있었다고 생각한다.

더욱이 아미타불과 같은 양태로, 정토를 선택한 아촉불에 대해서도, 『비화경』에 선행한다고 생각되는 『아촉불국경』에 나타나고 있는 아촉불 정토와 『비화경』의 정토를 비교 고찰하는 것은 중요한 주제가 된다. 『비화경』의 성립에 관한 사정을 고찰하기 위해서나, 혹은 아촉불 신앙의 전개를 고찰하기 위해서도 피할 수 없는 과제라고 생각하지만, 이는 다음의 과제로 남겨두고자 한다.

6.
정토보다도 예토

석가불의 오백서원 五百誓願[21]

반복해서 기술해온 것과 같이, 『비화경』의 핵심 취지는 정토를 선택하는 아미타불 등의 구제로부터 벗어나 있는 근기가 낮은 예토의 중생들을 구제하고자 하는 석가불의 대비를 선양하는 것에 있다. 이제부터는 『비화경』에 나타난 석가의 예토 성불에 대해 논해보고자 한다.

『비화경』에서는 무쟁념왕 – 아미타불의 전신 – 이나 그 왕자들이 정토를 선택하는 서원을 세우는 데 반해, 무쟁념왕의 대신인 보해 – 석가불의 전신 – 는 정토의 구제가 미치지 않는 예토의 중생들을 구제하고자 하는 결의를 표명하고 이른바 5백 개의 서원을 세우게 된다. 보해의 경우에도 보장여래 앞에서 서원을 세우고, 보장여래로부터 석가불이 될 것이라는 수기를 받는 구도로 되어 있다.

그런데 석가의 오백서원은 기본적으로는 불전佛傳에 묘사되고 있는 석가의 일생으로부터 소재를 얻고, 아미타불 등의 정토를 취하는 제불의 서원을 모방하는 형태로 서원의 체제를 재편한 것이라고 말해도 좋을 것이다. 어디까지나 사바세계에 펼쳐진 석가의 생애를 기조로 하면서도 그에 더하여, 과거세로부터 석가 멸도 후의 미래세에 이르는 장대한 스케일의 불전佛傳이라고도 할 수 있다. 따라서 정토경전에 종종 설해지는 것과 같은 장래 자신의 불국토 장엄 등에서 언급되는 서원과 다소 취지를 달리하고 있다.

더욱이 아미타불이나 아촉불 등의 서원은, 정도의 차이는 있다 할지라도 선행하는 관련 경전의 서원을 참조하고 있다. 그렇지만, 석가의 생애를 서원의 형태로 재구성한 본 경전과 같은 모티브는 다른 경전에서 그 유형을 찾아볼 수 없다. 또한 『비화경』 가운데에는 '오백서원 五百誓願'(KP, 269, 18)이라고 명시는 되어 있으나 앞서 기술한 것과 같이 서원문마다 구분이 명확하지 않은 점, 또한 아무리 세분화하더라도 서원의 수가 5백에는 이르지 않는다는 점 등은 유의해야 할 점이다.

다음으로 오백서원 전체의 개요를 간단히 소개한다. 먼 옛날 보해대신이 정토의 구제가 주어지지 않는 중생들을 예토에서 제도하고자 하는 서원을 세웠다는 부분으로부터 오백서원은 설하여진다. 보해는 반복해서 윤회하는 가운데 육바라밀 등의 보살행–특히 보시바라밀이 강조된다–을 행하면서 때를 기다리고, 현겁 賢劫에 이르렀을 때 열악한 환경의 사바세계에 태어날 것을 서원한다. 이로부터 이른바 석가의 불전에 상당하는 내용이 시작된다("그때 나는 도솔천에서 내려와 제도해야 할 중생의 선근을 성숙시키기 위해 뛰어난 전륜성왕의 가계 家系에 속하는 왕가의 첫 번째 부인의 태 胎에 머물고자 한다"(KP, 238, 10-12)로 시작한다).

오백서원은 그 후 출가고행을 거쳐 성도한 후, '일음설법(一音說法 ekapada-vyāhāra)' 등에 의한 중생교화, 그리고 80세의 반열반에 이른다고 하는 순서로 전개된다. 반열반 후 석가의 사리공양에 대해서도 언급하고 있지만, 압권은 정법이 멸한 후에 석가의 사리가 다양한 기적 神變을 나타내고, 영원히 중생제도에 기여한다고 하는 점일 것이다. 이상이 석가 오백서원의 간단한 개요이다.

오백서원의 제 특징

이와 같이 삼세에 걸친 불전 佛傳의 성격까지 가지고 있는 석가 오백서원에 대해

지금부터는 다른 불전문헌에 비교하였을 경우에 나타나는 몇 가지의 특징을 『비화경』 전체의 취지를 고려하면서 소개해보고자 한다.

우선 첫째로, 불전으로 볼 경우, 성도 이전의 고행에 대한 평가가 주목된다. 각 종류의 불전에서는 성도 이전에 행하는 단식 등의 고행은 육체에 고통만을 주는 것이라고 하여 무익하다고 이야기되어왔고, 최종적으로는 버리지 않으면 안 되는 것으로서 대체로 부정적으로 취급되어온 것이 일반적이었다. 하지만 『비화경』의 오백서원에서는 성도 이전의 고행이 성도를 위해 필요한 과정이었다는 입장에서 긍정적으로 평가하고 있다(예를 들면, "그 난행 duṣkaracaryā은 위대한 신통력을 갖추었고 maharddhika, 크나 큰 과보를 동반하며 mahāphala, 크나 큰 확장을 가진다 mahāvistāra. [그는] 머지않아 무상정등각을 깨달을 것이다"(KP, 243, 12-14) 등이 있다).

이 난행·고행에 대한 긍정적인 평가는 사실 석가가 최후의 생존으로서 사바세계에 태어나기까지 윤회를 반복하면서 자기희생을 동반하는 수많은 난행을 행해왔다고 하는 문맥 속에서 나온 것이라고 말할 수 있을 수도 있다. 오백서원에 포함되는 부분으로, 석가는 사바세계에 태어나기까지 다음과 같이 사신행捨身行이라고도 할 수 있는 고행을 반복할 것을 서원하고 있다.

> 지극히 굶주리고 있는 중생들을 나 자신의 혈육(血肉 māṃsa-rudhira)에 의해 만족시키리라. 고행에 빠진 중생들을 나 자신의 신체 kāya와 목숨 jīvia으로 구제하리라(KP, 231, 5-7).

더욱이 오백서원에 이어서 『비화경』 제5장에서는, 위에 기술한 것과 같은 사신

행을 언급하는 6편의 자따까가 편입되어 있다.『비화경』의 곳곳에 설해져 있는 이와 같은 일련의 난행·고행이야말로 예토에서 석가의 중생구제를 가능하게 하는 하나의 근거가 되고 있다는 인상을 받게 된다. 스스로가 다른 사람을 대신하여 고통을 받는 이른바 '대수고代受苦'의 사상과도 무관하다고 생각되지 않는다.

또한 최근,『비화경』에 설하여진 석가의 고행에 대해 간다라에서 출토된 많은 석가고행상과의 관련을 지적하는 흥미로운 논고가 이주형에 의해 공개되었다.[22] 석가고행상을 조상한 목적으로서 고려하지 않으면 안 되는 점으로, 많은 불전이 설하고 있는 것과 같이 고행이 부정적으로 취급되었다고만 한다면 석가고행상의 수요가 그렇게까지 많지는 않았을 것이다. 거기에서 떠오르는 것이『비화경』 오백서원의 다음과 같은 묘사이다.

> 백천억나유타 百千億那由他의 많은 중생들이 [나의] 난행을 눈으로 보고서 sākṣibhūta, 경탄 驚嘆의 마음이 울려지고, 더욱이 [내가] 무량무수의 그들(=중생들)의 마음에 해탈의 종자를 심기까지 [나는 난행을 행할 것이다](KP, 244, 13-15).

이 부분에 한정되지 않고 오백서원에는 석가의 고행을 중생들이 보는 것에 의해 중생들의 큰 이익이 초래된다고 하는 주장을 곳곳에서 찾아볼 수 있다.『비화경』의 이와 같은 기술과 간다라 출토의 석가고행상의 관계를 지적한 이주형의 논문은『비화경』의 고행을 고찰하는 데 중요한 지적을 하고 있음에 틀림없다.

어쨌거나『비화경』의 오백서원에 보이는 석가의 고행은 중생을 이익 되게 한다고 하는 목적하에 행해지는 측면이 있다는 것을 명기해두지 않으면 안 될 것이다.

다음으로, 석가가 도를 이룬 것에서부터 열반에 이르기까지 중생제도에서 중심적인 역할을 하고 있는 일음설법一音說法에 대해서도 본 경전 전체의 의의와 관련하여 고찰해보고자 한다.[23] 『비화경』의 오백서원에서 찾아볼 수 있는 일음설법이란, 석가가 '일음(ekapada 등)'에 의해 설법한 교설을 '대고중' 중에 성문승이 있다면 그는 그것을 성문승의 가르침으로 받아들이고, 연각승이 있다면 그는 연각승의 가르침으로 이해하고, 대승의 중생이 있다면 대승의 가르침으로 이해할 것이라고 하는 형태로 된 90여 종류의 패턴으로 제시되고 있는 교설을 말한다. 예를 들면 다음과 같다.

> 성문승의 중생들이 있다면, 그들은 [그 일음을] 성문승의 가르침을 모아 놓은 교설 śrāvakayānakathāpiṭakadharma이 설해진 것이라고 이해할 것이다(KP, 249, 12-13).

이와 같은 일음설법은 『비화경』 전체의 취지에 비추어본다면, 아미타불 등의 정토로부터 제외된 이승이나 근기가 낮은 중생들에 대해서도 그 요구에 응한 설법을 제공한다고 하는 석가의 대비가 표출되는 한 형태에 틀림없을 것이다.

오백서원의 특징으로서 본고에서 마지막으로 지적하고자 하는 것은, 석가 멸도 후 사리의 역할에 대한 것이다. 오백서원에서는 불전을 기준으로 석가가 80세에 반열반에 든다고 되어 있는데, 멸도 후에 사리가 행하는 중생제도에 대해서는 특별히 기록해야만 하는 것이 있으며, 한역 경전 판본 중 하나인 진역에서는 「입원사리신변품立願舍利神變品」이라는 한 장이 따로 기록되어져 있을 정도이다.

불멸 후 사리에 관해서는, 사리공양에 의해 삼승으로부터 불퇴전이 된다고 하는 등등의 사리공양의 이익이 먼저 소개되고 있다(『大正藏』3, 270a7-9). 하지만 압권은 정법이 멸한 후에 사리에 의해 다양한 신변神變이 나타나서, 중생제도에 공헌한다고 하는 부분일 것이다. 예를 들면 불멸 후, 다음과 같은 신변이 일어난다고 하는 것이 서원되고 있다.

> 나의 그 사리들이 땅 속에 가라앉아 마침내는 금륜제 金輪際에 머물 것이다. 사바세계에서 보물이 결핍될 때, 바야흐로 그때에 [나의 사리는] 께뚜마띠 ketumati라고 하는 이름의 보주 寶珠나 유리 瑠璃로 된 불꽃과 같은 것이 될 것이다. 그리고 그것은 그곳(=금륜제)으로부터 위쪽으로 올라가서, 마침내는 아까니슈타(色究竟天 : Akanistha)의 천계에 머물며, 종종의 꽃비를 내릴 것이다(KP, 263, 5-10).

더욱이 이 꽃비로부터 생하는 보석을 보거나 만지거나 향수하거나 하는 중생은 삼승으로부터 불퇴전하게 되고, 최종적으로 그 보석(=사리)은 다시 금륜제로 돌아간다고 한다. 이 신변神變은 도병겁 刀兵劫, 질병겁 疾病劫, 그리고 무량대겁 無量大劫에 걸쳐서 반복된다.

이러한 사리신변을 본 경전 전체의 취지에 비추어 생각해본다면, 정토를 선택한 제불을 대표하는 아미타불이 언젠가는 반열반에 들 것이라고는 하더라도, 무량한 수명을 지니고 있다고 하는 데 대한 일종의 대항이라고도 생각한다. 이 점에 대해 다음의 기술－보해에 대해 보장여래가 주는 수기의 일부－은 그것을 방증하는 것이 아닐까 생각된다.

> 그때에 이 아무리따숫다왕이 아미타유스(=아미타불)라는 이름(의 붓다)으로 되고, 무량겁을 지내는 사이, 붓다로서의 모든 행 sakala buddhakārya을 이루게 되는데, 참으로 그것과 같이 대비여(=보해여), 그대는 그 사바세계의 현겁 賢劫에서 모든 생류 生類의 수명이 120세가 될 때에, 45년간에 걸쳐 바야흐로 이와 같은 내용의 붓다로서 모든 위대한 행을 sakala mahābuddhakārya 행하고, 샤끼야무니(Śākyamuni 釋迦牟尼)라고 하는 이름의 여래가 될 것이다(KP, 313, 8-14).

이와 같이 오백서원으로 설해진 석가 멸도 후의 사리신변은, 석가불이 80세에 반열반에 든 후에도 오랜 시간에 걸쳐 중생제도를 이어가는 것이 가능하다고 하는 하나의 방법이고, 긴 수명을 가진다고 간주되는 아미타불의 교화를 의식한 것이라고 생각한다.

더욱이 마지막에 오백서원에 관련하여 첨언하고자 하는 것은, 이와 같이 오백서원은 정토를 선택한 제불의 구제로부터 벗어난 중생들을 구제하는 것에 중점을 둔 것이기 때문에, 아미타불 등에 대한 비판적인 시각도 밑바닥에 흐르고 있는 것이 확실하지만, 한편으로 아미타불 등 제불의 서원으로부터 차용되었다고 생각되는 내용도 곳곳에서 보이고 있다는 점이다. 『비화경』 내부의 다른 제불의 서원과 유사한 점에 한정하더라도, 예를 들면 타방불토의 중생들 가운데 사바세계에 태어나기를 원하는 사람에게는 임종 시에 그의 앞에 나타난다고 하는 서원, 임종 시에 맞으러 온다고 하는 서원(KP, 248, 6-9) 등은 아미타불의 서원(KP, 110, 13-18)에도 유사한 표현이 보이고 있다. 또한 타방불토에 화불(化佛 buddhavigraha)을 파견한다고 하는 발상(KP, 247, 4-9)은 문수보살의 서원((KP, 131, 2-4)에서도 찾아볼 수 있는 것이다.

이상, 오백서원의 특징을 몇 가지 개관해보았다. 기본적으로 오백서원은 석가의 대비를 구현화한 서원이고, 자기희생을 동반한 대수고代受苦적인 다양한 고행, 모든 중생의 구제를 시야에 넣은 일음설법, 그리고 멸도 후의 중생구제를 의도하는 사리신변 등으로 그 한 면을 살펴볼 수가 있었다.

하지만 서원이라고 하는 형태를 취하는 것 자체가 아미타불 등의 정토를 취한 제불의 서원을 모티브로 한 것으로 생각되는 것이나, 현재 타방불토를 전제로 한 서원의 내용에서는 아미타불 등의 서원을 모방했다고 추측되는 내용이 보이는 점 등, 오백서원은 정토를 취한 제불의 서원을 비판적이고 부정적으로만 의식하고 있는 것이 아니라, 그것들을 긍정적으로 취하여 어느 정도의 중복되는 내용을 포함한 서원으로 되어가고 있다는 점도 잊어서는 안 될 것이다.

이상으로『비화경』을 제재題材로 하여 인도에서의 정토와 예토 문제를 다룬 소고를 마친다.

1 『무량수경』, 『비화경』, 『아촉불국경』이라고 하는 표현법은 '모든 이본의 바탕이 된 각 종의 원본 전체를 총칭하는 경전 명칭'－이 표현은 후지타 코오타츠의 『정토삼부경의 연구』(岩波書店, 2007: 4)의 것을 차용하였다－으로서 채용하고자 하는데, 『무량수경』에 대해서는 특별한 설명이 없는 경우 이른바 '후기무량수경'(범본, 티베트 역, 한역의 위역(魏譯)) 『불설무량수경』과 당역(唐譯) 『대보적경 무량수여래회』를 염두에 둔 것으로 한다.

2 『비화경』의 범본, 티베트 역, 한역본 자료에 대한 상세한 것은 졸고 「Karuṇāpuṇḍarīka의 梵藏漢 자료」(『武藏野大学仏教文化研究所紀要』제26호, 2010: 1-42)도 참조.

3 *Karuṇāpuṇḍarīka, Edited with Introduction and Notes*, ed. by Isshi Yamada, vol.II(London: University of London, School of Oriental and African Studies, 1968)

4 『석가여래오백대원』(2000-2004)에 대해서는 스에키 후미히코의 「高山寺所蔵 『釈迦如来五百大願』의 翻刻研究(1)-(4)」 및 동 「高山寺所蔵 『釈迦如来五百大願』와 『비화경』의 비교연구」(『高山寺典籍文書綜合調査團 研究報告論集』, 2000-2004년도)가 기초자료가 된다.

5 岩本裕譯, 『法華経』上, 岩波文庫 (1962: 408-411).

6 한역 문헌에서는 『대지도론』의 정토와 예토에 대한 다음과 같은 대비가 유명하다. "復次菩薩思惟, 國土有二種, 有浄有不浄, 菩薩若生不浄國中, 受此辛飢寒衆惱, 自發浄願, 我成佛時國中無此衆苦, 此雖不浄乃是我利"(『大正藏』25, 168c8-11)

7 『비화경』에 보이는 '정토'의 원어나 한역어의 문제에 대해서는 우지타니 유켄 宇治谷祐顕의 「비화경의 정토」(坂本要編, 『極楽の世界』, 北辰堂, 1997)에 구체적으로 소개되어 있다. 그 외에 prasanna buddhakṣetra(KP, 218, 2-3)이라고 하는 표현도 '정불토 浄佛土' 등으로 한역되었다.

8 이 외에 보살의 사해태(四懈怠 kuśīda)와 사정진(四精進 vīrya)를 대비시키는 제일 第一에, 청정한 pariśuddha 불국토를 원하는 것이 해태, 부정한 apariśuddha 불국토를 원하는 것이 정진이라고 되어 있는 부분도 중요하다(KP, 310-311).

9 전게 注 1)을 참조.

10 『무량수경』과 『비화경』의 아미타불 서원문의 비교 연구는 『비화경』 연구 중에서도 가장 선행연구의 축적이 많은 분야이다. 우지타니 유켄, 『비화경의 연구』; 동 「비화경의 정토」; Isshi Yamada, op,cit., vol. I, pp.197-223; 나리마츠 요시코 成松芳子, 「비화경 본원문의 일고찰」(『印度学仏教学研究』제23권제2호, 1975) 등.

11 이곳에서는 한역 자료만을 소개하게 된 점이 유감이지만, 유의할 점은 한쪽이 다른 쪽을 참조하였다 하더라도 현존 범본 수준의 이야기가 아니라, 현존 범본에 이르는 전승과정의 어느 시점을 상정한 이야기이다.

12 우지타니 유켄, 『비화경의 연구』, p.64; Isshi Yamada, op.cit., vol. 1, p.197; 岩本 전게서, p.280; 후지타 코오타츠 , 「비화경」(『仏典解題事典』제2판, 東京: 春秋社, 1977); 후지타 코오타츠, 『정토삼부경의 연구』, p.505 등.

13 이하, 『무량수경』 범본 *Sukhāvatīvyūha*(이하, Sukh)의 페이지·행 수는 *The Larger and Smaller Sukhāvatīvyūha Sūtra*, ed., by kotatsu Fujita(Kyoto: Hozokan, 2011)에 근거한다. 또한 번역문에서는 후지타 코오타츠 역 『梵文和訳 無量壽經·阿彌陀經』(법장관, 1975) 등을 그대로 또는 일부 참고하고 있다. 또한 『비화경』 범본의 번역문에서는 대응할 부분이 있는 부분은 이와모토 번역의 『비화경(초)』(『仏教聖典選 第六巻 大乗経典(四)』, 読売新聞社, 1974)를 참조하였다.

14 아미타불의 정토에서 여성의 문제에 대해서는 Paul Harrison, "Women in the Pureland: Some reflections on the textual sources", *Journal of Indian Philosophy* 26, 1998; 후지타 코오타츠, 「전녀성남 轉女成男의 사상(1), (2)」(『국역일체경 인도찬술부 월보 삼장집』제2집, 1975) 등을 참조하였다.

15 『대아미타경』의 해석 등에 대해서는 가라시마 세이시 辛嶋静志의 「『대아미타경』 주석(1)-(8)」(『佛教大学綜合研究所紀要』제6-8, 10-14호, 1999-2001, 2003-2007)을 참조하였다.

16 동 경전에서는 원을 성취한 모습을 기술하는 부분에서도 "其國中悉諸菩薩阿羅漢, 無有婦女"(『大正藏』12, 303c8)라고 되어 있다.

17 다만 화생과 제6천의 비유에 대해서는 '후기무량수경'에서도 성취문 쪽에는 보이지 않으므로, 참고 정도로 그치는 것이 좋을지도 모르겠다.

18 『비화경』에서는 아미타불의 원어로서 amitāyus가 6회, amitābha가 한 차례 사용되고 있다. 이곳에서만 amitābha로 되어 있다. 이 점에 대해서는 후지타 코오타츠의 『원시정토사상의 연구』(岩波書店, 1970: 314) 등에 이미 지적되어 있다.

19 이 부분은 경전 성립사로부터 본다면 뒤늦게 성립된 부분이 아닌가 하는 지적이 있는데 – 예를 들면, 후지타 코오타츠의 「무량수경」(『정토불교의 사상』제1권, 講談社, 1994: 45-46), 스에키 후미히코의 「『대아미타경』에 대하여」(『印度学仏教学研究』제29권 1호, 1980) – 본고에서는 그 경우에도 『비화경』보다는 선행하는 내용이라고 생각하면서 논의를 진행하고자 한다.

20 이와 가까운 추정을 모치즈키 신코 望月信享가 그 일단을 발표하였다. 모치즈키의 「비화경의 미타본생설화에 대하여」(『仏教学雑誌』제3권 제7호, 1922).

21 선행 연구로서는 나리마츠 요시코의 「비화경에서 근기 根機의 문제」(『仏教学』제40호, 1999) 등이 있다.

22 이주형 Juhyung Rhi, "Fasting Buddhas, Lalitavistara and Karunapundarika", *Journal of the International Association of Buddhist Studies*, 29-1, 2006(2008).

23 『비화경』에 나타나는 일음설법에 대해서는 졸고, 「『비화경』에 나타나는 일음설법에 대하여」(『木村清孝博士還暦記念論集 東アジア仏教』, 東京: 春秋社, 2002) 참조.

제8장

정토교의 동아시아적 전개

니시모토 테르마

1.
동아시아 세계에서의 정토교의 다양성

정토의 개념은 동아시아 불교의 전개 속에서 인도불교의 그것과 비교할 수 없을 정도로 다양화하였고, 그 다종다양한 개념의 총화로서 동아시아의 정토사상은 전개되어왔다. 아미타불의 서방극락세계, 아촉불의 동방묘희세계 등 붓다가 보살의 시대에 세운 서원을 바탕으로 수행을 행하고, 성불해서 건립한 청정한 불국토로서의 정토는 말할 것도 없이 미륵보살의 도솔천兜率天, 관음보살의 보타락補陀落 등 고위高位의 보살이 사는 국토 정토로 불리며 널리 신앙을 집중시켜왔다.

또한 이 사바세계에서 석존이 산다고 하는 영산靈山정토나 『유마경』에 바탕을 둔 이상적 경지가 마음속에서 실현된다고 하는 유심唯心정토 등에도 정토로서 중요한 위치가 부여되어왔다.

따라서 동아시아 정토사상의 전개를 그려내는 작업은, 이와 같은 다종다양한 정토에 관한 사상의 전개를 가능한 한 망라하면서도, 더불어 그 다양성 속에 일관되는 보편적인 특질을 추출해내는 것에 의해 비로소 완결될 것이다. 실제로 중국불교 사상의 전개 중, 특히 수당시대 이후에는 불신론佛身論, 불토론, 왕생론 등의 주제가 불교인들의 공통된 관심사가 되었고, 정토에 관한 사상해석은 실로 다양한 전개를 보이고 있다.

한 예를 든다면, 정영사 혜원淨影寺慧遠의 『대승의장大乘義章』 제19권 '정토의淨土義' 및 '삼불의三佛義', 길장吉藏의 『대승현론大乘玄論』 제5권의 '정토문淨土門', 삼계교三階教의 『대근기행법對根起行法』 중의 '정토인과淨土因果' 및 '삼불인과三佛因

果', 지엄 智嚴의 『공목장 孔目章』 제4권 '십종정토장 十種淨土章' 및 제4권 '수명품내명왕생의 壽命品內明往生義', 도세 道世의 『제경요집 諸經要集』 제1권 '경불편 敬佛篇'에 수록된 '염시방불연 念十方佛緣', '염석가불연 念釋迦佛緣', '염미타불연 念彌陀佛緣', '염미륵불연 念彌勒佛緣', '염불삼매연 念佛三昧緣' 및 『법원주림 法苑珠林』 제15권의 '경불편 敬佛篇'에 수록된 '염불부 念佛部', '관불부 觀佛部', '미타부 彌陀部', '미륵부 彌陀部', '보현부 普賢部', '관음부 觀音部', 기 基의 『대승법원의림장 大乘法苑義林章』 제7권의 '삼신의림 三身義林' 및 '불토장 佛土章' 등, 당시의 대표적인 불교인에게는 제불이나 보살의 신토론과 왕생론이 빠트릴 수 없는 주제로서 널리 취급되어왔다는 것을 알 수 있다.

이것을 남북조시대의 양대 梁代에 보창 寶唱 등이 집성한 『경율이상 經律異相』 등에 기술된 것과 비교해보면, 그 관심이 높아짐이 일목요연하다. 다만 그와 같은 다양한 정토사상의 전개를 그려내는 작업은 필자의 능력을 크게 벗어나고 있으므로, 본고에서는 중국 특히 남북조시대 후반 이후에 가장 주된 전개를 담당해온 아미타불을 중심으로 한 정토에 관한 사상이나 실천의 전개를 중심으로 논술을 진행해가고자 하며, 그들에 대해 편의상 중국의 정토교라고 하는 호칭을 사용하고자 한다.

한편, 최근 중국의 정토교 연구는 괄목할 만한 진전을 이루고 있다. 이와 관련된 단행본은 근래 10년여에 한정하더라도 사토 세이쥰 佐藤成順의 『송대 宋代불교의 연구－원조 元照의 정토교』(東京: 山喜房佛書林, 2001), 후카가이 지코 深貝慈孝의 『중국정토교와 정토교학의 연구』(京都: 思文閣出版, 2002), 첸지동 陳繼東의 『청말불교의 연구－양문회 楊文會를 중심으로』(東京: 山喜房佛書林, 2003), 가네코 간사이 金子寬哉의 『『석정토군의론 釋淨土群疑論』의 연구』(大正大學出版部, 2006), 시바타 타이센 柴田泰

山의 『선도 善導교학의 연구』(東京: 山喜房佛書林, 2006), 후지타 코오타츠 藤田宏達의 『정토삼부경의 연구』(東經: 岩波書店, 2007), 오오니시 마키코 大西磨希子의 『서방정토변 西方浄土變의 연구』(東京: 中央公論美術出版, 2007), 다케다 류세이 武田龍精 편 『담란 曇鸞정토교사상의 연구』(京都: 永田文昌堂, 2008), 이시카와 다쿠도 石川琢道의 『담란정토교형성론－그 사상적 배경』(京都: 法藏館, 2009), 이토 마사히코 伊東昌彦의 『길장 吉藏의 정토교사상 연구－무득정관 無得正觀과 정토교』(東京: 春秋社, 2011), 구도 료도 工藤量導의 『가재 迦才『정토론 浄土論』과 중국정토교－범부화토왕생설 凡夫化土往生說의 사상 형성』(京都: 法藏館, 2013) 등 일일이 거론하기 힘들 정도이다.

그 방대한 성과를 하나하나 소개할 여유는 없지만, 전체적인 특징과 경향을 말하자면 대략 다음과 같은 두 가지 점을 지적할 수 있을 것이다.

①우선 연구의 방법론에 대해 말하자면, 종래의 연구 가운데에는 스스로가 의거하는 일본 정토교 각 종파의 사상이나 신앙을 소급하여, 스스로의 사상이나 신앙의 역사적 거점을 확인하는 것에 주안을 두는 연구도 적지 않았다고 생각한다. 그와 같이 소급해 올라가는 형태의 정토교 연구에서 해방되어 중국 정토교의 전개를 그 자체 있는 그대로 그려내고자 하는 시도, 더욱이 각각의 시대와 사회, 그리고 동시대 불교 제파 사이의 영향관계의 산물, 중국에서 각각의 시대를 살았던 사람들의 정신성을 동시대의 결정체로 파악하려고 하는 연구가 증가하고 있는 것으로 생각한다.

②그와 같은 연구의 방법론적 시점에 기초하면서도 중국의 불교 제파, 지론 地論학파나 섭론 攝論학파, 삼론 三論이나 천태 天台, 화엄이나 법상유식, 삼계교 三階教나 선 禪 등에 관한 최신의 연구 성과를 받아들이고, 또한 돈황이나 일본의 고사본,

석굴·석경, 벽화, 조상명造像銘, 비문 등과 고고학이나 미술, 문학이나 음운학에 이르기까지 실로 폭넓은 새로운 연구의 성과를 섭취하면서 동 시대의 사상 공간, 역사 공간 속에서 수많은 영향을 받으며 형성된 다양한 정토사상을 있는 그대로 파악하려는 연구가 계속해서 발표되고 있다.

중국정토교의 발전에서 볼 수 있는 다양성은 중국의 정토교인이 판정한 정토교 경전에도 나타나고 있다. 초기의 정토경전의 번역으로 주목할 것은 동한東漢의 지루가참支婁迦讖 역『반주삼매경』(179년 역)이다. "서방 아미타불의 국토에 대해 듣는 것이 있다면, 간절한 마음으로 계율을 지키며, 일심으로 아미타불을 생각하라. 하루 밤낮 혹은 일곱 날과 일곱 밤에 이르면 아미타불을 볼 수 있을 것이며, 더욱이 이와 같은 염불삼매의 실천에 의해 아미타불국에 태어날 수 있다"고 설하고 있다.

이『반주삼매경』의 사상에 기초하여 조직적으로 아미타신앙을 선양한 사람은 여산廬山의 혜원慧遠(334-416)이다. 402년, 그는 여산의 반야대정사般若臺精舍의 아미타 불상 앞에서 123인의 승속 동지들과 함께 서방정토에 태어나기를 원하는 서원을 세우고 선정禪定 속에서 아미타불의 상호相好를 관상觀想하는 염불삼매의 행을 닦았다. 이러한 혜원의 활동은 상당히 이른 시기에 아미타정토에 대한 조직적 신앙을 실천한 것으로 우선은 주목해야만 할 것이라고 생각한다. 후대에 대한 영향을 살펴보면, 남북조, 수, 당대에 걸쳐 영향이 나타나기보다는 송대 이후에 이르러서야 그 영향이 강하게 나타난다. 송대 이후, 혜원은 백련사白蓮寺라고 하는 염불결사를 창시한 혜원류 정토교의 초조로 받들어지게 되었고, 정토교 역사 속에서는 흔들림 없는 지위를 획득하게 된다.

한편, 혜원 이후 정토교의 전개를 지탱해가는 것은 아미타불과 그 정토에 초점을 맞추고 있는 경전, 논서의 계속된 번역이었다. 중국 정토교의 전개에 큰 영향을 끼친 것으로 이른바 '삼경일론 三經一論'이 있다. 경전으로는 『무량수경』(총 12역 중, 5개는 존재하고 7개는 존재하지 않는다. 주로 유통된 것은 전강승개 傳康僧鎧 역 『무량수경』), 강량야사 畺良耶舍 역 『관무량수경』, 구마라집 역 『아미타경』이 있고, 논서로는 보리류지 菩提流支가 번역한 세친 世親의 『무량수경우바제사원생게병장행 無量壽經優婆提舍願生偈竝長行』－『왕생론』이나 『정토론』으로 약칭－을 들 수 있다.

이들 경론이 중국 정토교의 전개에서 빼놓을 수 없는 위치에 있다는 것은 말할 것도 없지만, 결코 그것들이 하나의 세트를 이루고 있는 것은 아니며, 유행하는 시기도 시대나 지역에 따라 다양하게 변화하고 있다는 점에 주의하지 않으면 안 될 것이다. 남북조 후기부터 수대에 걸쳐 중국에서는 『무량수경』, 그리고 『관무량수경』이 주목되어 주석서가 저술되었다. 한편 신라에서는 『무량수경』에 대한 관심이 특출히 강하였다. 또한 당대에 들어서면 『관무량수경』에 대한 관심이 한 층 높아지게 되고, 송대 이후로 이어지면서 더욱 강하게 관심을 가지게 된다. 동시에 당대에서 송대에 걸쳐 『아미타경』에 대한 관심도 높아져 간다.

더욱 중요한 것은 정토교에 귀의한 불교인들이 판단하는 정토경론은 '삼경일론'에 한정되지 않으며, 실로 다종다양하였다는 점이다. 수나라 말기부터 당나라 초기의 정토교인 도작 道綽의 『안락집 安樂集』에서는 이 사바세계를 버리고 아미타불의 정토왕생을 설할 것을 권하는 대승경전으로 『무량수경』, 『관무량수경』, 『아미타경』, 『시방수원왕생경 十方隨願往生經』, 『무량청정평등각경』, 『시왕생경 十王生經』 등 여섯 종류의 경전 및 용수 龍樹, 천친 天親 등의 논을 들고 있고(『大正藏』47, 19a), 당대의 가재 迦才는 『정토론』에서 정토의 경론으로 『무량수경』, 『관경』, 『아미타경』, 『고음성왕경 鼓音聲王經』, 『칭양제불공덕경 稱揚諸佛功德經』, 『발각정심경 發覺淨心經』, 『대집경 大集經』, 『시방왕생경 十方往生經』, 『약사경 藥師經』, 『반주경 般舟經』, 『대아미타경』, 『무량청정각경』의 12부의 경전과 『왕생론』, 『기신론』, 『십주비바사론 十住毘婆沙論』, 일체경 중 『미타게 彌陀偈』, 『보성론 寶性論』, 용수의 『십이례 十二禮』, 『섭대승론』 등 7부의 논서를 들고 있다(『大正藏』47, 91c, 이하 같은 권).

또한 시대를 내려와 남송대의 종효 宗曉가 찬술한 『낙방문류 樂邦文類』 제1권에서는 '대장전담정토경론목록 大藏專談淨土經論目錄'으로 『무량수경』(10개소), 『관무량수경』(6개소), 『아미타경』(3개소), 『화엄경』(3개소), 『법화경』(2개소), 『수능엄경』(2개소)을 비롯하여 25부의 경전에서 46개소(실제로는 45개소), 『무량수수관행공양의궤 無量壽修觀行供養儀軌』, 『무량수여래거인진언 無量壽如來擧印眞言』 등 10부의 주呪, 『무량수론 無量壽論』, 『비바사론』, 『대지도론』(2개소), 『대승기신론』, 『사유요략법 思惟要略法』이라고 하는 5부의 논서로부터 6개소라고 하는 식으로, 실로 다양하고 방대한 수의 경전, 주呪, 논이 정토에 대해 말하고 있는 문헌으로 간주되고 있다(149c-150b).

따라서 중국의 정토교인이 선정한 정토경론, 게다가 각각의 정토교인이 실제의 저작 가운데서 경증 經證으로서 인용하고 있는 경론을 본다면, 중국의 정토교사상은 수많은 경론을 종횡무진 전거로 인용하면서 다종다양한 전개를 보이고 있다는 것을 확인할 수 있다.

또한 중국 정토교에 관한 모든 흐름의 분류에 관해서도 한 가지 양태가 아니다. 남송의 종효가 찬술한 『낙방문류』 제3권에서는 '연사시조여산혜법사전 蓮社始祖廬山慧法師傳'에서 여산혜원을 연사의 시조로 들고 있으며, 연사의 계조 繼祖로 선도

善導－법조 法照－소강 少康－성상 省常－종색 宗賾의 다섯 사람을 들고 있다.

천태종에서는 지반 志磐 찬술의 『불조통기 佛祖統記』 제26 '정토입교지 淨土立教志' 부분에서 연사칠조 蓮社七祖에 대해 여산혜원－선도－승원 承遠－법조－소강－연수 延壽－성상이라고 하는 흐름을 제시하고 있다. 명대 천태의 봉암대우 蓬菴大佑는 『정토지귀집 淨土指歸集』 2권의 상권에서 '연사입조 蓮社立祖'라는 제목하에 시조 혜원－선도－승원－법조－소강－연수－성상－종색에 이르는 팔조설 八祖說을 세우고 있다. 또한 청대 오개 悟開의 찬술인 『연종구조전략 蓮宗九祖傳略』에서는 시조 혜원－선도－승원－법조－소강－연수－성상－주굉 袾宏－실현 實賢의 9조를 세우고 있고, 청말 清末 양인산 楊仁山(양문회)의 『십종략설 十宗略說』에서는 시조혜원－선도－승원－법조－소강－연수－성상－종색－주굉－실현이라고 하는 10조를 세우고 있다.

한편 일본의 정토교인들이 본 중국 정토교의 계보도 한 가지 양태는 아니었다. 호넨 法然은 여산의 혜원, 자민혜일 慈愍慧日, 도작·선도의 세 흐름을 세웠고, 도작·선도의 흐름을 ①보리류지 菩提流支－혜총 慧寵－도장 道場－담란－대해 大海－법상 法上(『안락집』에 의함), ②보리류지－담란－도작－선도－회감 懷感－소강(당과 송의 두 승전에 의함)라 하였고, 『유취정토오조전 類聚淨土五祖傳』에서는 후자로부터 보리류지를 제외한 담란－도작－선도－회감－소강으로 이어지는 오조설이 정토종에 정착되어 있다. 또한 정토진종의 신란 親鸞은 스스로가 근거를 두고 있는 정토교의 계통으로 용수－천친－담란－도작－선도－겐신 源信－호넨의 일곱 고승을 세웠고, 그 가운데 담란, 도작, 선도를 삼사 三師로 모시고 있다.

정토교인들이 소의경전으로 삼는 정토경론이나 정토교인들이 판정하는 정토교의 계보에 대해 개관하는 것만으로도 중국의 정토교가 실로 다양한 사상을 포함하면서 폭넓은 전개를 보였다는 것을 알 수 있다. 이제부터 본고에서는 그 다양한 정토교사상 속에서도 담란－도작－선도의 계보에서 볼 수 있는 선택적 일원화의 경향과 당대 후반부터 강하게 대두되었고, 송대 이후 정토교의 주류를 형성해가는 종파융합적 경향의 두 가지 문제에 집중하여 소개해보고자 한다.

2.
선택적 일원화의 경향

아미타불을 신앙의 대상으로 하는 정토교에 한정하더라도 중국의 정토교는 실로 다양하게 전개를 달성했다고 말할 수 있는데, 그 사상 전개의 진폭을 측정하기 위해서는 역시 하나의 모델라인이 필요할 것이다. 본 절에서는 남북조시대 후반부터 당대 초기에 걸쳐 스스로의 신앙과 사상을 아미타불의 정토에 선택적으로 일원화하는 방향으로 수렴시켜 간 담란, 도작, 선도 등 세 인물의 정토교 사상을 더듬어갈 것이며, 동시대의 정토교를 둘러싼 다양한 사상 공간을 파악해보고자 한다.

이 세 인물의 라인은 예로부터 주목되어온 라인이기도 하지만, 다양한 불교사상과 긴장관계 속에서 정토교가 독자적인 지위를 구축해가는 과정에서 결코 간과할 수 없는 라인이기도 하다. 물론 담란과 도작의 직접적인 사제관계는 연대적으로 성립할 수 없고, 도작으로부터 선도에 있어서조차도 직접적으로 법의 전수를 받았는지 어떤지에 대한 확증은 찾을 수 없다는 것이 최근의 연구에 의해 지적되고 있다.

어디까지나 선택적 일원화라고 하는 사상전개의 라인으로 삼고는 있지만, 그 라인의 특질을 추출하는 것에 의해 역으로 다양한 정토교의 전개가 분명하게 될 것이라 생각한다.

1) 대승의 극치로서 정토교를 제창한 담란

중국에서는 5세기 이후 대승불교의 대표적인 경전이 연달아 번역되었고, 불교 교리에 관한 본격적인 연구와 논의가 개시되었다. 처음에는 대승과 소승의 어느 쪽이 어떻게 우위가 되는지에 대한 논의가 중심에 놓여 있었는데, 금세 대승불교의 압도적 우위가 명명백백한 것으로 되었다. 따라서 대승과 소승의 우위에 대한 것은 그 논점 자체가 사상대결의 축으로서 의미를 잃어버리게 된다. 새로운 논점은 방대한 대승의 모든 경전 중 자신들 스스로가 관심을 품고 있거나 의지처로 삼고 있는 대승경전이 어떠한 위치에 있는가 하는 우위성을 묻는 것이 되었다.

그와 같은 상황에서 강렬한 대승의식에 바탕하여 체계적인 정토의 논리를 구축한 것이 담란(476-542)이다. 그가 살았던 6세기 초반의 시대는, 아미타불의 정토에 태어나고 싶다고 하는 서방원생사상西方願生思想이 점차로 확대되고 있었고, 사람들의 신앙을 얻고 있었던 것으로 보인다. 하지만 석가·미륵·관세음·다보불多寶佛 등의 조상명造像銘에서도 '탁생서방託生西方'의 서원이 조각되어 있던 것에서도 알 수 있는 것과 같이, 당시에는 모든 불보살의 신앙이 혼재 융합하여 미분화된 상황이었다는 것을 확인할 수 있다.

그 가운데에서도 담란은 신앙대상을 무량수불로 특화하여 선택적 일원화의 첫걸음을 내디뎠다. 대승불교 중에서도 가장 대승적인 불교로서의 지위를 아미타 정토교에 부여하고, 설득력 있는 논리를 구축하였다는 점에서 담란 정토사상의 최대의 진가가 발휘되었다고 할 수 있을 것이다.

담란의 주된 저술인 『무량수경우바제사원생게병주 無量壽經優婆提舍願生偈並註』(『왕생론주』로 약칭, 『정토론주』라고도 함)는 세친의 『무량수경우바제사원생게병장행』(『왕생론』으로 약칭)에 주해를 가한 것인데, 머리말에서 용수의 『십주비바사론』의 난이이도설 難易二道說을 소개하면서 다음과 같이 기술하고 있다.

> 삼가 용수보살의 십주비바사를 생각컨대, 이른바 보살이 아비발치(阿毘跋致 Avinivartanīya)를 구함에는 두 종류의 길이 있다. 하나는 난행도, 둘은 이행도이다. 난행도라고 하는 것은, 이른바 오탁 五濁의 세상, 무불 無佛의 시대에 아비발치를 구함을 난이라 한다. … 말하자면, 육로의 보행은 곧 고통스러운 것과 같다. 이행도라 하는 것은, 이른바 단지 신불 信佛의 인연으로 정토에 태어나기를 원한다. 붓다의 원력에 의지하여 곧 그의 청정한 땅에 왕생을 얻는다. 불력주지 佛力住持하니, 곧 대승의 정정취 正定聚에 들어간다. 정정 正定은 곧 이 아비발치이다. 예를 들면 수로의 배를 타면 곧 편안한 것과 같다.
>
> 이 무량수경우바제사는 어쩌면 상연(上衍=摩訶衍)의 극치, 불퇴 不退의 풍항 風航이 되는 것이다(『大正藏』40, 826a-b, 이하 같은 권).

담란이 소개하는 용수의 『십주비바사론』 제5권 '이행품 易行品'에서는 보살의 이행의 도라는 것은, "신방편 信方便으로서 이행 易行하여 빠르게 아유월치(阿惟越致=阿惟越致)에 이르는 사람이 있다"고 설하였다. 이어서 동방선덕불 東方善德佛 등의 시방십불 十方十佛, 아미타불 등의 107불, 비바시불 毘婆尸佛 등의 과거7불, 미래세의 미륵불, 승덕불勝德佛 등의 동방8불, 과거 현재 미래에 걸쳐 있는 제불, 선의보살 善意菩薩 등 143보살의 명호를 듣고, 칭명稱名, 억념憶念, 공경恭敬, 예배해야 할 것을 설하고 있다.

그것에 대해 담란의 사상적 발휘는 "단지 신불信佛의 인연으로 정토에 태어나기를 원한다. 붓다의 원력에 의지하여 곧 그의 청정한 땅에 왕생을 얻는다"는 부분에서 분명히 알 수 있듯이, 이행도를 아미타불의 본원력에 의지하여 정토왕생하는 시스템으로 규정하는 선택적 일원화를 달성하였다는 점에 있다고 말할 수 있다. 마지막의 문구에 들어 있는 '상연上衍'이란 '대승'을 가리키는 것이다. 세친의 『왕생론』에서 설하여 밝히고 있는 세계는 대승의 극치이고, 정토에서 불퇴전의 위를 얻어 틀림없이 성불의 길로 나아갈 수 있는 배와 같은 것이라고 말하고 있는 것이다.

그렇다면 담란은 어떠한 이유로 『왕생론』을 '대승의 극치'라고 간주하고 있는 것일까. "혹시 사람이 안락의 생을 얻는다면 이는 곧 대승의 문을 성취한 것이 된다"(803c), "그의 모든 인천人天 … 모두가 대승의 정정취正定聚에 들어가서 필경에는 마땅히 청정법신을 얻을 것이다"(841c), "그의 불국은, 즉 이 필경 성불의 도로, 무상의 방편이다"(842b) 등의 부분에 의한다면 정토에 태어난다고 하는 것은 대승의 정정취正定聚에 들어가는 것이고, 최종적으로 청정법신·성불을 사정권 안에 넣는 대승으로서의 정토의 위상을 분명하게 보여주고 있다.

또한 "대승문이란, 곧 저 안락불국토가 이것이다. 그러한 까닭에 또한 이르기를 중생을 섭취攝取해서 그의 국토에 태어나도록 하는 까닭에"(842c)라고 기술하여, 중생을 안락국으로 섭취 왕생시키는 것이야말로 대승문의 특질이라고 밝히고 있다. 더욱이 "혹시 사람이 무상보리심을 발하지 않고서, 단지 저 국토의 낙을 사이

없이 받을 수 있다는 것을 듣고, 낙을 받기 위해서 왕생을 원한다면, 또한 마땅히 왕생을 얻을 수 없을 것이다"(482a)라고 기술하여, 낙을 목적으로 한 내세 완결형의 정토교를 엄하게 경계하고 있다.

동아시아 정토교의 전개 가운데에는 내세왕생 완결형이라고 볼 수 있는 사상이나 신앙도 적지 않은데, 정토왕생의 최종 목적을 성불과 중생구제에 두고 있다는 것이 담란 사상의 근간을 이루고 있으며, 그 이후 정토교의 전개를 분석해 들어감에서는 이러한 사상과의 거리를 끊임없이 확인하지 않으면 안 된다.

내세왕생완결형의 정토교와 결별함과 동시에 주목되는 것은, 고정적·실체적인 정토관과 결별하였다는 것이다. 담란은 『왕생론』의 머리말 부분의 게문偈文에 있는 '원생안락국願生安樂國'이라는 부분의 '생生'이라는 말에 대해 "제법은 인연으로 생하는 까닭에 곧 이것은 불생이다. 소유함이 없는 것은 허공과 같다. 천친보살이 서원하는 것의 생은 인연의 뜻이다. 인연의 뜻인 까닭에 임시로 생이라고 이름한 것이다. 범부가 실제 중생이며, 실제 생사가 있다고 말하는 것과 같은 것은 있지 않은 것이다"(827b)라고 언급하고, 정토에 관해서도 "저 정토는 이 아미타여래의 청정 본원의 무생無生이 된다"(838c)라고도 언급하고 있다.

또한 세친이 아미타불의 불신불토佛身佛土의 본질을 '진실지혜무위법신眞實智慧無爲法身'으로 규정하고 있는 부분에 대해 담란은 "진실의 지혜란 실상實相의 지혜이다. 실상은 무상無相인 까닭에 참된 지혜는 무지無知이다. 무위법신無爲法身이란 법성신法性身이다. 법성신은 적멸인 까닭에 법신은 무상이다. 무상인 까닭에 능히 상이 되지 않는 것이 없다. 그러한 까닭에 상호장엄相好莊嚴이 곧 법신이다"(841b)라고 기술하고 있다. 아미타불의 정토는 3종, 29종의 장엄－국토장엄 17종, 불장엄

8종, 보살장엄 4종－에 의해 성립되어 있는데, 그 본질은 진실의 지혜이며, 상이 없는 것으로, 실로 상이 없는 까닭에 29종으로 장엄된 정토의 상이 성립한다고 말하고 있는 것이다.

이와 같이 담란이 파악하고 있는 아미타불의 불신불토관은 그 본질에서 고정적· 실체적인 정토관과의 결별이 명확하게 보이고 있고, 실로 그러한 점을 담란은 대승불교의 본의에 적합한 아미타 정토교의 이론적 핵심에 놓음으로써 스스로의 정토관을 구축했던 것이다.

2) 말법의 시대관에 바탕하여 염불을 선택한 도작

담란의 사상을 계승하여 정토교 사상을 더욱 발전시킨 것은 도작(562-645)이다. 그가 구축한 정토교사상의 특질은 어디에서 발견할 수 있을 것인가. 도작은 주저 『안락집』에서 정토에 태어나기를 원하는 것은 소승이 아닌가 하는 의문에 대해, "소승의 가르침에는 한결같이 정토에 태어나는 것을 밝히지 않은 까닭에"(『大正藏』 47, 9b)라고 기술하고 있다. 그 외의 부분에서도 "제부 諸部의 대승에 근거하여 설덕 說德의 방궤 方軌를 밝힌다"(4c), "대승의 성스러운 가르침에 근거하여 중생들의 발심의 멀고 가까움, 붓다께 공양하는 많고 적음을 밝힌다"(5a), 또는 제4대문 大門에서 여섯 명이 정토에 찬탄하여 귀의한 것을 들어, "모두 함께 대승을 상세히 잘 찾아서, 정토는 곧 무상의 요문 要門이라고 찬탄하여 귀의하였다"(14b)라고 기술하고 있다. 따라서 담란과 동일하게 도작도 또한 정토교야말로 대승 가운데에서도 무상의 요문이라는 것이 대전제로 되어 있다.

이러한 점 위에, 도작에게서는 정토사상이 명확한 시대관· 역사관과 연결되어 제시되고 있다는 점에서 새로운 특색을 보이고 있다. 도작은 『안락집』의 첫 머리에서 다음과 같이 기술하고 있다. "가르침을 일으키는 이유를 분명히 하고, 때에 맞추고 근기에 맞춰서, 권하여 정토에 돌아오게 해야 한다. 혹시 가르침이 때와 근기에 부합한다면, 닦기 쉽고 깨닫기 쉽다. 혹시 근기가 가르침과 때에 어긋나면, 닦기 어렵고 깨달음에 들어가기 어렵다."(4a) 중생이 붓다의 가르침을 수용하여 근기-능력·자질-가 시대와 가르침에 적합하다면 그 수행은 용이하고, 깨달음도 또한 가능할 것이지만, 시대와 가르침에 적합하지 않은 경우에는 수행하기도 어렵고 깨달음도 얻기 어렵다고 설하는 것이다.

그에 더하여, 그가 사는 시대와 중생에 대해서는 "참으로 중생에게는 성인聖人이 가신 지 오래되었고, 근기와 이해함이 부유하고 천단하여 어둡고 둔하다"(4b), "마땅히 지금은 말법이 되었고, 현재는 오탁악세이다. 다만 정토의 일문一門만이 있어서, 통하여 들어가야만 하는 길이 된다"(13c)라고 하여 말법의 근기와 이해가 부유하고 천단한 중생은 깨닫기 어려운 성도문을 버리고, 왕생정토의 길을 걸어야만 할 것이라고 선양하고 있다. 여기에서 정토문이라고 하는 불교 실천의 시스템을 선택적으로 일원화해서 채용해야만 할 것이라고 하는 논리와 근거를 시대관에 준해서 명확하게 설득력 있는 형태로 주장하는 도작 정토교의 특징을 볼 수 있다.

더욱이 말법이라고 하는 시대관과 실천시스템의 관련에 대해 독자적인 해석을 펼치고 있는 것은 『대집경』 월장분月藏分의 다섯 개 오백 년 설에 대한 견해이다. 경문에서는 첫 번째 오백 년은 해탈견고解脫堅固, 두 번째 오백 년은 선정삼매견고禪定三昧堅固, 세 번째 오백 년은 독송다문견고讀誦多聞堅固, 네 번째 오백 년은 다조탑사견고多造塔寺堅固, 다섯 번째 오백 년은 백법은몰百法隱沒이라고 설해지고 있다. 도작은 네 번째 오백 년 부분의 경문에 "次五百年於我法中, 多造塔寺得住堅固"(『大正藏』13, 363b)로 되어 있는 것을 "第四五百年, 造立塔寺修福懺悔得堅固"(『大正藏』47, 4b, 이하 같은 권)라고 하여 '수복참회 修福懺悔'의 말을 보완하여 인용하고, 그 위에 다음과 같이 해석하고 있다.

> 지금의 중생을 생각해보면, 곧 붓다가 세상을 떠난 후 네 번째 오백 년 – 정법 오백 년, 상법 천 년을 지낸 말법 시대 – 에 해당한다. 참으로 이는 참회해서 복을 닦고, 참답게 붓다의 명호를 불러야 하는 때의 사람들이다. 만약 일념으로 아미타불을 부른다면, 곧 능히 80억 겁에 걸친 생사의 죄를 없앨 수 있다. 일념조차 이미 이러한데, 하물며 늘 외고자 한다면 어찌 되겠는가. 이는 곧 '항참회 恒懺悔'의 사람인 것이다(4b).

라고 기술하고 있다. 경문에서 탑이나 절이 많이 건립되는 시대가 된다고 하는 부분에 대해서는, '복을 닦고 참회'해야만 하는 시대라고 보완하고, 그 위에 '붓다의 명호를 불러야 하는 때'라고 해석하고 있다. 경전 자체에는 말법이라는 것과 염불을 행해야 한다는 것의 관계성에 대해서는 어떠한 것도 설하여지지 않았으므로, 도작의 내면적 자각에 의해 처음으로 말법이라고 하는 시대와 정행 正行으로서의 염불이 강력하게 연결되어, 염불이라고 하는 행위에 역사적 필연성이 부여된 것이다.

도작 정토교의 특징을 요약한다면 다음과 같다. 첫째, 담란에게 있어서는 무불 無佛의 오탁시대라고 하는 막연한 시대관이었던 것이, 도작에 의해서는 한층 더 절박한 감각으로 파악되어, 말법인 까닭으로 구제된다고 하는 방식에 시대적 필연성이 동반되어 정토교의 사상적 발전을 이루어다는 점을 들 수 있다. 시대와 중생의 근기 상황을 비추어보고, 가장 유효하고 효율적인 시스템이 정토문이라고 결론 내린 것이다.

둘째, 정토교의 실천 시스템 중에서 효과적인 선택과 집중이 행해지고 있다는 점이다. 담란이 제시한 이행도로서의 정토교의 실천은, 세친의 『왕생론』을 기반으로 예배, 찬탄, 작원作願, 관찰, 회향이라고 하는 오념문五念門으로 구성되어 있어서, 그 가운데 무언가를 선택적으로 일원화하는 움직임은 아직 충분히 찾아볼 수 없었다. 도작의 경우에는 말법이라고 하는 절박한 시대관에 서서 해야만 하는 행이 수복참회修福懺悔, 그 가운데에서도 아미타불의 명호를 부르는 것으로 특화해간 것이다.

3) 범부왕생을 위해 염불을 전일적專一的으로 선택한 선도

선도(613-681)의 주저 『관무량수경소觀無量壽經疏』의 첫 머리 부분 게문에서는 본 문헌 전체의 취지를 밝히고 있다. "우리들 어리석은 몸, 광겁으로부터 유전해 와서, 지금은 석가불 말법의 유적遺跡, 미타의 본래 서원, 극락의 요문을 만나, 정산定散 동등하게 회향하여, 신속히 무생無生의 몸임을 증험하리라. 우리는 보살장菩薩藏, 돈교頓教, 일승해一乘海에 의지하여, 게를 설하고 삼보에 귀의하여, 불심佛心과 상응하리라."(『大正藏』37, 246a, 이하 같은 권) 이 문장으로부터 선도가 정토교에 대해 대승의 보살장, 돈교, 일승해에 속해야만 하는 높은 위상을 부여하고 있다는 것을 우선 확인해둔다.

그럼 선도는 왜 정토교에 그와 같은 위상을 부여하였을까? 그것은 아미타불의 정토교가 세간의 상식, 그 위에 불교계의 상식을 크게 타파하는 대승사상으로 구극의 불도라고 하는 확신을 가진 것이었음에 틀림없다. 능력이 뛰어난 사람이 훌륭한 성과를 획득하고, 능력이 낮은 사람은 저열한 성과를 획득한다고 하는 것이 당시 세간의 상식이었고, 또 동시에 불교계의 상식이었다. 수대 불교계의 가장 권위 있는 인물이었던 정영사 혜원의『관경』해석은 그것을 상징하고 있다.

『관경』의 16관 전체를 집중된 마음의 상태로 이루어야 할 정선定善이라 하고(178c), 그중의 제14관부터 제16관까지의 구품계위九品階位에 관해서도 상품 상생上品上生을 사지四地 이상의 대승 순인順忍의 보살로 높은 위치에 놓았다. 또한 상품 중생中生을 초지初地(삼지 三地, 상품 하생 下生을 삼현위 三賢位, 十住·十行·十廻向라 하고, 중품의 셋은 소승인, 하품의 셋은 범부인에 배당하고 있다(182a-c)).

이에 대해 선도는 "여래가 이 16관법을 설한 것은 단지 상몰常沒의 중생을 위한 것으로, 대소의 성聖에 의하지 않은 것임을 증명한다"(249c), "이 관경의 정선 및 삼배상하三輩上下의 문의文意를 보건대, 전체적으로 붓다가 세상을 떠난 후의 오탁의 범부이다"(249a-b)라 하고,『관경』전체가 범부를 위한 가르침이라고 파악하였으며, 제14관부터 제16관까지 9품에 관해서는 산란한 마음의 상태에서 이루어지는 산선散善에 해당한다고 하였다. 기존의 상식적인 배당을 폐하고, 범부의 구제에 초점을 맞춘 위계의 배당이라 할 수 있다.

그러면 "무릇 의혹의 장해가 깊어서 마음에 산동散動함이 많은"(259a) 저열한 근기의 범부가 왕생해야만 하는 아미타불의 불신불토佛身佛土는 어떻게 파악되고 있었을까? 정영사 혜원은,『관경』에서 설하는 아미타불은 진응이신설眞應二身說 안에서는 응신으로(173c), 정토는 정토 안의 추국麤國이라 하였으며(182c), 길장은 서방

아미타불의 정토는, 삼계의 소섭所攝인 범성동거토凡聖同居土라고 간주하였다(『大正藏』45, 67a, 이하 같은 권).

왕생하는 사람의 소질과 왕생할 불토의 대응관계에서 본다면, 저열한 범부는 저열한 정토에 왕생한다고 하는 것이 당시 불교계의 상식이었다. 이것에 대해, 선도는 아미타불의 불신불토에 대해 보신보토報身報土라고 하는 높은 위상을 부여한 위에, "붓다의 원력에 의지하여 모두가 왕생을 얻을 수 있다"(249b)고 하여 번뇌와 업장의 범부도 붓다에 의한 서원이라는 강력한 인연에 의해 서방의 아미타불 정토에 왕생할 수 있다고 하였다. 아미타불의 불신불토를 고위의 단계로 일원화하고, 그곳에 저열한 근기의 범부가 왕생한다고 하는, 상식적인 대응관계를 완전히 역전시킨 대담한 사상이 보이는 것이다. 그리고 그 전환을 가능하게 하는 논리가 아미타불의 본원력이라고 하는 절대적인 힘의 작용인 것이다.

한편, 이미 앞서 기술해온 것과도 관련되는데, 범부가 왕생하기 위한 방법론에 대해서도 간단히 정리해두고자 한다. 선도는 왕생의 행업으로 다섯 개의 정행正行-칭명, 독송, 관찰, 예배, 찬탄공양-과 그 이외의 모든 선善인 잡행雜行의 두 가지 행업으로 나눈다. 그리고 다섯 가지 정행 중에서도 칭명이 붓다의 서원에 적합한 정정正定의 업으로서 정토왕생을 위한 중심적 실천이라 하고, 그 외의 네 가지 정행을 조업助業이라 하고 있다(272a-b). 곧 정토에 왕생하기 위한 행 가운데 칭명염불의 행에 선택적 일원화가 이루어지고 있는 것이다. 그리고 선택적 일원화의 근거를 "저 붓다의 서원에 따르기 때문에"(272b)라고 하여, 아미타불의 본원에서 찾고 있는 것이다.

이 외에도 칭명염불로의 일원화는 "예로부터 정산定散 양문兩門의 이익을 설하더라도, 붓다의 본원에서 바란다면, 뜻은 중생으로 하여금 오로지 한결같이 미타불의 이름을 칭하도록 하는 데 있다"(278a)는 부분이나 "그런데 붓다 서원의 뜻에서 바란다면, 단지 정념正念으로 이름을 부를 것을 권한다. 왕생의 뜻을 신속하게 하는 것은 잡산雜散의 업과 같은 것이 아니다. 이 경전 및 제부諸部 가운데 있는 것 같이, 곳곳에서 널리 찬탄하고 권하여 이름을 부르는 것으로서 요익要益하게 되는 것이다"(276c)라는 부분 등에서 찾아볼 수 있다. 어느 쪽이라도 칭명염불은 붓다의 본원의 뜻에 들어맞는 것이라고 하는 것이 선택적 일원화의 근거가 되고 있는 것을 확인할 수 있다.

4) 선택적 일원화의 의미와 다양한 불교사상과의 거리

선도에 이르는 정토교의 전일화專一化 흐름은 시대의 큰 흐름 속에서 파악하는 것도 가능할 것이다. 남북조시대, 수백 년에 걸쳐 중국은 분열의 시대를 경험하였고, 북조는 북조, 남조는 남조의 영역에서 급격한 권력의 이행, 정세의 불안정, 현실생활 속에 축적된 사람들의 정신적 피폐, 이와 같은 시대가 품고 있는 모순과 위기감이 사회적, 정치적으로는 수로부터 당으로 이어지는 통일국가의 탄생을 만들었으며, 종교적으로는 천태나 화엄, 삼계교三階敎나 정토와 같은 통일적인 세계관을 가진 불교 각파의 사상을 성립하도록 한 것이다. 강력한 힘에 의해 전체를 망라하여 통일하고 일원적인 세계로 귀결시키려는 사상이 요청되었던 것이다. 선도의 사상은 당대 초기에 국가의 번영이 가장 활발하였던 시기에 결실을 맺은 정토사상이었고, 정토교 사상으로서도 전일적인 정토교로서 한 정점에 위치하는 것이었다고 말할 수 있다.

이와 같은 선도에 이르는 전일적 정토교의 특징은, ①신앙대상을 아미타불로 일원화, ②아미타불의 불신불토의 우위적 가치 보증, ③최종 목적으로서 정토왕생·성불의 보증, ④목적을 달성하기 위한 실천적 방법론의 확립과 우위성, ⑤시대와 그곳에서 살아가는 사람들의 소질·능력에 적합한 교법과 그것을 선택하도록 하는 장점 등으로 집약할 수 있다.

그리고 이와 같은 특징을 포함한 정토교의 전일화 흐름은 압도적인 힘으로 그것을 둘러싸고 있던 다종다양한 불교신앙을 다분히 의식한 것이었을 것이다. 한편으로는 불교 제파가 아미타 정토교에 대해 일정한 관심을 높이며, 정토경전의 주석서를 저술하게 되는 상황이 발생하면서도, 그러나 동시에 그들은 그 절대적인 우위성에는 수긍하지 않고, 역으로 그 가치를 폄훼하려는 발언도 보이는 가운데에서 정토교가 형성되어 가고 있던 것이다.

지론학파에서는 정영사 혜원(523-592)이 『무량수경의소』, 『관무량수경의소』, 영유 靈裕(518-605)가 『관경소 觀經疏』를 저술하였다고 하고, 영유의 제자인 도앙 道昻(565-633)에게도 정토신앙이 보인다. 열반학파에서는 담연 曇延(516-588), 섭론학파에서는 법상 法常(567-645)이 『관경소』를 저술하였다고 하며, 삼론종에서는 길장(549-623)이 『관무량수경의소』, 『무량수경의소』를 저술했다. 이와 같은 제파의 정토교 해석을 계승하여 도작, 가재, 선도, 회감 등의 정토교 제사 諸師들은 스스로의 정토교적 입장을 선명하게 하고, 아미타 정토교의 우위성을 확보하기 위해 격렬하게 반론을 제기하였던 것이다.

특히 섭론학파의 제사 諸師들로부터 제시된 별시의설 別時意說은 정토교를 전속 專屬적으로 내세우는 제사들에게는 방치해둘 수 없는 문제였다. 『섭대승론』 및 『섭대승론석』에 설해지고 있는 붓다의 설법에 관한 네 가지의 의취意趣 중 두 번째로 들고 있는 별시의 부분에 기초하여, 붓다의 이름을 송지誦持하는 것에 의해 혹은 또 정토에 왕생할 것을 발원하는 것에 의해서만 즉시로 정토에 왕생하는 것은 있을 수 없다고 보았다. 이는 마치 금전 한 푼을 밑천으로 장사를 해서 단 하루에 천금을 얻을 수 있다고 하는 것과 같은 것으로, 어디까지나 시작하는 지점에서의 인因이 되는 것에 지나지 않는다는 것이다. 섭론학파의 논사들은 이 별시의설에 기초하여 정토교의 실천, 특히 『관경』 하하품下下品의 십성염불十聲念佛에 대해 별시의설을 주장하였고, 이에 대해 도작, 가재, 선도, 회감 등의 정토교 제사들은 각각의 논거를 바탕으로 십념즉시왕생十念卽時往生을 주장하였다.

이 외에 신앙대상을 전혀 다르게 하는 학파와도 격렬한 대론對論이 이루어졌다. 애초에 남북조시대 불교신앙의 대상은 당초 석가나 미륵의 신앙이 압도적으로 많았고, 그 다음으로 무량수불(아미타불) 신앙의 흥륭이 시작되고 있었다. 아미타 정토교의 대두는 당연히 미륵정토교와의 우열 문제가 해결되지 않으면 안 되었던 것이다. 수대로부터 당대 초기에 걸쳐서도 미륵원생자彌勒願生者는 적지 않았던 것으로 생각되며, 정토교 측으로부터는 도작, 가재, 회감 등이 미타·미륵의 정토에 관하여 화주化主, 소거所居, 소화所化의 중생 등을 중심으로 우열 비교의 논리를 전개하였다.

또한 당대의 장안불교계에서는 실천적 불교를 주장하는 정토교와 삼계교가 격렬하게 대립하였다는 것이 회감의 『석정토군의론釋淨土群疑論』이나 도경道鏡·선도善道의 『염불경念佛鏡』, 『정토십의론淨土十疑論』, 『서방요결西方要決』 등의 정토교에 의한 삼계교 비판의 문헌을 통해 확인되고 있다. 삼계교가 보불보법普佛普法을 주장하면서 모든 불교적 실천에 동등한 가치를 두고 편만한 경敬을 실천하는 것이야말로 하근下根에 어울리는 실천이라고 한 것에 대해, 아미타 일불一佛을 신앙대상으로 하는 정토교는 하근이 있기 때문에 그야말로 하나의 신앙대상, 하나의 실천으로 특화해서 구제의 도가 열린다고 하였다.

이상과 같이 정토교를 둘러싼 몇 가지의 논점과 논쟁을 보면, 정토교는 여러 학파와의 긴장관계, 대립관계 속에서 자신들이 주장하는 정토교를 대승불교의 진정한 교법으로서 위상을 세우고, 더불어 소질과 능력이 저열한 중생에 대해서도 구제의 도가 열려야 할 것이라는 강렬한 신념을 바탕으로 사상을 구축해 왔다는 것을 알 수 있다.

3.
정토교의 여러 종파들과의 융합 그리고 다원적인 정토교의 전개

1) 선정융합禪淨融合의 흐름

수대로부터 당대에 걸쳐 정토에 관한 논의의 활성화 가운데에서 주되게 거론되어온 것은, 정토가 어디에 있는가라는 근본적인 문제였다. 이와 같은 논의는 『유마경』의 유심정토설唯心淨土說이나 『관경』의 '시심작불 시심시불是心作佛 是心是佛' 부분이 계기가 되었을 것으로 생각된다. 당대 이후, 선종의 흥륭과 더불어 선종 측으로부터도, 유상적有相的인 서방정토에 왕생하기를 원하는 정토교에 대한 비판이 이루어졌다.

예를 들면, 『육조단경六祖壇經』에서는 혜능이 다음과 같이 기술하고 있다. "미혹된 사람은 염불로 그곳에 태어난다고 하고, 깨달은 사람은 스스로가 그 마음을 청정히 한다. 그러므로 붓다 말씀하시기를 그 마음을 청정하게 추구하면 곧 정토의 청정함이 된다. … 범우凡愚는 자성을 밝히지 않으면 자신의 몸 안에 있는 서방을 알지 못하여 동쪽을 원하고 서쪽을 원한다. 깨달은 사람은 모든 곳이 서방이다. … 생각과 생각을 견성見性하고 항상 행함이 평직平直하면 이르는 곳마다 손가락을 튕기는 것과 같아서 곧 아미타불을 볼 것이다. … 만약 무생돈법無生頓法을 깨닫는다면 서방을 보는 것이 단지 사찰 안에 있을 것이며, 깨닫지 못하고 염불로 왕생하고자 하더라도 그 길 한 없이 멀기만 하니 어찌 도달함을 이룰 수 있을 것인가"(楊曾文 校寫, 『新版·敦煌新本 六祖壇經』에 수록된 大乘寺本, pp. 104-105). 남종선의 사람들은, 범부가 서방정토를 구하여 간이한 염불에 의해 왕생하는 것이 가능하다고 설하는 것을 폄훼하고, 자심을 청정히 하고 생각과 생각을 견성한다면 서 있는 바로 그곳에서 정토를 볼 수 있을 것이라고 설하고 있는 것이다.

이와 같은 공격에 대해 당대의 자민삼장慈愍三藏 혜일慧日(680-748)과 그 제자 승원承遠(712-802), 그리고 그 제자이면서 오대산 죽림사竹林寺를 창건하고 오회염불五會念佛의 법의法儀를 정비한 것으로 유명한 법조法照(8세기 후반), 선도의 전수칭념염불을 계승하여 발전시킨 공덕으로 후선도後善導라 칭해졌던 소강少康(?-805) 등의 논사論師들이 정토 쪽에서 반격을 하였다.

혜일의 기본적인 입장은 '마음을 한 곳으로 제어하여 생각과 생각을 상속시킨다'라고 하는 정선정正禪定이야말로 붓다의 선정이고, 중생의 안목이며, 제불의 인가라고 하면서 선의 실천에도 높은 의미를 부여한다. 동시에 "만행萬行을 폐廢함이 없이, 닦은 것의 행업을 회향하여 서방정토에 왕생할 것이다. … 일체의 불법은 평등하여 차별이 없고, 모두 일여一如에 의지하여 최정각을 이룬다"(延壽, 『萬善同歸集』 상권의 인용문, 『大正藏』48, 963c)라고 설하고 있는 것과 같이, 교教·선禪·계戒·정淨의 사행四行을 더불어 수행하면서도 이러한 행을 회향한 정토왕생을 인정하고 있는 것이다.

더욱이 정토의 실천에 관해서는 『왕생정토집』에서 "깨달음의 길은 팔만 사천이 있어도, 그 가운데 요묘要妙로서 공덕을 깨달아 이루기 쉽고, 신속하게 견불見佛을 얻으며, 신속하게 생사를 벗어나고, 신속하게 선정을 얻으며, 신속하게 해탈을 얻고, 신속하게 신통을 얻으며, 신속하게 성과聖果를 얻고, 신속하게 자재를 얻으며, 신속하게 시방에 편만하여 제불을 공양하고, 대신변大神變을 나타내서 시방계에 두루하며, 육도에 형체를 따라 중생을 두루 감싸 구제하고, 나아감이 있되 물러서지 않으며, 만행을 빠르고 원활하게 하고, 신속하게 성불을 이루는 것은 단지 정토일문一門에만 있다"(『大正藏』85, 12481b-c)라고 기술하여, 정토 법문의 우위성을 밝히고 있다.

또한 법조의 『정토오회염불약법사의찬淨土五會念佛略法事儀讚』에 수록된 『반주삼매찬般舟三昧讚』에서도 염불에 대해 '전심염불견미타專心念佛見彌陀'라는 말을 수차례 반복적으로 사용하고 있고(『大正藏』47, 481a-482a, 이하 같은 권), "빈궁과 부귀를 묻지 않고, 하지下知와 고재高才를 묻지 않으며 … 만약 회심하여 염불을 많이 한다면, 능히 와력瓦礫도 금으로 변성시킬 수 있다"(481c)라고 설하여 염불의 공덕을 강조하고 있다.

혜일의 정토사상은 요컨대, 선禪의 실천을 비롯한 제파가 행하는 만행을 존중한다고 하는 다원주의적 관용의 입장을 보이면서도, 한편으로는 선도善導의 계통을 계승하여 염불을 중심으로 한 전일적 정토교를 실천한다는 입장을 자신이 의지하는 바로 하고 있다는 점에 그 특징이 있다 할 것이다.

그와 같은 사상적 흐름을 계승하여 당나라 말기의 오대五代에는 영명연수永明延壽(904-975)와 같은 선정융합禪淨融合을 주장하는 인물이 선종 측에서 등장한다. 선종의 일파인 법안종法眼宗의 영명연수는 당의 자민삼장 혜일의 『왕생정토집』의 사상적 영향을 받아 선정일치禪淨一致, 선정융합, 염선일치念禪一致의 사상을 제창하였다. 『만선동귀집萬善同歸集』에서는 만행수선萬行修善이 돌아갈 곳은 실상일여實相一如이며, 만법은 유심唯心에 다름 아니다라고 하였다. 정토에 관해서도 '원생유심정토願生唯心淨土'야말로 최종적으로 지향해야 할 세계라고 하였으며, 선을 닦는 사람으로서의 기본적인 입장을 명확하게 주장하고 있다.

한편, 어리석음을 지키면서 공허하게 앉아만 있는 것空坐은 소용이 없으며, 참다운 수행이 정체되어서는 안 된다고 하였다. 참다운 수행이란 선의 수행이라고 하는 이理의 실천뿐만이 아니라 염불을 비롯한 사事의 실천도 포함되어야 한다고 하여, 이와 사의 실천이 쌍수雙修되는 것이야말로 중요하다고 하였다. 당시의 선수행자들이 교종과 선종의 두 종 중에서 이理를 중시하는 선에만 집착하고, 사事로서의 교, 곧 염불을 비롯한 만선萬善의 실천을 인정하지 않는 것을 비판하고 있는 것이다(『大正藏』48, 958a-b, 이하 같은 권).

또한 만행을 구체적으로 열거하면서 "혹은 염불에 의해 삼매를 증득하고, 혹은 좌선에 따라서 혜문慧門을 발하며, 혹은 전심으로 독경하여 법신을 보고, 혹은 단지 도를 행하여 성인의 경지에 들어가며, 단지 도를 얻어서 뜻을 이루니 마지막까지 정해진 일문一門을 취하지 않는다"(964a), "한 문門에 확집確執하여서는 구경을 얻을 수 없다"(963c)라고 기술하여, 다원적인 불도수행의 길을 인정하고 있다. 더욱이 정토문의 실천에 관해서도 소리 높여 염불하는 것 高聲念佛에 의해 우둔한 중생도 정토에 왕생할 수 있다는 것, 좌염불 坐念佛보다도 행도염불 行道念佛이 나아가는 데 신속하고 공덕은 헤아려 알 수 없다는 것, 임종 시의 십념 十念이라도 정토에 왕생할 수 있다는 것, 『관경』에 설하는 16관문에서 상품 上品은 마음을 거두어 선정을 닦고 붓다의 상호를 관하지만, 중하품은 붓다의 명호를 칭념하는 것에 의해 왕생할 수 있다고 하고, 각각의 근기에 따른 다양한 실천을 인정하고 있다.

선도 정토가 당대로부터 송대에 걸쳐서 크게 교세를 확대해가는 가운데, 선종 인물들은 유상 有相적인 경향이 강한 정토교에 격렬한 비판을 가하고 있다. 그런데 영명연수에 의한 선정융합사상의 제기는, 선문에 속하는 저명한 불교인들이 정토교적인 실천도 병수 竝修할 수 있다는 것을 추천하고 장려하였다고 하는 점에서 크나큰 의미를 지니고 있다. 그의 선정융합사상은 송대에 들어서면, 선종의 종색 宗賾, 종본 宗本, 법수 法秀, 의회 義懷 등에 의해서도 계승되어, 선과 정토를 융합한 염불선이 선 수행자들의 실천의 한 흐름으로 확립하게 된다.

2) 송대 이후의 융합적 정토교

천태종에서는 송대에 들어서면서 행정 行靖, 징욱 澄彧, 의통 義通, 원청 源淸, 문비 文備, 준식 遵式, 지례 知禮, 지원 智圓, 인악 仁岳, 종의 從義, 택영 擇瑛, 종효 宗曉 등이 차차로 등장한다. 이들은 천태 교의의 재흥을 이룸과 동시에 정토경론 중에서 『관경』이나 『아미타경』의 사상에 주목하여 주석서나 해설서를 저술하는 등 정토사상 전개에도 공헌하였다.

사명지례 四明知禮(960-1028)는 천태종 산가파 山家派를 대표하고 천태의 중흥조로 추앙받는 인물인데, 정토사상에 관해서도 당나라가 가장 번성할 때에 천태지의에 의해 찬술된 『관경소』의 주석 『관경소묘종초 觀經疏妙宗鈔』6권과 『관경융심해 觀經融心解』1권 등을 저술하여 천태사상을 기축으로 독자적인 정토관을 수립하였다.

말하자면, 『관경』에 설해진 16관은 천태에서 설하는 것의 불사의원묘관 不思議圓妙觀을 밝힌 것이 틀림없다고 하여 지극히 높은 위상이 주어졌다(『大正藏』37, 197b, 이하 같은 권). 그리고 그 묘관이란 아미타불의 정토와 불신 佛身이라고 하는 의정이보 依正二報를 대상으로 관하는 것이다. 그 관법은 그대로 중생이 본래적으로 갖추고 있다고 하는 스스로의 마음의 본성－중생본구 衆生本具의 심성－을 관하는 것에 다름 아니며, 마음 외에 있는 것이 아니라고 하는 유심적인 정토관을 수립하고 있다(195b).

이와 같은 관법을 그는 '심관 心觀', '유심묘관 唯心妙觀'이라 불렀고, 이 경전의 본래 요지는 '약심관불 約心觀佛', '즉심염불 即心念佛'에 있다고 한다. 그리고, 『마하지관』의 일심삼관 一心三觀의 관법을 기반으로 정토교를 융합적으로 해석한 태정융합적 台淨融合的인 정토교학설을 제창하였다. 그와 같은 유심적인 정토교를 주장하는 한편, 1013년, 연경사 延慶寺에서는 염불시계회(念佛施戒會, 延慶院念佛淨社)를 설시하고, 일만 명의 도중 徒衆에게 매일같이 일천 편 一千遍의 염불을 부르도록 하는 것을 열심히 권하여, 염불을 중심으로 한 정토교의 보급에 큰 공적을 남겼다.

사명지례와 동문인 자운준식 慈雲遵式(964-1032)도, 천태적인 유심정토설의 입장에 서서 본성의 미타, 유심정토설을 주장하는 한편, 『왕생정토참원의 往生淨土懺願儀』1권, 『왕생정토결의행원이문 往生淨土決疑行願二門』1권, 『서방략전 西方略傳』

(산실) 등의 정토교 관계 저작에는, 도작, 선도, 회감, 혜일 및 일본의 겐신 源信 등 중국의 천태계와는 다른 전통을 다분히 의식하면서 좌선·송경·참회·십념칭명염불 등의 다원적인 실천을 강조하였다.

즉, 『왕생정토결의행원이문』에서는 결의와 행원의 두 문을 세워 결의문에서는, 정토의 법을 대승의 요의 了義 중의 요의의 법으로서 지극히 높은 평가를 하고 있다. 그는, 『관경』에서 "제불여래는 곧 법계신 法界身으로 일체중생의 심상 心想 속으로 들어가며, 내지는 이 마음으로 붓다를 이루고, 이 마음 이것이 곧 붓다이다"라고 설하고 있는 부분은, 불승원교 佛乘圓敎를 나타내고 있는 것으로서 그 법을 의심해서는 안 된다고 한다(『大正藏』47, 145b-c, 이하 같은 권). 한편으로 이와 같은 고도의 이법 理法에 기초한 관행 觀行은, 상배삼품에서는 이룰 수 있는 것이지만, 중하배의 육품에서는 정 精에 계금 戒禁을 지니고, 세상의 인자함을 행하며, 내지 십념정성 十念精誠 한다면 ,모두가 왕생을 얻을 수 있다고 하고 있다(145b-146a).

또한 행원문 行願門에서는 예참, 십념 十念, 계연 繫緣, 중복 衆福의 네 문으로 나누어 그 네 문이 각각 행원을 구족하고 있고, 왕생의 정인 正因이 될 수밖에 없는 것이라고 한다. 구체적으로는, 예참문에서는 이른 아침에 붓다께 예로서 모든 죄를 참회하는 것, 십념문에서는 아침 일찍 서쪽을 향해 십념의 법－일회의 호흡으로 아미타불을 한 차례 부르고, 이를 연속해서 10회 부른다－을 실천할 것, 계연문에서는 일상적으로 붓다를 잊지 않고 정토를 억념할 것, 중복문에서는 삼복 등의 제업 諸業을 닦아야만 한다는 것을 권하고 있고, 특히 십념의 법은 왕생의 인이 되므로 반드시 행하지 않으면 안 된다고 하고 있다(46a-147c).

한편 율종에서는 원조 元照(1048-1116)의 정토사상이 주목된다. 그는 남산율 南山

律을 중심으로 천태, 정토 등 제종을 폭넓게 배웠다고 하며, 계율과 염불을 병수하는 제종융합의 입장에 서서, "살아 있을 때는 비니(毘尼 계율)를 넓히고, 죽어서는 안양安養에 돌아간다"라고 기술하고 있다. 정토 관계의 저작으로는 『관무량수경의소』3권, 『아미타경의소』1권 등이 있고, 전체적인 경향으로는 천태의 교의에 바탕을 둔 유심정토설의 색깔이 진하게 드러난다.

즉, 석존 일대의 교설의 일어남은, 모두 자기 마음과 시방의 여래나 법계의 함령含靈과 체성體性이 평등하여 차이가 없다는 것을 깨닫게 하기 위한 것이라고 한다. 시방의 법계, 미진微塵의 찰토刹土, 대지산하의정인과大地山河依正因果는 모두가 자기의 마음 가운데 있는 물건이다. 사바세계에서 자력을 움직여서 행行을 일으키는 것도, 타력에 의해 정토에 왕생해서 법을 듣는 것도, 필경은 자심을 깨닫는 것임에 다름이 아니라는 것이다.

하지만 유심정토설에 서있으면서도 지례와 같은 약심관불의 설에는 따르지 않고, 사바세계에서 입도入道를 목적으로 하는 관심과, 『관경』에 설해진 것과 같이 정토에 왕생해서 입도하는 것을 목적으로 하는 관불을 구별해서 피차彼此 이토二土의 교관敎觀이 있다고 한다. 사바의 오탁세계는 중생에게 혹업惑業의 경중輕重, 근성根性의 차별이 있고, 베풀어지는 가르침도 순일하지 않으며, 크고 작음과 편착되고 원만함의 구별이 있다. 극락정토는 순일한 대승의 세계이고, 정토에 왕생하게 되면 구품의 중생은 모두 무상보리심을 발하지 않는 것이 없고, 불퇴전을 지나 보리의 묘과를 얻는다. 미타의 교관敎觀은 모두 이 원돈일불승圓頓一佛乘의 법이고, 대승의 요의 중의 요의의 법이라고 하여 지극히 높은 위상을 부여하고 있다(『大正藏』37, 279b-280a, 이하 같은 권).

또한 남산율의 입장을 반영한 독특한 삼심三心해석도 주목된다. 즉, 중생의 근기에 구품의 차이가 있다 할지라도 정토왕생을 하는 사람은 모두 보리심을 발휘하지 않는 자가 없다. 그 보리심이란, 『관경』에서 설하고 있는 삼심을 가리키는 것이다. 지성심至誠心은 무상보리를 구하여 결정코 견고하여 붓다에 이르기까지 흔들림 없는 마음, 심심深心은 대승의 법을 듣고 생각하고 닦고 익혀서 붓다에 이르기까지 멈추지 않는 마음, 회향발원심廻向發願心은 닦는 곳의 공덕으로서 널리 중생에게 베풀고, 붓다에 이르기까지 다함이 없는 마음을 말하는 것이다.

이 삼심은 사실은 삼취정계三聚淨戒에 다름 아니다. 지성심은 섭률의계攝律儀戒로 악을 끊지 않음이 없으므로 지성이라 하고, 심심은 섭선법계攝善法戒로 이는 선을 닦지 않음이 없으므로 점차로 깊어지게 되고, 회향발원심은 섭중생계攝衆生戒로 중생을 모두 제도하기 때문에 회향이라는 것이다(290c-300a). 이와 같은 삼심해석에는 계정戒淨 두 문의 일원화의 경향도 찾아볼 수 있다.

한편, 『아미타경의소』 1권에서는 "일승의 지극한 외침은, 마침내 모두 극락의 나라에 돌아감을 가리킨다. 만행의 원만한 수행 중 최상승은 오직 과호(果號 붓다의 명호)를 부르는 것이다"(356b), "일체 정토교문은 모두가 대승의 원돈성불圓頓成佛의 법"(356c)이라고 하여, 정토의 교문에 대해 대승불교 중에서도 특별히 중요한 위상을 부여한다는 점을 우선 확인할 수 있다.

그 위에 『아미타경』의 경종(經宗 법의 종지)은 지명(持名 칭명염불)의 법에 있다 하고, "혹시 이 경에 의해 명호를 집지執持한다면, 결정코 왕생할 것이다. 즉, 알라. 칭명은 다선근多善根 다복덕多福德이다"(361c)라고 하여 칭명의 공덕이 뛰어나다는 것을 설하고 있다. 게다가 "내가 제불의 이름을 듣고 지니는 것만도 또한 그러한데,

하물며 우리 미타에게는 본서本誓가 있지 않은가"(362b), "귀로 듣고 입으로 말하면, 무변의 성덕식심聖德識心에 끌어다 넣어서 영원히 불종佛種으로 삼고, 단숨에 억겁의 중죄를 제거하고 무상보리를 증득할 것이다"(362a)라고 하여, 아미타불의 칭명은 아미타불의 본래 서원인 까닭에 중죄를 제거할 수 있고, 무상의 보리에까지 이르는 공덕을 갖추고 있다고 설하고 있다.

4.
마무리하며

남북조시대로부터 수당시대에 이르는 중국 아미타 정토교의 전개는 담란, 도작, 선도 등의 계통에서 볼 수 있는 것과 같이, 신앙대상이나 실천을 선택적으로 일원화하는 방향에서 사상을 구축해온 불교인들이 이끌었고, 이것은 정토교 발전의 큰 원동력이 되었다. 하지만 저변이 넓은 아미타 정토교의 발전이 크게 성장한 것은 반드시 그와 같은 계통에 속하지 않는 불교인, 정영사 혜원이나 길장과 같은 정토경전에 대한 주석서를 저술한 불교인들이나 별시의설에 의해 전일적 정토신앙을 비판한 섭론학파의 인물들 등을 포함하여, 실로 광범위한 불교인들 가운데에서 아미타 정토교에 대한 관심이 높아졌기 때문이라고 할 것이다.

게다가 선택적 일원화의 계통 가운데에도 결코 순수하고 완전한 일점돌파주의一點突破主義라고도 할 수 있는 것만이 아니라, 다양한 사상이나 실천을 내포하고 있었다는 점을 포함하여, 당시의 정토교 공간은 결코 단순하거나 일원적인 정토교로 성립되어 있던 것이 아니다. 각각의 정토교인들이 실로 다양한 동기를 내포하고, 상호 간 긴장감을 통해 자극을 주고받으며 전체로서의 정토에 관한 교리가 깊어져 갈 수 있었던 것이다.

그 후, 송대에 들어서면 정토교는 선, 천태, 화엄, 율 등과 정토를 쌍수 혹은 융합을 지향한 제종융합적 정토교가 대세를 점하게 되고, 아미타불의 정토를 전일적으로 선양하려고 하는 순수한 정토교는 그림자를 감추게 되었다는 느낌이 든다. 정토관에서도 서방극락정토와 유심정토의 병존, 융합 혹은 유심정토 중시의 경향이 더 현저하게 나타나게 되고, 또한 간편한 칭명염불에 의한 일점 돌파적 정토교로부터 여산의 혜원을 시조로 하는 염불삼매 중시의 정토교의 방향으로 되돌아가는 경향도 찾아볼 수 있다.

종합적으로 말하자면 미분화의 다양한 정토교로부터 선택적 일원화 경향을 강하게 주장하는 정토교가 등장한 시대를 거쳐, 다양한 입장이나 실천방법을 인정하는 관용적인 정신적 토양을 바탕으로 다원적 융합적인 정토교 시대로의 전환을 이루면서 중국의 정토교는 전개되어왔다고 말할 수 있다.

이와 같이 제종융합적 불교의 하나인 정토교는, 더욱 큰 시점에서 본다면 유·불·도의 삼교융합이라고 하는 중국사상의 큰 전개와 궤를 하나로 하는 것이다. 대담한 융합사상과 그 가운데에서 잡다한 것이 공존하고 병립한다고 하는 관계성은, 당대 후반 이후 오대를 거쳐 북송, 요, 남송, 금, 원, 명, 청 등의 모든 왕조가 차례로 변천하고, 북과 남, 소수민족과 한민족이 대립과 융합을 반복하는 가운데, 그 정치적 긴장상태가 유·불·도 삼교 융합, 불교 내부에서 정토교와 제종의 융합을 낳았다고 말할 수 있는 것은 아닐까.

즉, 수대로부터 당대 초기까지의 국력이 정점에 달하는 과정에서 중시되었던 천태, 화엄, 법상, 전일적 정토교, 삼계교 등 일종일파에 의해 조직된 순수한 통일적 세계관, 강력한 일원적 세계관으로는 현실의 세계 해석을 할 수 없었던 것이다. 그와 같은 시대에 잡다한 것의 공존, 병립, 융합, 역관계에 응해 그 거리감을 능숙하게 조정하면서, 전체로서 불안정한 동요 속에서 성립한 정치적 상황을 반영한 형태에서의 유·불·도 삼교의 융합, 불교 내에서의 제종융합이었다고 할 수 있을 것이다.

따라서 정토교에서도 선도와 같이 강렬한 전일적 정토교를 주장하는 힘은 이미 없어졌으며, 또한 그와 같은 정토교는 아마도 필요하지 않았을 수도 있다. 오대, 송, 원, 명, 청으로 연결되는 정토교의 전개는 전일성이 엷어진 제종융합적 정토교로서 새로운 존재 의의를 발휘하게 된 것이다.

마지막으로 중국의 정토교인들이 스스로가 의지하는 아미타정토의 가르침을 대승불교 속에서 어떻게 위상을 정립했는지 다시 정리해보자. 본고에서 다룬 정토교인 가운데, 전일적 정토교의 계통에 속하는 담란에서는 '상연上衍의 극치', 도작에게서는 '무상의 요문要門', 선도에게서는 '보살장·돈교·일승해'라고 하는 지극히 높은 위상이 주어지는 것은 당연한 것이었다.

그렇지만 선정융합의 흐름에 서 있는 혜일의 경우도 '만행속원속성불萬行速圓速成佛'로서 정토문의 위상을 정립하였고, 송대의 천태지례도 『관경』16관을 '부사의원묘관不思議圓妙觀', 준식도 정토의 법은 '대승 요의 중의 요의의 법'이라고 한다. 율종의 원조도 '원돈일불승圓頓一佛乘의 법이고, 대승 요의 중의 요의의 법'이라고 하여, 정토의 사상과 실천이 대승불교 중에서도 특별히 중요한 지위를 점하고 있다는 인식을 보이고 있다.

이와 같이, 자신들이 의지하는 법문이 대승 중에서 뛰어난 특별한 위치에 있다고 하는 인식과 표명은, 중국의 아미타 정토교를 근거로 하지 않는 제종의 불교인들에게도 거의 같은 모습이었다고 말할 수 있을 것이다. 대승 가운데에서도 구극의 대승이라는 것이, 각각 자종자파의 사상이나 실천의 최고의 지위와 권위를 보증하는 근거가 되고 있으며, 다양한 중국정토교의 전개, 더욱이 다양한 중국불교의 전개는, 실로 대승이라고 하는 보편적 의식에 의해 유지되고 있었던 것이다.

참고문헌

동아시아 정토교에 관한 연구서, 연구 논문은 엄청난 수에 이르기 때문에, 중국의 정토교에 관한 통사적인 서적이나 시리즈본, 비교적 최근의 연구서에 한정하여 소개한다.

가네코 간사이(金子寛哉)

2006　『「釈浄土群疑論」の研究』, 東京: 大正大学出版部.

구도 료도(工藤量導)

2013　『迦才『浄土論』と中国浄土教－凡夫化土往生説の思想形成』, 京都: 法藏館.

노가미 슌조(野上俊静)

1970　『中国浄土三祖伝』, 京都: 文栄堂書店.

1981　『中国浄土教史論』, 京都: 法藏館.

다케다 류세이 편(武田龍精 編)

2008　『曇鸞浄土教思想の研究』, 京都: 永田文昌堂.

도오도 쿄슌 · 마키타 타이료(藤堂恭俊 · 牧田諦亮)

1995　『曇鸞 · 道綽』(浄土仏教の思想 第4巻), 東京: 講談社.

마키타 타이료(牧田諦亮)

2000　『善導』(浄土仏教の思想 第5巻), 東京: 講談社.

모치즈키 신코(望月信亨)

1964　『中国浄土教理史』(초판; 『支那浄土教理史』, 1942), 京都: 法藏館.

미치하타 료슈(道端良秀)

1989 『中国浄土教史の研究』, 京都: 法蔵館.

사토 세이쥰(佐藤成順)

2001 『宋代仏教の研究－元照の浄土教』, 東京: 山喜房仏書林.

시바타 타이센(柴田泰山)

2006 『善導教学の研究』, 東京: 山喜房仏書林.

야마구치 코엔(山口光円)

1967 『天台浄土教史』, 京都: 法蔵館.

오가사와라 센슈(小笠原宣秀)

1963 『中国近世浄土教の研究』, 京都: 百華苑.

오오니시 마키코(大西磨希子)

2007 『西方浄土教の研究』, 東京: 中央公論美術出版.

이시다 미츠유키(石田充之)

1962 『浄土教教理史』, 京都: 平楽寺書店.

이시카와 다쿠도(石川琢道)

2009 『曇鸞浄土教形成論－その思想的背景』, 京都: 法蔵館.

이토 마사히코(伊東昌彦)

2011 『吉蔵の浄土教思想の研究－無得正観と浄土教』, 東京: 春秋社.

첸 양종(陳揚炯)

2000 『中国浄土宗通史』(中国仏教宗派史叢書), 南京: 江蘇古籍出版社.

2006 大河内康憲 訳, 『中国浄土宗通史』, 東京: 東方書店.

첸 지동(陳継東)

2003 『清末仏教の研究－楊文会を中心として』, 東京: 山喜房仏書林.

츠카모토 젠류(塚本善隆)

1974 『塚本善隆著作集 第2巻: 北朝仏教史研究』, 東京: 大東出版社.

1976 『塚本善隆著作集 第4巻: 中国浄土教史研究』, 東京: 大東出版社.

하야시마 쿄쇼·오오타니 코신(早島鏡正・大谷光真)

1989 『浄土論註』(仏典講座二三), 東京: 大蔵出版.

하타니 아키라(幡谷明)

1989 『曇鸞教学の研究－親鸞教学の思想的基盤』, 京都: 同朋舎出版.

후지타 코오타츠(藤田宏達)

2007 『浄土三部経の研究』, 東京: 岩波書店.

후카가이 지코(深貝慈孝)

2002 『中国浄土教と浄土宗学の研究』, 京都: 思文閣出版.

후쿠시마 코사이(福島光哉)
2007 『宋代天台浄土教の研究』, 東京: 岩波書店.
히라카와 아키라 외 편(平川彰外編)
1985 『浄土思想』(講座・大乗仏教5), 東京: 春秋社.

색인

[ㅇ]

[ㅊ]

[기타]

• 집필자 및 번역자 소개

시모다 마사히로(下田正弘)

1957년, 후쿠오카현(福岡県)에서 태어남. 도쿄(東京) 대학 대학원 박사과정 단위 취득 후 퇴학. 1993년, 문학박사 학위 취득. 현재 도쿄 대학 대학원 인문사회계 연구과 교수.

닛타 토모미치(新田智通)

1971년, 이시카와현(石川県)에서 태어남. 다이쇼(大正) 대학 대학원 박사후기과정 단위 취득 후 퇴학. 문학 박사. 현재 오오타니(大谷) 대학 문학부 불교학과 강사.

폴 해리슨(Paul Harrison)

1950년, 뉴질랜드에서 태어남. 오스트레일리아 국립대학 대학원 박사과정 수료. Ph.D. 현재 스탠포드 대학 교수.

야오 후미(八尾史)

1981년, 도쿄도(東京都)에서 태어남. 도쿄 대학 대학원 박사과정 단위 취득 후 퇴학. 2011년 문학박사 학위 취득. 현재 일본학술진흥회 특별연구원.

다카하시 히사오(高橋尚夫)

1944년, 도쿄도에서 태어남. 다이쇼 대학 대학원 박사후기과정 단위 취득 후 퇴학. 현재 다이쇼 대학 특임교수.

니시노 미도리(西野翠)

1947년, 홋카이도(北海道)에서 태어남. 다이쇼 대학 대학원 박사후기과정 단위 취득 후 퇴학. 현재 다이쇼 대학 종합불교연구소 연구원.

사토 나오미(佐藤直美)

1971년, 교토부(京都府)에서 태어남. 교토 대학 대학원 박사후기과정 수료. 문학박사 취득. 현재 종교정보센터 연구원.

스에키 후미히코(末木文美士)

1949년, 야마나시현(山梨県)에서 태어남. 도쿄 대학 대학원 박사과정 수료. 문학박사 학위취득. 도쿄 대학 문학부 교수를 역임. 현재 국제일본문화센터 교수.

이와가미 카즈노리(石上和敬)

1963년, 도쿄도에서 태어남. 도쿄 대학 대학원 박사과정 수료. 문학박사 학위취득. 현재 무사시노(武蔵野) 대학 준교수.

니시모토 테르마(西本照真)

1962년 히로시마현(広島県)에서 태어남. 도쿄 대학 대학원 박사과정 단위 취득 후 퇴학.

• 역자 소개

원영상

원광대학교 정역원 연구교수, 한국일본불교문화학회 회장, 원불교 교무. 일본 교토(京都) 불교대학에서 일본불교연구로 박사학위 취득. 저술로는 『아시아불교 전통의 계승과 전환』(2011)(공저), 『승가대학 교재: 한권으로 보는 세계불교사』(2013)(공저), (『佛教大学国際学術研究叢書: 仏教と社会』(2015)(공저) 등, 논문으로는 「일본불교의 내셔널리즘의 기원과 역사, 그리고 그 교훈」, 「근대일본의 화엄사상과 국가」 등이 있다.

시리즈 대승불교 5

붓다와 정토_대승불전 II

초판인쇄 2017년 10월 23일
초판발행 2017년 10월 30일

저 자 시모다 마사히로 외
역 자 원영상
펴 낸 이 김성배
펴 낸 곳 도서출판 씨아이알

책임편집 박영지
디 자 인 구수연, 윤미경
제작책임 이헌상

등록번호 제2-3285호
등 록 일 2001년 3월 19일
주 소 (04626) 서울특별시 중구 필동로8길 43(예장동 1-151)
전화번호 02-2275-8603(대표)
팩스번호 02-2265-9394
홈페이지 www.circom.co.kr

I S B N 979-11-5610-083-6 94220
979-11-5610-078-2 (세트)
정 가 22,000원

시리즈 대승불교 도서 안내(저자/역자/출간일/쪽수(판형)/가격순)

시리즈 대승불교 1 **대승불교란 무엇인가**
사이토 아키라 외 저 / 안성두 역 / 2015년 8월 / 296쪽(152*224) / 20,000원

시리즈 대승불교 2 **대승불교의 탄생**
사이토 아키라 외 저 / 이자랑 역 / 2016년 3월 / 280쪽(152*224) / 20,000원

시리즈 대승불교 3 **대승불교의 실천**
스에키 후미히코 외 저 / 김재권 역 / 2016년 12월 / 296쪽(152*224) / 20,000원

시리즈 대승불교 4 **지혜 · 세계 · 언어_대승불전 I**
시모다 마사히로 외 저 / 김천학, 김경남 역 / 2017년 4월 / 368쪽(152*224) / 22,000원

시리즈 대승불교 5 **부처와 정토_대승불전 II**
시모다 마사히로 외 저 / 원영상 역 / 2017년 10월 / 352쪽(152*224) / 22,000원

시리즈 대승불교 6 **공과 중관**
사이토 아키라 외 저 / 남수영 역 / 2015년 12월 / 244쪽(152*224) / 20,000원

시리즈 대승불교 7 **유식과 유가행**
가츠라 쇼류 외 저 / 김성철 역 / 2014년 9월 / 292쪽(152*224) / 20,000원

시리즈 대승불교 8 **여래장과 불성**
시모다 마사히로 외 저 / 김성철 역 / 2015년 05월 / 372쪽(152*224) / 22,000원

시리즈 대승불교 9 **인식학과 논리학**
가츠라 쇼류 외 저 / 박기열 역 / 2017년 2월 / 320쪽(152*224) / 22,000원

시리즈 대승불교 10 **대승불교의 아시아**
스에키 후미히코 외 저 / 최연식 역 / 2015년 10월 / 352쪽(152*224) / 22,000원